Fidelis Ruppert

Geistlich kämpfen lernen

Fidelis Ruppert

Geistlich kämpfen lernen

*Benediktinische Lebenskunst
für den Alltag*

Vier-Türme-Verlag

Bibliographische Information der Deutschen Nationalbibliothek

Die Deutsche Nationalbibliothek verzeichnet diese Publikation in der Deutschen Nationalbibliographie. Detaillierte bibliographische Daten sind im Internet über http://dnb.d-nb.de abrufbar.

Die Bibelzitate wurden mit freundlicher Genehmigung entnommen aus:
Einheitsübersetzung der Heiligen Schrift
© 1980 Katholische Bibelanstalt GmbH, Stuttgart

Die Texte der Psalmen sind entnommen aus:
Münsterschwarzacher Psalter
© 2003 Vier-Türme-Verlag, Münsterschwarzach

1. Auflage 2012
© Vier-Türme GmbH, Verlag, Münsterschwarzach 2012
Alle Rechte vorbehalten

Lektorat: Marlene Fritsch
Umschlaggestaltung: P.S. Petry & Schwamb, Freiburg
Umschlagfoto: Photocase.com / josuae
Druck und Bindung: Friedrich Pustet KG, Regensburg
ISBN 978-3-89680-812-7

www.vier-tuerme-verlag.de

Inhalt

Einleitung 9

1. Was heißt »geistlich kämpfen«? 15

Zum geistlichen Kampf in der frühen Kirche 15
Wer ist der eigentliche Kämpfer? 19
Benedikts Kloster als »Kampfschule« 25
    Die Kampfeswilligen 25
    Die Kampfverweigerer 29

2. Das Ziel des geistlichen Kampfes 33

Wohin führt uns Benedikt? 33
Wie komme ich dem Ziel näher? 39
Von der Notwendigkeit eines Zieles 41
Ins Kloster gehen genügt noch nicht 43

3. Wege und Werkzeuge des geistlichen Kampfes 49

Der Kampf mit dem inneren Chaos 50
    Bilder für das innere Chaos 50
    Das Schema der »acht bösen Gedanken« bei Evagrius Ponticus 53

> Das Bibelwort als Waffe gegen die »Gedanken« 60
> Ein Wort nur genügt 74
> Gedanken an Christus zerschmettern 76
> Wehre den Anfängen! 81
> Sag's dem Vater! 83
> Drinnen kämpfen 87
> Humor als Waffe 90

Der Leib als geistliches Werkzeug 97
> Die Ambivalenz des Leibes 97
> Der Leib beim Beten 99
> Leibhafte Bilder 106

Die Ordnung als Lehrmeisterin 122
> Die Tagesordnung 122
> Das normale Maß und die Ausnahme 129
> Vom Murren zur Danksagung 132
> Das »Unmögliche« und »Unerträgliche« 134

Der Bruder als geistlicher Weg 141
> Die Bruderliebe als Weg und Fundament 141
> Feinde lieben 146
> Vom Zorn zur Sanftmut 152
> Sich gegenseitig dienen 159
> Die vollkommene Liebe als Frucht des Weges 164

**Eine abschließende Frage:
Gibt es ein Paradies auf Erden?** *173*

Anmerkungen *179*
Quellen und Literatur *197*

Einleitung

Kriegsfilme schaue ich mir nicht an. Ich habe selbst noch genug lebhafte Erinnerungen an den Zweiten Weltkrieg, als wir als Kinder bei Fliegeralarm in panischer Angst nach Hause rannten und viele Nächte voller Furcht in unserem Keller verbrachten. Ich erinnere mich an Städte, die ich völlig in Trümmern gesehen habe, an die vielen ausgebombten Menschen und ihre schaurigen Erzählungen sowie an die endlosen Züge von Flüchtlingen, die durch unser Dorf zogen. Deshalb gehörten Kriegsgeschichten nie zu meiner Lektüre, obwohl ich seit meiner Kindheit eine Leseratte bin.

Aus dem gleichen Grund habe ich auch immer über die Stellen der Benediktsregel hinweggelesen, an denen vom Kriegsdienst für Christus und vom Anlegen der geistlichen Waffen die Rede war. Solche Formulierungen waren mir eher peinlich. Auch die Kriegsgeschichten der Bibel und besonders die kriegerische Sprache vieler Psalmen passten mir nicht. Ich konnte sie rein bibeltheologisch einordnen, aber für mich persönlich bedeuteten sie nichts; sie waren unangenehm.

Wie ich dann dazu komme, ein Buch über den geistlichen Kampf zu schreiben?

Seltsamerweise kam mir die Idee dazu, als ich bei verschiedenen Reisen nach Peru immer wieder in indianischen Dörfern zu Gast war. Fremde Kulturen haben mich schon immer fasziniert. Mit Orlando Vasquez als kundigem Begleiter konnte ich die alte indianische Kultur und Religion aus nächster Nähe kennenlernen. Außer der faszinierenden Natur der Anden und des Urwaldes interessierten mich vor allem die geistlichen Wege der dort lebenden Menschen. Aufgrund der Sprachbarrieren konnte ich leider so manches nicht erfahren, was mich interessiert hätte, aber was ich von den geistlichen Meistern, denen ich begegnen durfte, verstanden habe, hat mich beeindruckt und meinen eigenen Weg befruchtet.[1]

So sprachen sie zum Beispiel immer wieder vom geistlichen Kampf, von der ständigen Auseinandersetzung mit guten und bösen Geistern, aber sie verstanden diesen Kampf als einen inneren Vorgang: Weil so viele negative Geister in uns am Werk sind, kann sich das Gute nicht entfalten. Sie sprachen davon, dass die bösen Geister vertrieben werden müssten, damit die Seele gereinigt wird. Immer wieder tauchte der Begriff der inneren Reinigung – *limpieza* – auf, ohne die ein geistlicher Fortschritt nicht möglich sei. »Je mehr das Böse aus deinem Herzen vertrieben wird, desto mehr kann Gott dich dann mit Liebe anfüllen«, sagte Quiterio Saldaña eines Tages zu mir im Urwald von Peru.

Es fiel mir auf, dass diese Menschen keine »Dämonenangst« hatten, obwohl sie viel von bösen Geistern sprachen, denn sie wussten auch um viele gute Geister, die ihnen hilfreich zur Seite standen. Deshalb hatte ihr Reden über den geistlichen Kampf auch immer etwas Leichtes und Positives an sich. Es war ein Kampf, durch den sich Licht und Liebe im Menschen durchsetzen und entfalten konnten. Und als ich einmal nachfragte, wie sie sich denn diese Geister vorstellen, sagte man mir, dass es gar nicht darum ginge, sie sich konkret als geistige Wesen vorzustellen, sondern dass es vor allem *energías*, Energien seien, die in uns wirksam sind und mit denen wir uns auseinanderzusetzen haben. Diese positive Art, über den geistlichen Kampf zu sprechen, machte mir das Thema immer sympathischer, zumal ich sah, zu welch reifen Persönlichkeiten sich viele dadurch entwickelt hatten.

Eines Tages »klickte« es bei mir: Plötzlich fiel mir vieles zum Stichwort »geistlicher Kampf« ein, was mir aus unserer eigenen Tradition bereits bekannt war: der sogenannte Dämonenkampf im alten Mönchtum, der Kampf mit den eigenen Gedanken, wie ihn Evagrius Ponticus, ein Mönchsvater, der im vierten Jahrhundert in Ägypten lebte, beschreibt, aber auch die Ausführungen des Apostels Paulus über den geistlichen Kampf und die Waffenrüstung Gottes, besonders im Römer- und Epheserbrief. Theoretisch wusste ich einiges darüber, aber praktisch hatte es bisher keine Bedeutung für mich gehabt. Nun begann ich, intensiv die alten Quellen des Mönchtums auf dieses Thema hin zu studieren.

Es ging mir ein Licht nach dem anderen auf, und ich bekam eine Vorstellung davon – nach allem, was ich von den Indianern gehört hatte –, wie dieses Wissen aus unserer eigenen Tradition heute konkret umgesetzt werden könnte. Es war ein echter Geistesblitz, der mich da durchfuhr.

Die starke Betonung der inneren Reinigung, die mir bei den Indianern begegnet war, erinnerte mich daran, dass auch die christliche Tradition zunächst einen inneren Reinigungsweg beschreibt, damit sich ein tieferes geistliches Leben entfalten und der Mensch sich wirklich für Gott und die Liebe öffnen kann. In der Tradition des frühen Mönchtums – besonders in den Schriften des Evagrius Ponticus – ist dies der Kampf gegen die Laster, die negativen Prägungen und Gewohnheiten der Seele, die gereinigt werden müssen, damit eine positive Prägung durch die Tugenden möglich wird. Es hängt wohl mit dem zusammen, was die Indianer »Auseinandersetzung mit guten und bösen *energías*« nennen. Auf der Grundlage dieser inneren Reinigung kann sich dann die Große Liebe, eine tiefe kontemplative Gotteserfahrung, entfalten.

Interessanterweise ist heute viel von Lastern und Tugenden die Rede, allerdings nicht in den Werken von Theologen und Moralisten, sondern von Psychologen, Soziologen und Philosophen. Sie versuchen darzulegen, wie sehr Menschen heute von allerhand »Lastern«, also schmerzlichen Prägungen und Abhängigkeiten, bedrängt und oft auch zerstört werden. Deshalb sucht man nach »Tugenden«, nach Wegen, die aufbauende Kräfte freisetzen und zu neuen Prägungen führen können, die dem Leben eine positive und Leben fördernde Gestalt geben, statt zu zerstören.

Inzwischen war mir auch aufgegangen, dass die frühen Mönche die Kriegspsalmen liebten, weil sie diese nicht historisch verstanden, sondern darin die Aufforderung zum inneren Kampf entdeckten, gegen die inneren Feinde zu kämpfen, auch im Wissen darum, dass Gott der eigentliche Kämpfer ist, auf den sie sich verlassen konnten. Origenes hat im dritten Jahrhundert einen Kommentar zum Buch Josua geschrieben, dem wohl blutrünstigsten Buch des Alten Testamentes. Darin führt er aus, dass es nur dann für einen Christen Sinn hat, dieses Buch zu lesen, wenn er die dort beschriebenen Kämpfe als *geistliche* Kämpfe für seine inneren Auseinandersetzungen versteht. Eine kürzlich erschienene deutsche Übersetzung dieses Kommentars eines so kriegerischen Buches wurde sinnigerweise in einer wissenschaftlichen Reihe über Friedensethik veröffentlicht, offensichtlich in dem Wissen, dass der innere Kampf, wenn er gut geführt wird, auch äußerlich in der Gesellschaft zum Frieden führt.[2] Darauf hat schon der Jakobusbrief hingewiesen, wenn es dort heißt: »Woher kommen die Kriege bei euch, woher die Streitigkeiten? Doch nur vom Kampf der Leidenschaften in eurem Inneren« (Jakobus 4,1). Krieg ist Folge von innerem Unfrieden. Geistlicher Kampf führt nicht nur zum inneren Frieden, sondern fördert auch den Frieden untereinander. Hier bekommt das Wort vom geistlichen Kampf einen sehr positiven Klang, auch für jene, die sonst nichts von Krieg wissen wollen.

Nachdem ich vor einigen Jahren aus meinem Amt als Abt ausgeschieden bin, habe ich begonnen, diese Entdeckungen und Erfahrungen in Kursen und Exerzitien weiterzugeben. Ich bin verblüfft, wie schnell die Elemente des geistlichen Kampfes von heutigen Menschen aufgegriffen werden. Auch der Begriff »geistlich kämpfen« wird erstaunlich positiv aufgenommen, weil viele Menschen spüren, wie sehr sie sich mit Attacken aller Art von außen und aus ihrem eigenen Inneren auseinandersetzen müssen und dass sie diesen heftigen und lang andauernden Attacken oft hilflos ausgeliefert sind. Für sie ist es eine gute Botschaft, dass es ein *geistliches* Kämpfen gibt, geistliche Kräfte oder »Waffen des Lichtes« (Römer 13,13), die aus dem Glauben kommen, aus der Kraft des Gottesgeistes und des Gotteswortes. Und es ist ermutigend, dass solch ein geistliches Leben nicht nur mit Frömmigkeit im engeren Sinn und tief spirituellen Dingen zu tun hat, sondern mit dem ganz konkreten Leben und seinen Herausforderungen, zugleich jedoch auch den Weg bereitet für tiefe und befreiende geistliche Erfahrungen.

Im vorliegenden Buch möchte ich einige wesentliche Aspekte des geistlichen Kampfes aus der Tradition des frühen Mönchtums darlegen und sie dann mit heutigen Erfahrungen und Fragestellungen verbinden. Oft wird sich aber bei der Leserin und beim Leser auch spontan die Übersetzung in eigene Situationen und Erfahrungen ergeben, da die frühen Mönche ihre Erfahrungen häufig auf sehr konkrete und lebensnahe Weise schildern.

Dieser Anspruch, möglichst lebensnah zu sein, soll sich auch in der Sprache dieses Buches widerspiegeln. Deshalb habe ich weitgehend auf wissenschaftliche Argumentationen im Text verzichtet. Wissenschaftliche Hinweise und weiterführende Literatur finden sich reichlich in den Anmerkungen und der Literaturliste am Ende des Buches, zur weiteren Lektüre für Leserinnen und Leser, die sich intensiver – auch wissenschaftlich – mit diesen Themen auseinandersetzen wollen.

Dieses Buch erscheint zu einem für unsere Klostergemeinschaft bedeutsamen Zeitpunkt: Im Jahr 2013 feiern wir das hundertjährige Jubiläum der Wiederbesiedlung der Abtei Münsterschwarzach. Ein wichtiges Motto in den Jahren der Vorbereitung auf dieses Jubiläum lautete: »*Ad fontes* – zu den Quellen.« Deshalb widme ich dieses Buch unserem Abt Michael und allen Mitbrüdern – als ein wenig Quellwasser auf dem weiteren gemeinsamen Weg.

Vieles, was auf den folgenden Seiten zu lesen ist, ist mir nicht nur bei der Lektüre der Quellen aufgegangen, sondern auch im Gespräch und im gemeinsamen Ausprobieren mit Schwestern und Brüdern. Einige Zusammenhänge wurden noch deutlicher, als wir gemeinsam begannen, im Jahreskurs »Benediktinisch leben« und bei den sogenannten »Benediktinischen Exerzitien« das Gefundene auch an Gruppen in unserem Gästehaus weiterzugeben. Für diese inspirierende Zusammenarbeit bei den Kursen danke ich vor allem Schwester Johanna Domek OSB und Schwester Máire Hickey OSB, mit denen mich ein jahrzehntelanges gemeinsames Suchen verbindet, sowie meinen Mitbrüdern P. Meinrad, Br. Pascal, P. Andreas und Br. Richard Maria, ohne deren Beiträge vieles, was hier zu lesen ist, nicht möglich gewesen wäre. Dankbar erwähne ich auch die jahrelange freundschaftliche Verbundenheit mit Gerhard Riedl, der mir geholfen hat, all diese Erfahrungen auch von psychologischer Seite her tiefer zu verstehen und zu leben. Schließlich danke ich meiner Lektorin, Frau Marlene Fritsch, für ihre Mut machende und kompetente Begleitung sowie Teresa Günther für wertvolle inhaltliche Hinweise und Ermutigungen.

Münsterschwarzach, im Frühling 2012
Pater Fidelis Ruppert OSB

1

Was heißt »geistlich kämpfen«?

Zum geistlichen Kampf in der frühen Kirche

»Das Leben ist ein Kampf«, ist ein bekannter Seufzer, wenn sich jemand mit zu vielen Problemen konfrontiert sieht und kein Ende abzusehen ist. Schon Hiob formulierte im gleichnamigen Buch der Bibel dieses Thema mit den Worten: »Ist nicht Kriegsdienst des Menschen Leben auf der Erde?« (Hiob 7,1). Wer so redet, der meint nicht, dass ständig Krieg herrscht oder man fortwährend mit jemandem Streit hat, sondern dass es immer Herausforderungen gibt, mit denen wir uns auseinandersetzen müssen, mit denen wir eben zu kämpfen haben – ob uns das passt oder nicht. Wir müssen uns aber diesen Herausforderungen stellen, wenn in unserem Leben etwas vorangehen soll. Wer nur ausweicht, landet irgendwann im Graben.

Von hier aus erschließt sich auch ein Zugang zum Wort vom »geistlichen Kampf«, das auf den ersten Blick irritierend wirken kann. Man könnte es missverstehen als ein Streiten um religiöse Positionen oder um den rechten geistlichen Weg im gegenwärtigen Überangebot spiritueller Traditionen. Der Ausdruck könnte auch unangenehme Erinnerungen an das Thema der Kreuzzüge wecken oder an den Missbrauch christlichen Liedgutes für Kriegszwecke.[3] Es könnte auch so klingen, als ob da irgendein geistlicher Kraftmensch all seine Energie einsetzen will, um möglichst schnell auf dem geistlichen Weg voranzukommen – natürlich aus eigener Kraft und zum eigenen Ruhm. Das wäre ein falscher Ansatz – und all das ist hier mit »geistlichem Kampf« auch nicht gemeint.

Tatsächlich stammt der Begriff vom »geistlichen Kampf« aus der biblischen und frühchristlichen Tradition. Paulus vergleicht das christliche Leben mit einem sportlichen Wettkampf.[4] Im Zweiten Brief an Timotheus (2,3) nutzt er eine kriegerische Sprache und muntert seinen Schüler auf, ein guter »Soldat Christi Jesu« zu sein. An mehreren anderen Stellen spricht Paulus ausführlich über die »Waffenrüstung Gottes«.[5] Es geht ihm dabei jedoch nie um ein Kämpfen mit einem äußeren Feind, sondern um ein Kämpfen »mit den Mächten und Gewalten« der geistigen Welt[6], um den inneren Kampf gegen alles, was den Christen von seinem Weg abhalten will: Versuchung, Sünde, böse Geister und die Tücken und Abgründe des eigenen Herzens.

In der frühchristlichen Taufunterweisung und in der Spiritualität der Märtyrer der ersten Jahrhunderte wird der Christ häufig als »Soldat Christi« und das christliche Leben als »*militia Christi*«, als »Kriegsdienst für Christus« bezeichnet, was meint, dass der Christ zu beständigem Glaubenskampf gegen die Mächte des Bösen aufgerufen ist, die sowohl aus der heidnischen Welt wie auch aus dem eigenen Herzen auf ihn zukommen.[7] Von dort her ist die Vorstellung der »*militia Christi*« in die Vita des heiligen Antonius und in die weitere Literatur des frühen Mönchtums eingegangen und auch in der Benediktsregel noch stark spürbar.[8]

Antonius der Einsiedler wird von seinem Biografen, dem Erzbischof Athanasius von Alexandrien, mit dem Ehrentitel des Märtyrers als Athlet, also als Kämpfer bezeichnet (griechisch: *athletés*)[9]. Im Lauf der Erzählung über dessen Leben wird immer wieder berichtet, wie Antonius unablässig gegen die Versuchungen des Teufels und der Dämonen kämpft. Es ist ein Kampf, der Antonius weder schwächt noch entmutigt. Wie ein Sportler durch sein Training, so wurde auch Antonius durch den Kampf mit den Versuchungen innerlich stärker. Nach den jahrelangen Kämpfen mit den Dämonen heißt es: »(Antonius) gewann so viel Kraft, dass er merkte, jetzt mehr Stärke zu besitzen als vorher. Damals war er nahe an 35 Jahre alt.«[10] Von ihm stammt auch das Wort: »Keiner kann unversucht ins Himmelreich eingehen. Nimm die Versuchung weg, und es ist keiner, der Rettung findet. Und man muss auf Versuchung gefasst sein bis zum letzten Atemzug.«[11]

Die geistige Auseinandersetzung mit Versuchung und Anfechtung ist es, die den Christen wachhält und den geistlichen Wachstumsprozess vorantreibt. Und weil der Reifungsprozess lebenslang dauert, wird auch der geistliche Kampf lebenslänglich sein.

Der große Origenes, der im dritten Jahrhundert nach Christus der Leiter der Katechetenschule von Alexandrien war und dessen Theologie in das entstehende Mönchtum eingeflossen ist, spricht in einer Predigt von der »löblichen Versuchung« und führt dazu aus: »Wie kommt es, dass selbst, wo die Seele so große Fortschritte macht, dennoch die Versuchungen nicht von ihr genommen werden? Man ersieht daraus, dass die Versuchungen ihr gleichsam wie eine Schutzwache und ein Schutzwall beigegeben werden. Denn wie Fleisch, auch wenn es ein großes und ausgezeichnetes Stück ist, fault, wenn es nicht eingesalzen wird, so verliert auch die Seele ihre Spannkraft und erschlafft, wenn sie nicht durch ständige Versuchungen gleichsam gesalzen wird.«[12]

Es ist erstaunlich, wie unbekümmert hier von der Notwendigkeit und Selbstverständlichkeit des inneren Kampfes gesprochen wird. Er gehört zum Christen und zum Mönch wie selbstverständlich dazu. Niemand beklagt sich darüber. Der geistliche Kampf gehört zur eigenen Identität.

Dieses Verständnis des Mönches und des Christen als geistlichem Kämpfer oder Soldaten Christi kann man durch die ganze Frühzeit des Christentums bis zur beginnenden Neuzeit hin verfolgen. So hat zum Beispiel der Humanist Erasmus von Rotterdam zu Beginn des 16. Jahrhunderts sein berühmtes »*Enchiridion militis Christiani*«, sein »Handbüchlein des christlichen Streiters«[13] geschrieben, in dem er mit der ihm eigenen Sprachgewalt die Gefährdungen des christlichen

Lebens beschreibt und sehr konkrete Hinweise gibt, wie man den geistlichen Kampf bestehen und dadurch zu einem gesunden geistlichen Leben kommen kann. Er schöpft dabei reichlich aus den Quellen des frühen Mönchtums und wendet sie ganz allgemein auf die Situation des Christen an. Damit hat er als einer der Ersten gezeigt, wie die geistlichen Erfahrungen des Mönchtums auch außerhalb der Klöster fruchtbar angewendet werden und zu einer gesunden Spiritualität für alle Menschen führen können.[14] Er scheut sich auch nicht, die intensive Kampfsprache des frühen Mönchtums für seine Laienfrömmigkeit zu nutzen, und beginnt seine Ausführungen sogar mit einem Hinweis auf das oben bereits zitierte Wort aus Hiob 7,1, »dass das Leben der Sterblichen nichts anderes ist als ein steter Kriegsdienst. So bezeugt es der Kämpfer Job, der härter geprüft wurde als je ein anderer, dabei aber unbesiegt blieb«.[15] Der alte Hiob, der mit Gott und den Menschen gestritten hat und keine Ruhe gab, bis er einen befreienden Weg aus seinen Katastrophen gefunden hatte und seinem Gott in ganz neuer und überwältigender Weise begegnen durfte, dieser Kämpfer Hiob wird hier jedem Christen als Vorbild vor Augen gestellt.

Eine so kämpferische Sprache ist in der heutigen geistlichen Literatur nicht üblich. Ist das ein Vorteil? Verständlich ist es jedenfalls. Zu viele Moralpredigten vergangener Zeiten haben eine fordernde, kämpferische Sprache und damit Worte wie »Versuchung« und »Sünde«, »Laster« und »Fleisch« in Verruf gebracht. Daher rufen solche Worte heute oft einen inneren Widerstand bei den Hörern hervor. Man vermutet als solcher spontan, dass beim Gebrauch einer solchen Sprache gesundes Menschsein und echte Bedürfnisse einer finsteren Moral wegen unterdrückt werden sollen.

Andererseits lässt sich fragen, warum heute Sucht, Abhängigkeiten aller Art, Depression, Burn-out und vieles andere geradezu zur Volkskrankheit geworden sind. Offensichtlich fühlen sich unzählige Menschen seelisch überfordert. Sie wissen nicht, wie sie mit dem umgehen sollen, was in der eigenen Seele tobt oder sie von außen her in die Enge treibt. Es bleibt oft nur die Flucht in Alkohol, Drogen, Ersatzbefriedigungen aller Art und auch in Krankheiten.

Davon sind sowohl gläubige wie ungläubige Menschen betroffen. Sie haben nicht gelernt, mit dem, was sie plagt, konstruktiv umzugehen, sich zu konfrontieren und an ihren Erfahrungen zu wachsen. In der Sprache der Tradition könnte man auch sagen: Niemand hat ihnen geholfen, geistlich kämpfen zu lernen.

Deshalb kann es eine spannende Entdeckungsreise sein, in der frühen Tradition des Christentums und des Mönchtums nachzuforschen, wie denn der geistliche Kampf, die konkreten Herausforderungen des Lebens und des Glaubens damals gelebt wurden und was davon auch für moderne Menschen Hilfe und Anregung sein könnte.

Eine besondere Hoffnung liegt darin, dass der geistliche Kampf nicht einfach nur einen kräftezehrenden Einsatz fordert, sondern dass er vor allem geistliche Quellen erschließen lernt, aus deren Kraft sich Leben neu entfalten kann – in und trotz vieler Herausforderungen und Krisen im Leben.

Wer ist der eigentliche Kämpfer?

Wie oben schon erwähnt, könnte man die Frage stellen, ob es sich beim geistlichen Kampf nicht doch um eine Art von Spiritualität der Selbsterlösung oder Selbstverwirklichung handelt. Es ist aber zu beachten, dass hier von *geistlichem* Kämpfen die Rede ist, von *militia spiritalis* oder *pugna spiritalis* – *geistlichem* Kriegsdienst oder *geistlichem* Kampf. »Geistlich« ist hier im ursprünglichen Sinn des Wortes gemeint. Das Wort *spiritalis* oder *spiritualis*, aus dem später das Wort *Spiritualität* gebildet wurde, geht auf die Bibel zurück, hat aber im Lauf der Geschichte einen großen Bedeutungswandel durchgemacht.[16] Es ist eine christliche Wortschöpfung, die es im klassischen Latein nicht gegeben hat. In der lateinischen Bibel wird das griechische *pneumatikós* mit *spiritalis* übersetzt. Das meint, dass ein Mensch vom Geist Gottes bewegt und geprägt wird[17] und dann schließlich die »Früchte des Geistes« in seinem Leben aufbrechen. Dieser Begriff beziehungsweise diese Art von Mensch steht im Gegensatz zum sogenannten fleischlichen Menschen (griechisch: *sarkikós*, lateinisch: *carnalis*), der die »Werke des Fleisches« tut. Paulus nennt eine große Zahl dieser »Werke des Fleisches«, worunter er vor allem Laster und Sünden versteht (vgl. Galater 5,16–26). Es geht Paulus darum, dass der Christ ein Mensch sein sollte, der »aus dem Geist (Gottes) lebt« (Galater 5,25) und aus diesem Geist heraus das Leben gestaltet. *Geistliches* Kämpfen bedeutet dann ein inneres Kämpfen, das aus der Kraft des Geistes Gottes gespeist wird, sodass Gott oder Christus der eigentliche Kämpfer ist beziehungsweise der, durch dessen Wirken der Sieg erst möglich wird.

Der heilige Benedikt ist sich dessen deutlich bewusst. Das zeigt sich bereits im Prolog zu seiner Regel. Dieser Prolog atmet eine starke Dynamik: Der Mönch soll aufwachen und »endlich einmal aufstehen«, er soll von der täglich laut rufenden Stimme Gottes aufgeschreckt werden, er soll laufen, solange es noch Zeit ist, die Lenden gürten wie ein Wanderer oder Krieger und mit guten Werken voraneilen auf dem Weg zum heiligen Zelt (vgl. RB Prolog 8–22). Schließlich soll er sich den Anfechtungen des Teufels mutig stellen und sie an Christus »zerschmettern« (vgl. RB Prolog 28).

Unmittelbar nach diesen geradezu kämpferischen Aufrufen führt Benedikt dann aber in immer neuen Wendungen aus, dass dieses geistliche Kämpfen nie aus eigener Kraft, sondern nur in der Kraft Gottes möglich ist. Dazu fügt er eine ganze Reihe von Zitaten an: »Diese Menschen fürchten den Herrn und werden wegen ihrer Treue im Guten nicht überheblich; sie wissen vielmehr, dass das Gute in ihnen nicht durch eigenes Können, sondern durch den Herrn geschieht. Sie lobpreisen den Herrn, der in ihnen wirkt, und sagen mit dem Propheten: ›Nicht uns, o Herr, nicht uns, sondern deinen Namen bring zu Ehren.‹ Auch der Apostel Paulus hat nichts von seiner

Verkündigung als Verdienst angesehen, sagt er doch: ›Durch Gottes Gnade bin ich, was ich bin.‹ Und er sagt auch: ›Wer sich rühmen will, der rühme sich im Herrn.‹ Schließlich sagt der Herr im Evangelium: ›Wer diese meine Worte hört und danach handelt, ist wie ein kluger Mann, der sein Haus auf Fels gebaut hat. Als nun ein Wolkenbruch kam und die Wassermassen heranfluteten, als die Stürme tobten und an dem Haus rüttelten, da stürzte es nicht ein; denn es war auf Fels gebaut‹« (RB Prolog 29–34).

Damit sagt Benedikt: Selbst wenn der Mönch die heftigsten Stürme übersteht – und denen wird er auf jeden Fall ausgesetzt werden –, so übersteht er sie nur, weil er auf dem Felsenfundament des Glaubens steht und dadurch eine innere Festigkeit spürt, die ihn ausharren und mutig weitergehen lässt. Was an Gutem geschieht, ist nicht durch eigenes Können, sondern durch den Herrn geschehen, weil eben »der Herr in ihnen wirkt«, wie es im obigen Zitat in Anspielung auf Epheser 3,20 heißt. Der Herr erfüllt und wirkt von innen her. Die gleiche Überzeugung findet sich schon in der bereits oben erwähnten Vita des heiligen Antonius: Als immer mehr Dämonen den Einsiedler erschrecken und aus der Wüste treiben wollen, um ihn damit von seinem Mönchsweg abzubringen, ruft er ihnen eines Tages entgegen: »Ich fürchte eure Schläge nicht; wenn ihr mich auch noch ärger quält, ›nichts wird mich trennen von der Liebe zu Christus‹ (Römer 8,35). Dann stimmte er den Psalm an: ›Wenn sich auch aufstellt ein Heerlager gegen mich, nicht wird sich fürchten mein Herz‹ (Psalm 27,3). (...) Denn ein Siegel ist für uns und eine sichere Mauer der Glaube an unseren Herrn.«[18] Selbst wenn ein ganzes Heer von Dämonen auf Antonius einstürmt, wird er sich nicht fürchten. Der Glaube stärkt ihn, er ist ein Siegel, das schützt. Das ist eine Anspielung auf die Taufe, die den Getauften zu Gottes Eigentum macht, und dieser Gott wird den Getauften als sein Eigentum schützen, sodass ihn nichts von der Liebe Christi trennen kann. Gott sorgt selbst für ihn.

Auch Johannes Cassian, von dessen Lehre Benedikt wesentlich geprägt ist, sagt in seinen Schriften in immer neuen Wendungen, dass

Gott stets stärker ist als alle Anfechtungen des Bösen. In diesem Sinn lässt er einen Mönch der ägyptischen Wüste über den Beistand Gottes sagen: »Seine Hilfen kämpfen mit viel größerer Kraft für uns als die Menge der Feinde, die gegen uns anstürmt.«[19]

Wie man sich dieses Wirken oder Mitwirken Christi im Kämpfen des Mönches bildlich vorstellen kann, lässt sich an einem Kontrastbild veranschaulichen, das Johannes Cassian von einem arbeitswütigen Mönch zeichnet: Ein erfahrener Altvater sieht diesen Mönch, wie er sich vergebens müht, einen harten Felsen mit einem großen Hammer zu zertrümmern. Ein Dämon in schwarzer Gestalt steht bei ihm, »und es schien, als ob diese Gestalt die Hände des Mönches mit den ihren verbunden hätte und sie mit ihm zusammen die Schläge führte. Gleichzeitig aber schien sie ihn mit brennenden Fackeln in die Arbeit zu treiben«.[20] Der Mönch selbst hatte den Dämon nicht wahrgenommen. Als er schließlich ermattet von der Arbeit ablassen will, »wurde er durch die Anstachelung jenes Geistes gezwungen, den Hammer wieder zu schwingen und nicht von der Fortsetzung der begonnenen Arbeit zu lassen«.[21] Der Böse hat ihn im Griff und feuert ihn zu sinnlosem Treiben an.

Das positive Gegenbild wäre dann die vorher beschriebene Gelassenheit eines Antonius, der untrennbar von der Liebe Christi erfüllt ist und um das Siegel des Glaubens weiß, das ihn mitten im Kampf auf die Siegeskraft seines Christus vertrauen lässt. Wo der eine wie besessen und arbeitswütig außer sich ist, bleibt der andere bei sich selbst, im friedlichen Wissen um den, der letztlich der Stärkere und der Sieger sein wird.

Selbst bei dem so kriegerischen Bild von der Waffenrüstung Gottes im Epheserbrief ist es nicht der Kampfesmut des Menschen, der den Sieg erringt, sondern die Kraft Gottes: »Werdet stark durch die Kraft und Macht des Herrn! Zieht die Rüstung Gottes an, damit ihr den listigen Anschlägen des Teufels widerstehen könnt« (Epheser 6,10f). Die Rüstung, das ist die Kraft Gottes selbst. Die Waffenrüstung Gottes ist also genau das Gegenteil von dem, was eine Rüstung im Krieg bedeutet. So konnte beispielsweise die waffenstrotzende Kriegsausrüstung des Goliath nichts ausrichten gegen den leicht bekleideten David, der dem Riesen entgegenrief: »Du kommst zu mir mit Schwert, Speer und Sichelschwert, ich aber komme zu dir im Namen des Herrn der Heere« (1 Samuel 17,45). Der Name des Herrn, die Macht seiner Gegenwart ist die Rüstung und der Schutz, die der geistliche Kämpfer braucht und die ihm siegen hilft.

Dazu passt noch ein Wort des Trostes, das Antonius der Einsiedler seinen angefochtenen Mönchen zuspricht und das in einem Bild die Lebens- und Kampfkraft des gegenwärtigen Christus ausdrückt: »Fürchtet sie (die Dämonen) also nicht, atmet vielmehr immer in Christus und glaubet an ihn.«[22] Wörtlich müsste es heißen: »Atmet vielmehr immer Christus.« Christus atmen, ihn unablässig einatmen, seinen Lebensgeist einatmen: Es ist Christus und sein Geist, der im Menschen wohnt, der ständig neu in ihm Wohnung nimmt und ihm gleichsam mit jedem Atemzug von innen her neue Lebenskraft schenkt und so »in ihnen wirkt«, wie es im oben erwähnten Zitat aus dem Prolog der Benediktsregel heißt.

Im Hintergrund steht hier das Wissen um das, was in der Taufe an uns geschehen ist, dass nämlich Christus in uns lebt (vgl. Galater 2,20) und unser Leib selbst ein Tempel des Heiligen Geistes ist (vgl. 1 Korinther 6,19), aus dem wir leben und durch den wir wirken können.

Alle Kommentatoren der Benediktsregel weisen darauf hin, dass der Prolog der Benediktsregel stark von den Inhalten der frühchristlichen Taufunterweisung geprägt ist, in der den Taufbewerbern das Geheimnis der Taufe erläutert wurde.[23] Dort ist immer wieder davon die Rede, dass es der in uns wohnende Christus und sein Geist ist, der uns belebt und in dessen Kraft wir uns - wie im Taufversprechen gelobt - mit den Mächten des Bösen auseinandersetzen und kämpfen sollen.[24]

Aber so tief die Prägung durch Christus auch sein mag, der Kampf ist noch nicht entschieden. Paulus sagt an mehreren Stellen, dass wir in der Taufe neue Menschen geworden seien, dass wir Christus beziehungsweise den neuen Menschen angezogen und den alten Menschen der Sünde ausgezogen *haben* (vgl. Galater 3,27; Kolosser 3,9f). An anderer Stelle schreibt er jedoch, wir *sollen* den alten Menschen ausziehen, wir *sollen* Christus beziehungsweise den neuen Menschen anziehen (vgl. Epheser 4,22–24; Kolosser 3,8f; Römer 13,14). Was uns einmal sakramental angezogen wurde, müssen wir immer wieder anziehen, und was einmal sakramental ausgezogen wurde, muss täglich neu ausgezogen werden. »Die Neuheit des Lebens« (Römer 6) ist uns schon geschenkt, aber die Realität des »alten Adam«, des in vieler Hinsicht noch unerlösten Menschen ist immer noch in uns wirksam. Es ist dieser existenzielle Widerstreit zwischen dem »Schon« und dem »Noch-Nicht«, der uns zum geistlichen Kampf herausfordert, damit Christus immer mehr unser ganzes Sein und Tun prägen kann.

Abschließend zu diesen Überlegungen soll noch ein berühmtes Wort aus dem Martyrium der heiligen Caecilia erwähnt werden. Als sie mit anderen Christen zum Martyrium hinausgeführt wurde, rief sie: »Auf, ihr Ritter Christi (*milites Christi*), nun werfet von euch die Werke der Finsternis und ziehet an die Waffen des Lichts.«[25] Hier werden die Mitmärtyrer als Ritter beziehungsweise als Soldaten Christi bezeichnet. »Die Waffen des Lichtes«, von denen sie spricht, verweisen auf Römer 13,12, wo Paulus die Waffenrüstung Gottes erläutert. Den »Werken der Finsternis« werden dort die »Waffen des Lichtes« gegenübergestellt, das Licht des Glaubens und des göttlichen Lebens, mit dem Caecilia angstfrei ins Martyrium geht und mit dessen Hilfe sie ihre Genossinnen und Genossen gleichsam mit einem Kampfruf aufmuntert – nicht weil sie äußerlich kämpfen werden, sondern weil sie den Kampf des Glaubens im Erleiden eines grausamen Todes gewinnen sollen.

Am Beispiel der Caecilia zeigt sich auch ein anderer wichtiger Aspekt, dass nämlich geistliches Kämpfen nicht nur Tun, sondern gegebenenfalls auch Erleiden, ein manchmal mühsames Ringen um die Hingabe des ganzen Lebens an den Herrn und für den Herrn ist. Deshalb lautet die erste Frage nicht, wie ich besser kämpfen lerne, sondern wie Christus mehr Raum in mir bekommt, mich immer mehr von innen her erfüllen kann, woraus mir dann die Kraft erwächst für all das notwendige Tun und auch das Lassen in meinem Leben. Dieser Gedanke wird im folgenden Kapitel über die Instrumente des geistlichen Kampfes eine wichtige Rolle spielen.

Benedikts Kloster als »Kampfschule«

Einige konkrete Hinweise auf den geistlichen Kampf stehen bereits im ersten Kapitel der Benediktsregel. Dort erläutert Benedikt die vier verschiedenen Arten des Mönchseins, die zu seiner Zeit vorherrschend waren. Zwei davon finden seine Anerkennung, weil sie sich offensichtlich den Herausforderungen des geistlichen Kampfes stellen und man die Mönche, die ihm folgen, als »Kampfeswillige« bezeichnen könnte. Zwei weitere Arten befindet Benedikt als schlecht, weil sie den Herausforderungen des Mönchsweges ausweichen, weshalb man diese Art von Mönch auch als »Kampfverweigerer« bezeichnen könnte. Über seine eigene Art des Mönchseins, die sich Zönobiten nennen und in einer klösterlichen Gemeinschaft leben, sagt er relativ wenig. Er will sich hier vor allem von anderen Arten absetzen, bevor er dann in seiner Regel die Lebensform seiner eigenen Gemeinschaft beschreibt.

Die Kampfeswilligen

Wie oben erwähnt, nennt Benedikt vier Arten des Mönchseins. Die erste nennt er Koinobiten oder Zönobiten und bezeichnet damit jene Mönche, die in Gemeinschaft zusammenleben.[26] Die zweite Form ist die der Einsiedler. Wenn Benedikt über diese Einsiedler spricht, so sagt er indirekt auch über das Leben in einer klösterlichen Gemeinschaft einiges aus. Im Gefolge von Johannes Cassian, auf den er sich auch sonst vielfach stützt, ist er der Meinung, dass Einsiedler zunächst einige Zeit in einem Kloster gelebt haben sollten, bevor sie in die Einsamkeit gehen. In diesem Zusammenhang beschreibt er dann, was sie während dieser Klosterzeit vor allem lernen sollten: »Die zweite Art sind die Anachoreten, das heißt Einsiedler. Nicht in der ersten Begeisterung für das Mönchsleben, sondern durch Bewährung im klösterlichen Alltag und durch die Hilfe vieler hinreichend geschult, haben sie gelernt, gegen den Teufel zu kämpfen. In der Reihe der Brüder wurden sie gut vorbereitet für den Einzelkampf in der Wüste. Ohne den Beistand eines anderen können sie jetzt zuversichtlich mit eigener Hand und eigenem Arm gegen die Sünden des Fleisches und der Gedanken kämpfen, weil Gott ihnen hilft« (RB 1,3-5).[27]

Es lohnt sich, diesen Text genauer zu betrachten: Die »erste Begeisterung« reicht noch nicht für den geistlichen Kampf. Wörtlich könnte man diesen Ausdruck mit »Neulingseifer« (*fervor novicius*) übersetzen. Eine gewisse Anfangsbegeisterung bringt jemanden zwar auf den Weg und lässt ihn zunächst mutige Schritte tun, aber es braucht die tagtägliche Erprobung und Bewährung, damit sich daraus eine innere Stabilität entfalten kann. Dazu sind andere Menschen nötig. Das geht nicht allein. Die Schulung geschieht in der Gemeinschaft und durch die Gemeinschaft. Hier, »in der Reihe der Brüder«, ist der Ort, an dem die Neulinge lernen, gegen den Teufel und seine Einflüsterungen zu kämpfen. Statt »in der Reihe der Brüder« könnte man auch wörtlich übersetzen: »in der brüderlichen Schlachtreihe« (*fraterna ex acie*). Benedikt wählt in diesem Abschnitt sehr gezielt eine kämpferische Ausdrucksweise, um die Dynamik dieses Lernens zu unterstreichen. Diese intensive Schulung ist wichtig, weil der Mönch auf den Einzelkampf in der Wüste vorbereitet werden soll, wo er auf sich selbst gestellt ist und dann »mit eigener Hand und mit eigenem Arm« kämpfen muss.

Doch mit wem gilt es eigentlich zu kämpfen? Zuerst hieß es, er müsse gegen den Teufel kämpfen. Dann wird dieser Kampf noch mehr verdeutlicht durch den Hinweis, er müsse »gegen die Sünden des Fleisches und der Gedanken kämpfen«. Besser wäre es, mit Georg Holzherr[28] zu übersetzen »die *Laster* des Fleisches und der Gedanken« (*vitia carnis vel cogitationum*).

Wie im Kapitel über das Ziel des geistlichen Kampfes noch näher erläutert werden wird, bedeutet der Begriff »*vitium, vitia*« im Sinn von Evagrius Ponticus und Johannes Cassian »Laster« und meint die negativen Prägungen der Seele, die sich im Leib und/oder in den Gedanken bemerkbar machen und den Mönch zur Sünde verleiten, das heißt, ihn von der Treue zu seinem inneren Weg abbringen wollen.

In dem hier angedeuteten Lernprozess geht es also in erster Linie darum, seine »Laster« – seine inneren Prägungen und Verhaltensmuster, wie die moderne Psychologie sagen würde – kennenzulernen, sie zu verstehen und in geeigneter Weise mit ihnen umzugehen, damit der Mönch nicht allzu oft in Sünde und ungeistliches Verhalten verfällt, sondern zielstrebig auf dem inneren Weg weitergehen kann.

Für diesen Prozess der inneren Reinigung und Klärung haben Evagrius Ponticus und Johannes Cassian eine Art geistlicher Psychologie entwickelt, wovon in den folgenden Kapiteln dieses Buches noch häufiger die Rede sein wird. Erstaunlicherweise haben auch moderne Psychologen die Weisheit der Wüstenväter entdeckt und festgestellt, dass die Erfahrungen der frühen Mönche auch für heutige Menschen und ihre Probleme hilfreich und inspirierend sein können.[29]

Benedikt beschreibt hier also ein weites klösterliches Lernfeld. Das Kloster ist ein Ort, an dem der künftige Einsiedler den geistlichen Kampf erlernt, aber natürlich auch jeder Mönch, der dann sein Leben lang im Kloster bleibt. Gegen Ende des Prologs der Benediktsregel wird das Kloster als »Schule für den Dienst des Herrn« (RB Prolog 45) bezeichnet. Es ist also ein Ort des Lernens, eines lebenslangen Lernens.

Im vierten Kapitel bringt Benedikt noch ein ergänzendes Bild ins Spiel, wenn er von den »Werkzeugen der geistlichen Kunst« spricht und das ganze Kloster als die Werkstatt bezeichnet, in der all diese Werkzeuge zum Einsatz kommen sollen (vgl. RB 4,75.78). Auch dieses Bild der Werkstatt vermittelt den Eindruck, dass es um den Erwerb von Fertigkeiten geht, denn der Umgang mit den einzelnen Werkzeugen muss erlernt und eingeübt werden. Dieses handwerkliche Bild von der klösterlichen Werkstatt und den geistlichen Werkzeugen meint wohl dasselbe wie das eher kriegerisch klingende Wort vom geistlichen Kampf. Der Hinweis auf die geistliche *Kunst* ergänzt zudem das etwas hart klingende Wort vom geistlichen Kämpfen durch die Vorstellung eines sorgfältigen Arbeitens an einem besonderen Werk. Die Bezeichnung des klösterlichen Tuns als geistliche Kunst kann daran erinnern, dass es um einen Prozess geht, der dem Leben eine gute Form geben will, die dem geistlichen Ziel des Mönches entspricht. Es ist ein Bild, das an Kreativität und Wachstumsprozesse erinnert.

Die Frage ist nun, wie diese Schulung zum geistlichen Kampf in der Gemeinschaft der Brüder vor sich geht. Dies ist zunächst einmal Aufgabe des Abts und der anderen geistlichen Väter, die im Kloster vorausgesetzt werden (vgl. RB 46,5). Aber im obigen Text wird auch »die (Schlacht-)Reihe der Brüder« als Ort der Schulung erwähnt. Die Brüder sollen voneinander lernen, besonders durch das Zusammenleben, das von Höhen und Tiefen, Freuden und Leiden gekennzeichnet ist, wenn sie miteinander arbeiten, einander dienen oder miteinander in Konflikt geraten und sich wieder versöhnen. Dazu genügt ein Blick auf die 74 »Werkzeuge der geistlichen Kunst«, die im vierten Kapitel der Benediktsregel erwähnt sind. Sie weisen auf viele Situationen des brüderlichen Miteinanders hin, die immer wieder Konfliktstoff bieten und negative Gefühle und Verhaltensweisen auslösen können, die aber auch Chancen sind, um in der Liebe und im Gebet zu wachsen. Diese Konflikte können, wenn man recht damit umgeht, auch innere Reinigung bewirken.[30] Diese wenigen Hinweise sollen hier genügen, um auf die Bedeutung des brüderlichen Miteinanders für den inneren Reinigungsweg hinzuweisen. In einem späteren Kapitel über den »Bruder als geistlicher Weg« wird darüber noch ausführlich zu reden sein.

Ein anderer Aspekt kann hier noch aufschlussreich sein: Bei einem genauen Blick auf die Werkzeuge der geistlichen Kunst fällt auf, dass viele dieser Werkzeuge nicht ein Tun meinen, sondern ein Lassen. Neben Dingen, die getan werden sollen, ist es dem Mönch auch aufgetragen, einiges bleiben zu lassen: Er soll nicht seinen eigenen Willen durchsetzen wollen, er soll nicht hassen, niemanden seinen Zorn spüren lassen, er soll Leid und Unrecht ertragen können, nicht neidisch und nicht hochmütig sein, schweigen können und vieles andere mehr. Das zeigt deutlich, dass geistliches Kämpfen, das in der Schule und Werkstatt des Klosters erlernt wird, nicht mit einer Art Werkfrömmigkeit verwechselt werden darf, die geistliche »Macher« heranbilden will, sondern dass es vornehmlich um innere Auseinandersetzungen und eine Reinigung von innen her geht. In weiten Bereichen des geistlichen Kampfes ist es wichtig, Schädliches, Schlechtes und Sündiges zu lassen oder es sich abzugewöhnen. Das wird im Folgenden noch an vielen Stellen deutlich werden.

Schließlich ist noch der Schlusssatz des oben zitierten Textes über die Ausbildung im Kloster zu beachten, dass nämlich der Kampf gegen die Laster des Fleisches und der Gedanken nur möglich ist, »weil Gott ihnen hilft«. Ohne göttlichen Beistand wäre dieser Kampf verloren. So behält auch in diesem Text, der so deutliche Kampfworte benutzt, das Wirken Gottes im menschlichen Tun seine zentrale Bedeutung.

Die Kampfverweigerer

Aufschlussreich kann noch ein Blick auf die beiden anderen Mönchsarten sein, die Benedikt zu Recht ablehnt. Zunächst spricht er von den sogenannten Sarabaiten.[31] Das sind Mönche, die nicht in Gemeinschaften, sondern als Kleingruppe zu zweit oder zu dritt zusammenleben, sich dabei aber an keine Regel halten, sondern ihren eigenen Launen und Lüsten nachgehen. Benedikt hat seine ganz eigene Meinung dazu: »Weder durch eine Regel noch in der Schule der Erfahrung wie Gold im Schmelzofen erprobt, sind sie weich wie Blei« (RB 4,6).

Die Klosterregel und die Erfahrung in der Gemeinschaft wären notwendige Voraussetzungen für ein besseres Mönchsleben. Sie hätten durch eine »Schule der Erfahrung« gehen müssen, durch einen Erfahrungsprozess, der sie wirklich zu Mönchen hätte machen können. Und für diesen Prozess verwendet Benedikt ein sehr deutliches Bild: Es ist der Schmelzprozess von Gold, das bei einer Temperatur von mehr als 1000 Grad Celsius von der Schlacke gereinigt wird.[32]

Dieser Erfahrungsprozess, den Mönche in einer Gemeinschaft erleben, ist also ein Reinigungsprozess, der sich durch die Ordnung einer Gemeinschaft und im Miteinander der Brüder ereignet. Offensichtlich braucht es dafür viel Reibung und Hitze, was nicht sehr angenehm ist, aber erst daraus kann sich etwas entwickeln, was »Gold wert« ist. Nochmals ein eindrucksvolles Bild, das auf seine Weise den geistlichen Kampf illustriert.

Schließlich spricht Benedikt von den sogenannten Gyrovagen, einer Art »Gammelmönche«.[33] Ursprünglich ging es bei dieser Lebensform um eine positive Lebensweise, um ein Leben in der geistlichen Heimatlosigkeit, das meint, dass sich der Mensch nirgendwo festsetzen, sondern immer weitergehen solle, ohne um die Zukunft zu wissen, ganz im Vertrauen auf Gott.[34] Diese Form hatte sich zur Zeit Benedikts pervertiert. Er klagt: »Ihr Leben lang ziehen sie landauf, landab und lassen sich für drei oder vier Tage in verschiedenen Klöstern beherbergen. Immer unterwegs, nie beständig, sind sie Sklaven der Launen ihres Eigenwillens und der Gelüste ihres Gaumens« (RB 4,11). Statt eines inneren Loslassens und Weitergehens halten sie fest an ihren Lüsten und an einem genüsslichen Leben. Und weil sie nirgendwo bleiben, können sie tun, was sie wollen, und brauchen sich nie zu ändern. Ihr Leben verweigert den geistlichen Kampf und entbehrt deshalb der Reifung.

An diesen beiden Negativformen des Mönchtums wird nochmals deutlich, wie sehr die klösterliche Gemeinschaft den geistlichen

Kampf fördert. In dieser Schule muss man nicht schon alles können. Es geht um einen Lernprozess, der wohl ein ganzes Leben andauert. Deshalb heißt der Titel dieses Buches auch »Geistlich kämpfen *lernen*«, um die innere, unablässige Dynamik dieses geistlichen Prozesses auszudrücken.

Solche Gemeinschaftserfahrungen sind jedoch nicht typisch klösterlich. Sie lassen sich auch mit anderen Formen von Gemeinschaft vergleichen – mit solchen, die heilend, und solchen, die krankmachend wirken. Wer schon einmal in einer Gemeinschaft gelebt hat – und sei es nur als Kind –, weiß, dass das nicht immer einfach ist, sondern manchmal ein echter Kampf, denn jeder versucht, darin seinen Platz zu finden, zu seinem Recht zu kommen, und doch erfährt er auch deutlich, dass er nicht allein auf der Welt ist. Das heißt: In einer Gemeinschaft muss jedes Mitglied Verantwortung übernehmen, damit sie funktioniert: sowohl für sich selbst als auch für die anderen. Man muss sich an gewisse Regeln halten, ob man in einer klösterlichen Gemeinschaft lebt oder in einer Familie oder Partnerschaft, sogar in einer Freundschaft. Die beiden »schlechten« Arten von Mönchsein können daher auch als Bild für profane Lebensgemeinschaften stehen: ein »Gammelmönch« ist hier einer, der ständig seine Beziehungen wechselt und immer nur an der Oberfläche bleibt. Sobald es darum geht, Verantwortung zu übernehmen, nimmt er im übertragenen Sinn seinen Stab und geht. Ein solcher Mensch braucht sich nicht zu ändern, sondern ändert einfach seine Beziehungen und wechselt die Freunde, wenn ihm die anderen zu anstrengend werden. Ähnliches gilt für die Sarabaiten: Übertragen könnten damit die Freundeskreise gemeint sein, in denen es vor allem darum geht, gemeinsam Spaß zu haben, zusammen zu feiern. Wirklich kennen tut man aber den anderen nicht, man interessiert sich auch nicht wirklich für ihn und sein Leben, seine Sehnsüchte, seine Person. Tiefere Freundschaft ist hier nicht möglich, das Einzige, was verbindet, sind gemeinsamer Spaß, gemeinsames Erleben. Es entsteht kein Weg in eine größere Reife.

2

Das Ziel des geistlichen Kampfes

Wohin führt uns Benedikt?

Warum soll der Mönch überhaupt kämpfen? Wohin soll – nach der Lehre Benedikts – der Weg des Mönches und all sein Bemühen führen? Oft wird dieses Ziel sehr niedrig angesetzt.

Man kann sich dabei auf Benedikt selbst berufen, denn im Schlusskapitel seiner Regel sagt er rückschauend, er habe eine Regel für Anfänger geschrieben, damit seine Mönche wenigstens beginnen können, geistlich zu leben; über die wirklichen geistlichen Höhen des Mönchsweges könne man sich bei anderen großen Vätern informieren (vgl. RB 73). Man sagt auch zu Recht, es sei für Benedikt wichtig, nichts zu übertreiben (vgl. RB 64,12), keine unerfüllbaren Forderungen zu stellen, damit schwache Brüder nicht verschreckt davonlaufen (vgl. RB 64,19). Benedikt ist es wichtig, dass der Abt auf die Schwächen seiner Mönche Rücksicht nimmt (vgl. RB 34,2) und sich den Bedürfnissen der Einzelnen anpasst (vgl. RB 2,31).

Schon im Prolog zur Regel sagt Benedikt, es ginge ihm nicht darum, »Hartes und Schweres« festzulegen (vgl. RB Prolog 46). Und schließlich erlaubt er sogar, Wein zu trinken, natürlich maßvoll, obwohl das in der monastischen Tradition bis dahin eindeutig verpönt war (vgl. RB 40). Wir sind unserem Ordensvater dankbar, dass er in vielen Dingen so klug und menschlich und mitfühlend war.

Aber möchte er nun wirklich ein eher »gemütliches« Mönchtum organisieren, das niemandem wehtut und in dem es genügt, wenigstens einmal so einen »kleinen Anfang« zu machen? Glaubte man das, hätte man Benedikt gründlich missverstanden. Klar ist, dass er nicht einfach Hartes fordert, als ob Härte und asketische Höchstleistung das Wichtigste seien. Aber: Er hat ein Ziel – und kein sehr leichtes. Er erwartet, dass der Mönch alles einsetzt, um auf diesem Weg voranzukommen. Deshalb heißt es schon im Prolog: »Stehen wir also endlich einmal auf! Die Schrift rüttelt uns wach und ruft: ›Die Stunde ist da, vom Schlaf aufzustehen.‹ Öffnen wir unsere Augen dem göttlichen Licht und hören wir mit aufgeschrecktem Ohr, wozu uns die Stimme Gottes täglich mahnt und aufruft: ›Heute, wenn ihr seine Stimme hört, verhärtet eure Herzen nicht!‹« (RB Prolog 8–10). Der Prolog ist eine einzige Aufforderung, mit Schwung und Entschiedenheit den begonnenen Weg weiterzugehen und das Ziel nicht aus den Augen zu verlieren. Wer die im siebten Kapitel beschriebenen zwölf Stufen der Demut ernst nimmt oder sein Leben nach den 74 Instrumenten der geistlichen Kunst, die im vierten Kapitel beschrieben sind, ausrichten will, der wird schnell merken, dass Benedikt etwas mehr als nur einen ersten oder gar billigen Anfang erwartet.

Benedikt hat ein sehr klares und kein sehr vordergründiges Ziel für seine Mönche. Genau genommen spricht er nicht nur von einem, sondern von zwei Zielen. Vom Prolog bis zum letzten Kapitel der Regel erwähnt er immer wieder das jenseitige Ziel, das Himmelreich, wo wir Gott schauen dürfen. Er spricht vom Zelt Gottes und seinem heiligen Berg, wo wir einmal bei Gott leben werden, und von jenem Reich, das wir erben werden (vgl. RB Prolog 21–23.50) und das unser himmlisches Vaterland ist (vgl. RB 73,8); dort wird uns dann etwas geschenkt, was noch kein Auge gesehen und kein Ohr gehört hat (vgl. RB 4,76f).

Neben dieser großen Verheißung eines ewigen Lebens bei Gott formuliert Benedikt gegen Ende des Prologs noch ein anderes Ziel, das für unser Thema von besonderer Bedeutung ist: Er sagt, dass der

Weg des Mönches anfangs immer »eng« ist und durch viele Schwierigkeiten führt. Wenn einer davor aber nicht zurückschreckt und mutig weitergeht, dann »wird das Herz weit, und er läuft in unsagbarem Glück der Liebe« (RB Prolog 49) auf diesem Weg weiter. Wenn er das erreicht, ist der Mensch an einem Höhepunkt des geistlichen Lebens angelangt. Er kommt in die Weite des Herzens. Alles, was ihn und sein Leben bisher eng und ängstlich gemacht hat, weitet sich in eine große Freiheit, und es bricht in ihm eine Liebe auf, die ihm ein unbeschreibliches Glück beschert.

Wenn Benedikt hier von der Weite des Herzens und vom unsagbaren Glück der Liebe spricht, dann steht er damit in einer großen Tradition geistlicher Erfahrung. Weit wird das Herz, wenn es von den dunklen Mächten und negativen Verhaltensweisen, die es eng und dumpf machten, befreit wird und in den inneren Frieden kommt. Je mehr Gott dann in das gereinigte Herz einzieht und das Innere des Menschen erfüllt, desto weiter wird dieses Herz für die Liebe und die Gottesschau.[1]

In der Lebensbeschreibung des heiligen Benedikt spricht Papst Gregor der Große, der Autor dieser Vita, an zentraler Stelle vom weiten Herzen.

Als er über eine kosmische Schau berichtet, die Benedikt gegen Ende seines Leben zuteilwurde und bei der ihm die Welt ganz klein vorkam, erläutert Gregor dazu: »Wenn die Seele ihren Schöpfer schaut, wird ihr die ganze Schöpfung zu eng. Hat sie auch nur ein wenig vom Licht des Schöpfers erblickt, wird ihr alles Geschaffene verschwindend klein. Denn im Licht innerer Schau öffnet sich der Grund des Herzens, weitet sich in Gott und wird so über das Weltall erhoben ... Wenn das Licht Gottes sie über sich selbst hinausreißt, wird sie in ihrem Inneren ganz weit.«[2]

Wenn Benedikt also am Ende des Prologs vom weiten Herzen spricht, dann verweist er damit auf einen Höhepunkt und Zielpunkt der geistlichen Entwicklung, worauf hin der Mönch mit seinem Kämpfen unterwegs ist: auf den Durchbruch der vollkommenen

Gottesliebe und auf die Gottesschau – schon in diesem Leben. Dazu gehört auch das »unsagbare Glück der Liebe« oder die »unsagbare Freude der Liebe«, wie Georg Holzherr diese Stelle des Prologs übersetzt.³

Schon Evagrius Ponticus spricht wiederholt von der »unsagbaren Freude« und erwähnt im gleichen Atemzug die Ruhe der Seele und das reine Gebet.⁴ Auch er beschreibt also mit diesem Ausdruck einen Zustand mystischer Erfahrung. Benedikts sogenannte Anfängerregel weiß also sehr wohl um die Höhen geistlichen Lebens und um ein begeisterndes Ziel, das es schon in diesem Leben zu erreichen gilt.⁵

Am Ende des siebten Kapitels, *Über die Demut*, formuliert Benedikt nochmals mit anderen Worten das Ziel der Entwicklung in diesem irdischen Leben. Die dort erläuterten zwölf Stufen der Demut markieren einen inneren Reinigungs- und Entwicklungsweg.⁶ Wer diesen Weg gegangen ist, gelangt schließlich »zu jener vollendeten Gottesliebe, die alle Furcht vertreibt. Aus dieser Liebe wird er alles, was er bisher nicht ohne Angst beobachtet hat, von nun an ganz mühelos, gleichsam natürlich und aus Gewöhnung einhalten, nicht mehr aus Furcht vor der Hölle, sondern aus Liebe zu Christus, aus guter Gewohnheit und aus Freude an der Tugend« (RB 7,67–69). Da kommt ein Mensch zur vollendeten Gottesliebe, die keine Angst mehr kennt.

»Furcht gibt es nicht in der Liebe; die vollkommene Liebe vertreibt die Furcht«, sagt der Apostel Johannes in seinem ersten Brief (1 Johannes 4,18). Es entfaltet sich im Mönch eine Liebe, die nicht mehr gefesselt und blockiert ist, sondern ausstrahlt im Tun, wie selbstverständlich, wie eine Tugend, wie eine gute Gewohnheit.

Benedikt spricht hier von Tugend. Im Hintergrund steht offensichtlich der klassische Tugendbegriff, der besagt, dass Tugend dadurch gekennzeichnet ist, dass sie das Gute mit Leichtigkeit tut, weil es zu einer inneren Haltung geworden ist.⁷ Wenn man sich also anstrengen muss, etwas Gutes zu tun oder freundlich zu sein, dann ist das keine Tugend. Es ist zwar trotzdem etwas Gutes, aber noch nicht Tugend, das heißt etwas, das zu mir gehört und wie selbstverständlich getan wird. Deshalb sagt Benedikt im oben zitierten Text, dass das Gute, wenn die vollkommene Liebe zum Durchbruch gekommen ist, aus guter Gewohnheit und aus Freude an der Tugend geschieht.[8] Da *tut* einer nicht nur Gutes, sondern *er ist gut geworden* und handelt eben entsprechend. Ähnlich sagen wir auch gelegentlich über einen älteren Menschen: dass er früher wohl schwierig gewesen sei, aber im Lauf des Alters – vielleicht auch durch viel Enge und Gedränge hindurch – ein guter und friedlicher Mensch geworden sei. Er ist nun einfach so geworden. Es hat sich in ihm etwas geändert und verwandelt.

Michael Casey, ein australischer Trappist, der einen bedeutsamen Kommentar zum Demutskapitel der Benediktsregel geschrieben hat, spricht an dieser Stelle von »Integration« und »Verwandlung«. Er meint damit, dass die zersplitterte und durch vielerlei innere Stürme verworrene Existenz des Mönches nun zu innerer Einheit und zum Frieden gefunden hat und eine nachhaltige Verwandlung erfährt, indem das bisher verdunkelte Bild Gottes in ihm erneuert wird und zum Leuchten kommt. Diese innere Verwandlung hat dann auch entsprechende Auswirkungen auf die Umgebung dieses Menschen.[9]

Zusammenfassend lässt sich sagen: Neben dem jenseitigen Ziel des Himmelreiches kennt Benedikt auch für das Leben in dieser Welt ein Ziel: das weite Herz, das im Lauf eines langen Mönchsweges weit geworden ist und zum Schauen Gottes und zur vollkommenen Gottesliebe gelangt, worin der Mönch unsagbares Glück und unsagbare Freude findet. Aus dieser Liebe lebt der Mensch, und wie selbstverständlich handelt er aus dieser Liebe wie aus guter Gewohnheit, weil er selbst gut geworden ist – ein Liebender.[10]

Diese Beschreibung des geistlichen Zieles in diesem Leben ist nicht nur für Mönche interessant. Es kann auch Menschen außerhalb des Klosters faszinieren. Wer wollte nicht aus der Enge und den Wirrnissen der eigenen Seele in die Weite der Liebe finden, die sein ganzes Leben prägen und die auf die Umgebung ausstrahlen kann?

Bei meinen Kursen erläutere ich oft dieses Ziel des Lebens nach der Benediktsregel und stelle dann fest, dass die Teilnehmer sehr schnell verstehen, was dieser Reinigungsweg für ihre eigene Lebenssituation bedeuten kann. Vielen wird plötzlich klar, dass sie bisher kein geistliches Ziel hatten, auf das hinzuarbeiten sich lohnte. Vor allem älteren Menschen geht dabei auf, dass dieser Reinigungsweg in die Weite des Herzens ein bestimmendes Thema für den Rest ihres Lebens sein könnte. Daraus entstehen oft sehr lebhafte und inspirierende Gruppengespräche. Entscheidend ist jedoch nicht, wie weit man tatsächlich kommt, aber die Aussicht, wenigstens einige Schritte in die größere Weite zu machen und wenigstens anfanghaft ein Liebender, eine Liebende zu werden, das öffnet jetzt schon das Herz und inspiriert für das Weitergehen.

Das trifft auch nicht nur auf ältere Menschen zu. Gerade für Menschen in der Lebensmitte, die zurückschauen und feststellen, dass sie ihre Träume aufgegeben haben oder dass sie seit Jahren an dem vorbeileben, was sie eigentlich leben möchten, kann sich durch den Blick auf das Ziel von der Weite des Herzens ein geistlicher Horizont auftun, der ihnen neue Dynamik und Lebenskraft schenkt. Und auf dem Weg dorthin können sie dann immer wieder feststellen, wie befreiend es sein kann, viele Dinge und Themen, an denen man bisher verbissen festgehalten hat, einfach loszulassen und in eine neue Freiheit und Liebe hineinzuwachsen.[11]

War man in vergangenen Jahrhunderten vielleicht zu sehr auf das Jenseits fixiert und wollte recht leben, damit man einmal in den Himmel kommt, so ermuntert uns der Blick auf die Tradition des frühen Mönchtums, neben dem jenseitigen Ziel des Christen auch das diesseitige Ziel einer Reifung in die Weite des Herzens und in die Große Liebe anzustreben. Da heute die meisten Menschen sehr viel älter werden als noch vor einem Jahrhundert und nach der aktiven Phase ihres Arbeitslebens oft noch etliche Jahrzehnte vor sich haben, ist das eine bisher nicht gekannte Chance, sich im Alter in verstärktem Maß diesem geistlichen Ziel zu widmen. Wenn sich gar eine größere Zahl von älteren Menschen auf einen solchen Weg einließe, wäre das eine enorme geistige und geistliche Bereicherung für unsere alternde Gesellschaft.

Wie komme ich dem Ziel näher?

Wie aber muss der Weg aussehen, damit der Mönch – und jeder, der auf diesem Weg ist – tatsächlich dieses Ziel erreichen kann? Dazu kehren wir nochmals zum Text aus dem Kapitel über die Demut zurück, in dem von der Tugend die Rede ist. Dort wird nämlich auch das Gegenteil angesprochen, also das Laster. Allerdings ist das in den meisten Übersetzungen der Benediktsregel nicht so recht erkennbar. Der Schlusssatz des genannten Kapitels lautet in der üblichen Übersetzung: »Dies wird der Herr an seinem Arbeiter, der von Fehlern und Sünden rein wird, schon jetzt gütig durch den Heiligen Geist erweisen« (RB 7,70). Zunächst sagt Benedikt damit, das Aufbrechen der vollkommenen Gottesliebe sei ein Werk des Heiligen Geistes. Dann nennt er aber auch die Voraussetzung dafür: dass der Mönch von Sünden und Fehlern rein werden muss. Dass er von Sünden rein werden muss, bevor die große Gottesliebe durchbrechen kann, klingt selbstverständlich. Ein Schlüsselwort für unser Thema ist aber das andere Wort: »Fehler« – »er soll von Sünden und Fehlern rein werden.«

Im lateinischen Text steht hier das Wort *vitium*. Das kann zwar mit »Fehler« übersetzt werden, treffender wäre aber der Ausdruck »Laster«. Hier sind also nicht Fehler gemeint, die man gelegentlich *macht*, sondern Fehler, die man *hat*, die man gewohnheitsmäßig *immer wieder macht* und die man auch nicht so leicht loswird. Laster meint eine Fehlhaltung, die immer wieder zu entsprechendem Fehlverhalten führt. Wir könnten auch von »Untugenden« sprechen.

Dorotheus von Gaza, ein palästinensischer Mönchsvater des sechsten Jahrhunderts, nennt diese Untugenden und Laster »eine Art chronische Krankheit der Seele«, die geheilt werden müsse, damit sich die Tugenden im Menschen entfalten können, welche eine Art natürlicher Gesundheit der Seele sind: »Wir haben nun gesagt, dass wir, soviel wir das Gute tun, die Tugend zur Haltung machen, das heißt, wir ... kehren zu unserer eigenen Gesundheit zurück, wie man nach einer Augenkrankheit das Augenlicht wiedererlangt oder nach sonst einer Krankheit die eigene natürliche Gesundheit.«[12]

Es geht hier also um das, was die moderne Psychologie als Prägungen oder Verhaltensmuster bezeichnet. Diese Prägungen und Verhaltensmuster beeinflussen unser Verhalten weit mehr als unsere guten Absichten und unsere guten Vorsätze. Oft bewirken sie auch ein großes Durcheinander in der Seele, sodass der Mensch sich nicht mehr orientieren und einen guten Weg durchs Leben finden kann. Deshalb will die Psychologie den Menschen helfen, diese oft unbewussten Verhaltensmuster zu durchschauen und – wenigstens teilweise – aufzulösen. In dem Maß, wie das geschieht, kommt der Mensch in eine neue innere Freiheit.

Auch die Mönche des heiligen Benedikt und die Einsiedler in den ägyptischen Wüsten kennen dieses Problem sehr gut. Deshalb spielt in der Literatur des frühen Mönchtums die Auseinandersetzung mit diesen »Lastern«, den negativen Grundprägungen, Bestrebungen und Ängsten, eine zentrale Rolle, weil sich ohne die Bearbeitung dieser »Laster« kein gesundes geistliches Leben entfalten kann und der Mönch – trotz gutem Willen – ständig durch seine Prägungen, seine »Laster« in eine falsche Richtung gedrängt wird und er so weder in die innere Freiheit noch in die Ruhe des Herzens kommen kann.

Vitium beziehungsweise der Plural *vitia* ist also ein Schlüsselbegriff im alten Mönchtum, besonders auch bei Johannes Cassian, dessen Schriften Benedikt wiederholt als Lektüre empfiehlt, sogar als tägliche gemeinsame Lesung nach dem Abendessen (vgl. RB 42 und 73). Deshalb konnte Benedikt damit rechnen, dass seine Mönche mit diesem Begriff bestens vertraut sind, sobald er in der Klosterregel auftaucht.

Übrigens erscheint er auch schon am Ende des Prologs, wenn von der Weite des Herzens die Rede ist. Dort heißt es, dass die eigentliche Enge, durch die der Mönch hindurchmüsse, darin bestehe, dass er der Liebe wegen von seinen Lastern (*vitia*) gereinigt werden muss (vgl. RB Prolog 47), damit er auf dem weiteren Weg allmählich in die Weite des Herzens und in die unaussprechliche Freude der Liebe gelangen kann. Um das diesseitige Ziel seines Lebens zu erreichen, muss der Mönch also einen Weg der inneren Reinigung beschreiten und alles beseitigen, was ihn hindert, in die Weite des Herzens, in die vollkommene Liebe und auf den Weg der Kontemplation zu kommen. Er muss sich mit allem auseinandersetzen, was ihn vom Ziel ablenken oder am Weitergehen hindern könnte. Der Mönchsweg ist daher zunächst und vor allem ein Reinigungsweg, so wie jeder ernsthafte geistliche Weg zunächst ein Weg der inneren Reinigung sein muss.

Bevor wir uns mit den verschiedenen Aspekten dieser Reinigung befassen, sollen noch zwei wichtige Punkte zum Verständnis dieses Zieles betrachtet werden.

Von der Notwendigkeit eines Zieles

Der lange und mühsame Weg der Reinigung kann müde machen. Es gibt vieles, was den Mönch ablenken kann. Deshalb wird er die innere Wachheit und die notwendige »Spannkraft des Herzens«[13] nur dann bewahren können, wenn er sich klar auf das Ziel ausrichtet und sich dieses Ziel immer wieder in Erinnerung ruft. Zu diesem Thema und zu den Voraussetzungen, um wach auf dem Weg bleiben zu können, hat sich Johannes Cassian bereits in der ersten der 24 *Collationes*, den *Unterredungen mit den Vätern* ausführlich geäußert. Nur wenn einer das Ziel klar vor Augen hat, wird er auch geradlinig auf dem Weg weitergehen. Zur Illustration dieses Gedankens nutzt Johannes Cassian verschiedene Bilder und Vergleiche: Einem Bauer, der eine gute Ernte haben möchte, um seinen Lebensunterhalt zu sichern, ist nichts zu viel. Weder Hitze noch Kälte können ihn davon abbringen, den Boden zu pflügen und ihn von Dornen und Unkraut zu säubern, weil er immer das Ziel einer guten Ernte im Blick hat. Er riskiert sogar eine

Verminderung seiner Vorräte vom vergangenen Jahr, indem er einen Teil für die neue Aussaat verwendet. Johannes Cassian sagt, der Bauer tue das »gern«, weil er sich im Blick auf eine gute Ernte keine Sorgen über diese Verminderung seiner Vorräte macht. Offensichtlich ist das ein Hinweis darauf, dass so mancher Verzicht sich lohnt, weil er zum inneren Fortschritt verhelfen kann.[14]

Ein anderes Bild sind die Kaufleute, die keine Mühe scheuen und keine Gefahren auf stürmischer See, wenn sie, »von Hoffnung beflügelt«, einen großen Gewinn erwarten. Und wer eine hohe Karriere anstrebt, dem ist auch keine Mühe zu viel und kein Kampf zu schwer. Er wird alle Energie einsetzen, um sein Ziel zu erreichen.[15]

Cassian spricht hier also von einer allgemeinen Lebenserfahrung: Wer ein klares Ziel vor Augen hat, wird dadurch beflügelt und lässt sich durch keine Mühe oder Gefahr entmutigen, ja er nimmt sogar mit Blick auf das Ziel alle Beschwerden gerne auf sich.

Nun wendet sich Cassian wieder dem Mönchsweg zu: »Auch unsere Berufung hat also ihr eigenes erstes und ihr letztes höchstes Ziel, um dessentwillen wir alle Mühe nicht nur ohne zu ermüden, sondern gerne auf uns nehmen, um dessentwillen uns der Hunger beim Fasten nicht ermüdet, die Mattigkeit während der Nachtwachen erfreut ...«[16] Und schließlich verweist er auf das Beispiel des Apostels Paulus und zitiert aus dem Brief an die Philipper (3,13f): »Ich vergesse, was hinter mir liegt, und strecke mich nach dem aus, was vor mir ist. Das Ziel vor Augen, jage ich nach dem Siegespreis: der himmlischen Berufung, die Gott uns in Christus Jesus schenkt.« Nichts ist Paulus zu viel oder zu schwer, weil er ein faszinierendes Ziel vor Augen hat. Wer also von einem Ziel begeistert ist, wird unbeirrbar auf dieser Spur bleiben. Sobald aber der Blick auf das Ziel unscharf wird oder ganz verloren geht, werden die Mühen des Weges zu beschwerlich, und man versucht, sich anderweitig schadlos zu halten. Johannes Cassian erinnert an die Israeliten, die in der Entbehrung der Wüste den Blick auf das Ziel, das Gelobte Land, verloren hatten und sich wieder nach den »Fleischtöpfen Ägyptens« zurücksehnten, nach dem Knoblauch und den Melonen (vgl. Numeri 11,5.18; Exodus 16,3).[17] Was mit einem Mönch passiert, wenn ihm das Ziel aus dem Blick gerät und der innere Schwung verloren geht, erläutert Johannes Cassian aus eigenen Erfahrungen: Er verweist auf Menschen, die reich und mächtig waren, schließlich aus Begeisterung für den Mönchsweg alles hinter sich gelassen haben, sich aber nach einiger Zeit wieder an Kleinigkeiten wie zum Beispiel ein Messerchen hängten, ein Buch, ein Körbchen oder Schreibzeug und so weiter, und zornig werden, wenn es ihnen jemand wegnehmen will.[18] Plötzlich bekommen Nebensächlichkeiten wieder ein übergroßes Gewicht. Das ist eine Erfahrung, die man in allen Lebensbereichen machen kann, in denen sich jemand mit viel Begeisterung und Einsatzbereitschaft einer schwierigen Aufgabe verschreibt, aber später wieder an Äußerlichkeiten, vor allem an Titeln und Privilegien hängenbleibt. Dieses Thema behandelt Cassian auch noch unter dem Stichwort der »zweiten Absage an die Welt«, wozu im folgenden Abschnitt noch etwas gesagt werden soll.

Ins Kloster gehen genügt noch nicht

Johannes Cassian spricht im Zusammenhang mit dem Mönchsweg von »drei Absagen an die Welt«.[19] In unserem Zusammenhang interessieren nur die erste und die zweite Absage, zumal sie auch Menschen außerhalb des Klosters zum Nachdenken anregen kann. Mit der ersten Absage meint Cassian, dass ein Mensch sich entschließt, alles hinter sich zu lassen, um Mönch zu werden. Dabei weist Cassian ausdrücklich darauf hin, dass die irdischen Güter nichts Schlechtes, sondern »in der Mitte stehend«[20] seien, das heißt, sie sind weder gut noch böse; es kommt nur ganz darauf an, ob man guten oder schlechten Gebrauch davon macht. Wenn einer Mönch wird, verzichtet er also nicht auf seinen Besitz, weil Besitz etwas Schlechtes wäre, sondern weil er ihn hindert, auf dem Mönchsweg seinem Ziel entgegenzugehen.

Das genügt aber noch nicht. Es ist ein großer Irrtum zu meinen, dass man es »geschafft hat«, wenn man sich zum Klostereintritt entschlossen und den Schritt gewagt hat. Es fehlt als zweiter Schritt die sogenannte zweite Absage an die Welt, was meint, dass der Mönch auch seine bisherigen Verhaltensmuster hinter sich lassen muss, seine Prägungen und Gewohnheiten, um sich auf die Lebensweise des Mönchs einstellen und dem Ziel wirklich näher kommen zu können. Mit Blick auf Abraham, der im hohen Alter noch einmal aus seinem Land und allem, was ihm vertraut war, ausziehen musste (vgl. Genesis 12,1), sagt Cassian: Wir müssen ausziehen »aus unserem Lebenswandel sowie den früheren Gewohnheiten und Lastern, von denen wir wissen, dass sie von Geburt an mit uns verwachsen sind wie durch Familienzugehörigkeit und Blutsverwandtschaft«.[21]

Schon Cassian hat erkannt, wie eng die Verhaltensmuster mit uns verwachsen sind und gleichsam zu unserer Natur zu gehören scheinen, weil sie uns oft schon ein Leben lang begleiten und prägen. Sie erscheinen wie ein Besitz, der fest an uns hängt. Deshalb ist es auch so schwer, diese Muster und Gewohnheiten hinter sich zu lassen. Dies ist nicht nur eine Frage im frühen Mönchtum. Auch in der modernen Psychologie und Neurobiologie geht man der Frage nach, wie man als Mensch die eigenen Muster, die so eng einem selbst verwachsen sind, verstehen und besser mit ihnen umgehen kann.[22] Dabei kam man auch zu Erkenntnissen, die für den geistlichen Kampf sehr hilfreich sein können und oft den Erfahrungen der frühen Mönche ähneln oder sie ergänzen.

In diesem notwendigen Schritt der zweiten Absage geht es darum, auch diese »schädlichen Besitztümer«[23] beziehungsweise diesen »Vorrat an Lastern«[24], unsere negativen Gewohnheiten und Anhänglichkeiten, die noch weiterhin in unserer Seele wohnen, loszulassen, um für die neue Lebensweise des Mönches auf dem Weg in die Große Liebe und hin zur Schau Gottes bereitet zu werden. Cassian ist der Meinung, dass darüber sehr deutlich gesprochen werden muss, damit den Mönchen das Thema bewusst wird, und er bemängelt am Ende seiner langen Ausführungen, dass es Klöster gibt, in denen den Mönchen diese Lehre über die zweite Absage nicht einmal vermittelt wird.[25]

In einer neuerdings auch in deutscher Sprache zugänglichen Veröffentlichung von Thomas Keating geht es ausführlich um diese Frage des Umgangs mit den tief sitzenden Mustern unseres Verhaltens. Er beschäftigt sich dabei sowohl mit entwicklungspsychologischen und neurobiologischen Aspekten wie auch mit den entsprechenden geistlichen Zusammenhängen, wobei er sich besonders auf die Erfahrungen des frühen Mönchtums und der Mystik bezieht.[26] Diese Ausführungen können helfen, viele Texte vom geistlichen Kampf im frühen Mönchtum tiefer zu verstehen und gleichzeitig die Probleme des eigenen inneren Kampfes deutlicher zu sehen und konstruktiver damit umzugehen.

Wenn wir nun schauen, was in der Regel Benedikts zu der erwähnten zweiten Absage an die Welt zu finden ist, so spricht er zwar nicht ausdrücklich darüber, aber er kennt in der Praxis, was mit der zweiten Absage gemeint ist beziehungsweise wann diese Absage verweigert wird. Offenbar war – und ist auch heute noch – das Thema des Eigentums beziehungsweise des »Privatbesitzes« der Mönche ein besonders heikler Punkt: Bei der Profess verzichtet der Mönch feierlich und schriftlich auf alles Eigentum (vgl. RB 58,24–26), vollzieht also die erste Absage an die Welt. Benedikt weist jedoch eindringlich darauf hin, dass die Mönche nicht wieder anfangen sollten, allerhand Dinge wie ihr Eigentum zu sammeln und heimlich aufzubewahren, was offensichtlich häufig der Fall war. Aus diesem Grund ist wohl auch das Kapitel über den beständigen Verzicht auf Eigentum außerordentlich scharf formuliert (vgl. RB 33 und 55). Benedikt ist sehr besorgt, dass alle das Notwendige bekommen und dass keiner unnötigen Mangel leidet, aber es ist ihm auch ein ernstes Anliegen, dass der Verzicht auf Eigentum nicht wieder heimlich zurückgenommen und der Mönchsweg dadurch pervertiert wird.

Schon im ersten Kapitel seiner Regel kommt Benedikt indirekt auf das Thema der zweiten Absage an die Welt zu sprechen. Er sagt dort über die »schlechte Mönchsart« der Sarabaiten, dass sie »der Welt immer noch die Treue halten« und »durch ihre Tonsur Gott belügen« (RB 1,7). Sie sind Mönche geworden, sie haben das Mönchsgewand angezogen und die Tonsur erhalten, aber ihr Mönchsein bleibt rein äußerlich. Sie vollziehen sozusagen nur die erste Absage, denn sie leben dennoch so wie in der Zeit, bevor sie Mönche geworden sind: »Nicht in den Hürden des Herrn, sondern in ihren eigenen eingeschlossen« und »was sie meinen und wünschen, das nennen sie heilig, was sie nicht wollen, das halten sie für unerlaubt« (RB 1,8f). Das meint, dass sie ihr Verhalten auch noch mit frommen Ausreden rechtfertigen.

Von der anderen »schlechten Mönchsart«, den Gyrovagen, sagt Benedikt, dass sie nur noch Sklaven ihrer eigenen Launen und Gelüsten seien (vgl. RB 1,11). Sie sind also völlig in ihren unreifen Gewohnheiten und Verhaltensmustern gefangen. Wenn sie den Weg in die innere Freiheit gehen wollten, müssten sie von der Versklavung an ihre Vergangenheit befreit werden. Sarabaiten und Gyrovagen sind also Beispiele für Mönche, die dem inneren Anspruch des Mönchseins nicht gerecht werden, weil sie nur den ersten Schritt getan haben, den zweiten aber verweigern.

Benedikts Einteilung der Mönche in gute und schlechte Arten[27] könnte zu dem Trugschluss verleiten, dass die sogenannten »guten« Mönche nur »gut« sind. Georg Holzherr weist im Kommentar zu dieser Stelle darauf hin, dass Benedikt wohl deshalb so ausführlich über diese beiden schlechten Mönchsarten gesprochen habe, weil er seine Mönche vor ähnlichem Fehlverhalten warnen will.[28] Er wusste, dass ähnliches Verhalten bei jedem Mönch vorkommen kann, und die oben erwähnten Beispiele aus der Benediktsregel zeigen, dass diese Gefahr im Kloster sehr real war.[29]

Ich erinnere mich auch noch gut, wie man uns als Novizen gesagt hat, dass es in jedem Kloster – wenigstens ansatzweise – diese beiden Fehlformen des Mönchtums gäbe und dass auch jeder von uns in der Gefahr sei, sich auf dem einen oder anderen Gebiet wie die Sarabaiten oder Gyrovagen zu verhalten oder sich in diese Richtung zu entwickeln. Unser Novizenmeister hat uns damals auf einen Text in einem Regelkommentar vom Beginn des zwanzigsten Jahrhunderts hingewiesen, in dem in etwas betulich-romantisierender Sprache, aber doch sehr realitätsbezogen entsprechendes Verhalten im Kloster beschrieben wird.[30] Auch Bernhard von Clairvaux beschreibt im zwölften Jahrhundert, wie sich in seinen Klöstern ein Verhalten breitmachte, das an die beiden negativen Mönchsarten erinnert: »Da sind die fleischlichen Gyrovagen, die nur dem Leib nach innerhalb der Klostermauern eingeschlossen sind, doch mit Herz und Zunge die ganze Welt durchwandern.«[31] Die geistigen Weltreisen, die ein damaliger Mönch in seiner Fantasie unternehmen konnte, sind heute mit Handy und Internet auch aus der Klausur eines Klosters heraus mühelos möglich, wenn man nicht eine innere Klausur im eigenen Herzen beachtet. Man kann also ins Kloster eintreten, ohne wirklich dort zu sein. Bernhard spricht auch von Sarabaiten in seinem Kloster und sagt, das seien solche, »die ihren Vorteil suchen, zu zweit, zu dritt oder zu viert zusammen gegen die gemeinsame Regel des Klosters für sich neue und eigene Satzungen erfinden ...«.[32]

Neuerdings hat Michael Casey im Anschluss an Cassian auf die Notwendigkeit der zweiten Absage hingewiesen.[33] Er spricht von der Notwendigkeit des alternativen Lebens im Kloster, das sich nicht zu sehr an die Verhaltensweisen der heutigen Gesellschaft anpasst, sondern bewusst gängige, zeitbedingte Verhaltensweisen und Bedürfnisse hinter sich lässt, damit die Mönche mutig den Reinigungsweg gehen können, um ihrem eigentlichen Ziel näher zu kommen. Es genügt also nicht, eine mutige Lebensentscheidung gefällt zu haben, man muss dann auch entschieden danach leben.[34]

Was hier über die zweite Absage der Mönche gesagt wurde, gilt wohl in gewisser Hinsicht auch für andere Lebensentwürfe oder Lebensentscheidungen. Wer beispielsweise heiratet und Kinder hat, aber seine Singlegewohnheiten nicht aufgeben will, gefährdet das gemeinsame Leben in Ehe und Familie. Oder wer eines Tages besondere geistliche Erfahrungen macht und sich deshalb entschließt, bewusster als bisher einen geistlichen Weg zu gehen, wird nur dann wirklich Fortschritte machen, wenn er so manches von seinem bisherigen Lebensstil aufgibt, was den inneren Fortschritt hindern kann. In der »Dienstanweisung für einen Unterteufel« von C. S. Lewis drückt der Oberteufel die Überzeugung aus, er müsse sich nicht grämen, wenn jemand sich zu Gott bekehre. Viele kehrten bald wieder zurück, denn »alle geistigen und körperlichen Gewohnheiten des Patienten (so nennt der Teufel jene Menschen, auf die er angesetzt wird) sprechen immer noch zu unseren Gunsten«.[35] Auch nach einem intensiven Bekehrungserlebnis bleiben noch genug alte Mechanismen übrig, die den neuen Weg wieder zunichtemachen können.

Nach jeder Lebensentscheidung gibt es viel Neues zu lernen. Aber vor allem auf dem geistlichen Weg – sowohl innerhalb als auch außerhalb des Klosters – scheint es von besonderer Dringlichkeit zu sein, nicht nur Neues zu lernen, sondern Altes zu verlernen.

Vor Jahren besuchte ich hoch in den Bergen von Peru einen noch sehr traditionell lebenden Indianerstamm, der aber auch schon wichtige Elemente der christlichen Tradition in das Leben seiner Gemeinschaft aufgenommen hatte. Als ich mich mit diesen Menschen über ihren geistlichen Weg unterhielt, sagte man mir, dass ein wichtiger Begriff für ihr geistliches Leben *desapego*, Loslassen sei. Auch sie hatten das Ziel, in die Große Liebe hineinzuwachsen, und sprachen davon, dass es darum ginge, ganz von Liebe erfüllt zu werden. Dafür sei es aber notwendig, immer wieder loszulassen und sich an nichts festzuklammern. Nur in dieser inneren Freiheit könne sich der Weg in die Große Liebe entfalten. Das ist nicht immer leicht, aber notwendig. Davon wird im folgenden Kapitel ausführlich die Rede sein.

3

Wege und Werkzeuge des geistlichen Kampfes

Es ist nicht möglich, die ganze Bandbreite des Instrumentariums für den geistlichen Kampf darzulegen. Allein im vierten Kapitel seiner Regel hat Benedikt 74 solcher Instrumente oder Werkzeuge aufgezählt. Es sollen im Folgenden daher einige Bereiche und Instrumentarien dieses geistlichen Bemühens dargestellt werden, die grundlegend sind und von denen aus die eigene Suche der Leserin und des Lesers weiter inspiriert werden kann. Die Auswahl der Themen ist subjektiv und versucht vor allem, solche Aspekte zu thematisieren, die in der üblichen Literatur nicht im Vordergrund stehen. Dabei wird sich zeigen, dass die Mönche vor allem eben Menschen sind und ihre Erfahrungen über weite Strecken auch den Problemen und Erfahrungen aller Menschen ähnlich sind, ob sie nun im Kloster leben oder nicht.

Zum Begriff des Werkzeuges ist noch zu bedenken: Keines dieser Werkzeuge passt für jeden oder in jede Situation, so wie kein Handwerkszeug für jede Arbeit und keine Medizin für alle Krankheiten taugt. Es bedarf immer der Klugheit und der behutsamen Anwendung, damit Werkzeuge und Medikamente ihre helfende und heilende Kraft entfalten können und keinen Schaden zufügen. Aus diesem Grund spricht Benedikt wohl auch von der »geistlichen Kunst« (RB 4,75), die es mit Umsicht und unter fachlicher Begleitung zu erlernen gilt.

Es geht jedoch nicht um ein Können, das weiß, wie »es« geht, sondern um eine *geistliche* Kunst, die nur in der Kraft des Heiligen Geistes ausgeübt werden kann, in einem Zusammenspiel von göttlichem und menschlichem Tun.[1]

Der Kampf mit dem inneren Chaos

Wer in die Einsamkeit geht, wird oftmals nicht zuerst der Stille begegnen oder Gott, sondern sich selbst und dem inneren Lärm. »Als er allein war, war auch der Versucher da«[2], heißt es lakonisch und wie selbstverständlich in der von Gregor dem Großen verfassten Lebensbeschreibung des heiligen Benedikt. Er war aus dem Lärm der Welt in die Einsamkeit geflohen, um mit Gott allein zu sein. Aber plötzlich war in diesem Alleinsein nicht Gott sein Gefährte, sondern der Versucher, der Teufel, so, als hätte der schon in der Einsamkeit auf ihn gewartet. Übertragen auf unsere Zeit könnte man auf das Phänomen verweisen, dass heutzutage viele Menschen die Stille meiden, weil sie sich dann dem inneren Chaos – man könnte auch sagen: den inneren Dämonen – und den ungelösten Themen ihres Lebens schutzlos ausgesetzt fühlen. Die alten Mönche aber suchten gerade diese Konfrontation, weil sie wussten, dass das Heil nicht in der Flucht liegt, sondern in der Auseinandersetzung.[3]

Bilder für das innere Chaos

Das innere Chaos und die Härte dieser inneren Auseinandersetzung haben die frühen Mönche und Nonnen in eindrucksvollen Bildern beschrieben. Zunächst sei auf Synkletike verwiesen, eine der großen Frauen aus der frühen Mönchsbewegung in Ägypten. Sie sagt, die Seele sei wie ein Schiff auf hoher See. So wie ein Schiff zu sinken droht, wenn es von hohen Wellen überrollt wird und von innen her wegen eines Lecks durch Wasser im Kielraum gefährdet sei, so werde auch der Mensch von innen und von außen unablässig von allerhand Gedanken und bösen Geistern bedroht. Nur beständige Wachsamkeit könne deshalb das Schiff des Lebens retten.[4]

Der Apostel Paulus bringt einen anderen Vergleich, um das innere Chaos zu beschreiben – sein eigenes und das unsrige: »Ich begreife mein Handeln nicht: Ich tue nicht das, was ich will, sondern das, was ich hasse ... Das Wollen ist bei mir vorhanden, aber ich vermag das Gute nicht zu verwirklichen. Denn ich tue nicht das Gute, das ich will, sondern das Böse, das ich nicht will ... Ich stoße also auf das Gesetz, dass in mir das Böse vorhanden ist, obwohl ich das Gute tun will ... Ich unglücklicher Mensch!« (Römer 7,15–24). Paulus erlebt in seinem Innern ein für ihn selbst unbegreifliches Durcheinander, bei dem der Wille zum Guten sich geradezu ohnmächtig fühlt. Es ist eine Erfahrung, die auch wir kennen, wenn uns das innere Durcheinander zu überwältigen droht.

In der Lebensbeschreibung des Antonius wird etwas Ähnliches berichtet, wenn es dort heißt, der Teufel habe »in seinem Innern einen Sturm von Gedanken«[5] ausgelöst. Es wird dann eine ganze Liste von Erinnerungen an alle möglichen Freuden dieses Lebens aufgezählt, und es packt ihn die Angst vor all dem Schweren, was ihm auf dem Mönchsweg noch begegnen könnte. Es sind Verlockungen, die sich auf Erinnerungen an die Vergangenheit, und Ängste, die sich auf die Zukunft beziehen. Was hier mit »Gedanken« bezeichnet wird, ist also ein Gemisch von Erinnerungen und Emotionen, von Sehnsüchten und Ängsten, die in ihrer Wucht gleichsam zu einem Sturm in der Seele werden, der den armen Antonius in der Einsamkeit der Wüste umtreibt.[6]

Manchmal projiziert sich dieser innere Sturm auch nach außen, und die inneren Dämonen erscheinen dann in der äußeren Gestalt wilder Tiere. Mathias Grünewald hat dazu am Isenheimer Altar ein eindrucksvolles Gemälde geschaffen, eigentlich ein Seelenbild, in dem das innere Chaos in Szene gesetzt wird. Diese »Versuchung des Antonius« hat die bildende Kunst über Jahrhunderte bis in unsere Tage inspiriert. Bei einer Ausstellung moderner Kunst war beispielsweise eine eigene Abteilung nur der »Versuchung des Antonius« gewidmet, wobei verschiedene Maler in surrealistischer Weise die seelischen Ängste und Bedrängnisse des modernen Menschen dargestellt hatten.[7] Die »Versuchung des Antonius« ist gleichsam zu einem Archetyp für die seelischen Stürme der Menschen geworden, völlig unabhängig vom Mönchsweg.[8] Das typisch menschliche Phänomen des Seelensturmes und der verwirrenden Stimmen im Herzen kennt jeder – damals und heute. »Ruhe da oben«, heißt deshalb das Buch eines modernen Psychologen, der sich mit dem inneren Durcheinander der Gedanken und Gefühle befasst und wertvolle Hilfen zur Bewältigung anbietet. Das Buch könnte auch »Ruhe da drinnen!« heißen, denn dieses Chaos sitzt nicht nur im Kopf, sondern auch im Herzen und im Leib. Ähnlich wie der Gedankensturm im Leben des Antonius beschrieben wird, so stellt auch dieser Autor fest, dass die meisten Dinge, die uns umtreiben und verwirren, nicht so sehr mit der Gegenwart, sondern mit unserer Vergangenheit oder unserer Zukunft zu tun haben.[9] Neben den Bildern für das chaotische Durcheinander der Gedanken und Gefühle gibt es auch starke Bilder für einzelne Emotionen oder Gedanken. Evagrius Ponticus meint beispielsweise, es gäbe Gedanken, die wie ein Brandpfeil die Seele in Flammen setzen[10] oder wie ein giftiger Skorpion im Herzen sitzen.[11] Es sind also Gedanken und Emotionen, die sich in der Seele – und oft auch im Leib – festgebissen haben und mit ihrem Gift geradezu lebensgefährlich für uns werden können. Passend zum Bild vom Brandpfeil spricht Evagrius an anderer Stelle vom Krieg, den die Dämonen – durch Entfesselung wilder Gedanken und Gefühle – gegen uns führen.[12]

Solche Furcht erregenden Bilder könnten entmutigen. Aber das Gegenteil ist beabsichtigt. Die Mönche sind nämlich überzeugt, dass sie in diesem Kampf nicht allein sind, sondern einen mächtigen Helfer auf ihrer Seite haben.[13] Das eben zitierte Wort vom Krieg, den die Dämonen gegen uns führen, stammt aus der Einleitung des Evagrius zum sogenannten *Antirrhetikos*, einem Werk, das die Waffen für den geistlichen Kampf vorstellt und dabei ganz von Gottvertrauen geprägt ist. Hier macht Evagrius dem Mönch Mut, indem er sagt, dass »wir als starke Männer und Soldaten unseres siegreichen Königs Jesus Christus im Kampf stehen«.[14] Johannes Cassian schildert eine solche Kampfszene mit den Worten: »Wenn uns aber die Macht (der Feinde) und ihr Ankämpfen gegen uns Angst und Schrecken einjagen, so müssen wir auf der anderen Seite auch den Schutz und die Hilfe Gottes danebenstellen, wovon es heißt: ›Größer ist derjenige, der in uns ist, als der in der Welt ist‹ (1 Johannes 4,4). Seine Hilfen kämpfen mit viel größerer Kraft für uns, als die Menge der Feinde gegen uns anstürmt.«[15] Es wird also ein sehr gefährliches, zugleich aber auch Vertrauen erweckendes Szenario des geistlichen Kampfes gezeichnet. Auf diesem Hintergrund soll nun im Folgenden einiges dazu gesagt werden, wie dieser Kampf von unserer Seite aus geführt werden kann.

Das Schema der »acht bösen Gedanken« bei Evagrius Ponticus

Wenn man wissen möchte, wie Benedikt mit dem Sturm der Gedanken beziehungsweise mit den inneren Prägungen und Lastern umgeht, von denen am Ende des Prologs und am Ende des siebten Kapitels seiner Regel die Rede ist,[16] dann ist es hilfreich, bei Johannes Cassian nachzuschauen. Die ausführlichsten Darlegungen, die Benedikt zu diesem Thema vorfand, stammen aus seiner Feder, und zwar aus den Werken *Unterredungen mit den Vätern* und *Einrichtungen der Klöster*. Diese Schriften schrieb Johannes Cassian für seine Klöster in Südfrankreich, gesammelt hatte er diese monastische Lebensweisheit jedoch bei den ägyptischen Mönchen, unter denen er viele Jahre lebte[17] und wo er wohl auch Evagrius Ponticus getroffen hatte, der die Lehre von den acht »Gedanken« beziehungsweise Lastern als Erster entwickelt hat. Deshalb werden wir im Folgenden nicht die Spur Cassians verfolgen, sondern uns direkt an die Schriften des Evagrius halten.

Evagrius gehörte zu jenen Mönchen, die eine hohe philosophische und theologische Bildung genossen hatten. Er war der Erste, der die geistlichen Erfahrungen der frühen Mönche systematisch erfasst und niedergeschrieben hat.[18] Das Ziel des Mönches sieht er in einem kontemplativen Leben, in der Schau Gottes beziehungsweise in der Schau der Heiligen Dreifaltigkeit. Dieses kontemplative Leben kann sich aber nur dann in der Seele entfalten, wenn das Herz gereinigt ist von allem, was es innerlich beunruhigt und von Gott ablenken will.

Evagrius nennt diesen Zustand *Apatheia*. Das hat aber nichts mit unserem Wort Apathie oder mit Mangel an Lebendigkeit und Gefühlen zu tun, sondern meint einen Zustand, in dem alle Kräfte der Seele gesund und lebendig agieren und reagieren, miteinander im Einklang sind und nicht ungeordnet durcheinanderlaufen.[19] Deshalb nennt Evagrius diese *Apatheia* auch die »Gesundheit der Seele«[20], weil sich dann die Kräfte der Seele in gesunder Weise entfalten und zusammenspielen können, sodass die Liebe aufblühen und den Boden für die Gottesschau bereiten kann.[21] Johannes Cassian vermeidet den Begriff der *Apatheia* und bezeichnet diesen Zustand mit dem biblischen Ausdruck der »Reinheit des Herzens« (Matthäus 5,8).[22] Es geht also zunächst darum, das Herz von der inneren Unruhe und dem inneren, durch die Laster verursachten Durcheinander zu reinigen, damit der Mensch in die Liebe und in die Gotteserfahrung gelangen kann.

Evagrius nennt das, was den Menschen innerlich umtreibt, »böse Gedanken«, manchmal auch »Laster« oder einfach nur »Gedanken«. Gemeint ist damit nicht unser normales logisches Denken, sondern die Gedanken, die energiegeladen sind. Wir könnten auch sagen: Gedanken, die mit Emotionen, Sehnsüchten, Ängsten verbunden sind – kurzum alles, was uns innerlich umtreibt, belästigt und in seinen Bann ziehen will.

Außerdem spricht Evagrius oft von »Dämonen« und meint damit dasselbe wie »Gedanken« oder »Laster«, denn nach seiner Philosophie und Psychologie werden die guten Gedanken von Engeln eingegeben, die schlechten dagegen von Dämonen. Deshalb kann er vom *Ge-*

danken des Zorns sprechen oder auch vom *Dämon* des Zorns. Einmal wird nur der innere seelische Vorgang angesprochen, das andere Mal wird der innere Vorgang des Gedankens oder der Emotion objektiviert beziehungsweise personifiziert. Das hat den Vorteil, dass man sich nicht innerlich mit dem Gedanken oder der Emotion identifiziert, sondern sie aus sich heraussetzt, um sich damit auseinanderzusetzen. In der modernen Psychologie spricht man in diesem Zusammenhang von der Methode der Imagination.[23]

Hier nun zunächst ein Text des Evagrius, der das Thema in Kürze zusammenfasst: »Acht sind die Gattungsgedanken, in denen jeglicher Gedanke enthalten ist. Der erste ist der der Fresslust (Völlerei). Danach kommt der der Unzucht. Der dritte ist der der Habsucht, der vierte der des Kummers/der Traurigkeit, der fünfte der der Wut, der sechste der des Überdrusses (*akédia*), der siebte der des eitlen Ruhmes und der achte der des Hochmutes. Ob diese alle die Seele belästigen oder nicht belästigen, hängt nicht von uns ab. Ob sie jedoch (in uns) verweilen oder nicht verweilen, Leidenschaften anregen oder nicht anregen, das hängt von uns ab.«[24]

Evagrius spricht hier nicht einfach nur von »Gedanken«, sondern er zählt acht »Gattungsgedanken«, also grundlegende Gedankenkategorien auf. Nach seiner Auffassung sind die vielen negativen, belästigenden und belastenden Gedanken und Emotionen auf acht Grundmuster zurückzuführen, die als natürliche Anlage in der Seele jedes Menschen vorhanden sind. Mord oder Diebstahl oder Lüge sind zum Beispiel keine Grundkategorie, sondern die Folge von Zorn, Habsucht oder Stolz, also Folgen von Grundhaltungen, von »Gattungsgedanken«. Wenn nun ein Mensch dieses Schema auf sein eigenes Verhalten anwenden will, dann müsste er sich, wenn er zum Beispiel gewohnheitsmäßig lügt oder betrügt, fragen, was hinter diesem Verhalten steckt und welches Grundmuster – vielleicht Habgier oder Stolz – die Ursache dafür ist. An diesem Grundmuster, an diesem Laster müsste er dann arbeiten, um nicht wieder bei Lug oder Betrug zu landen.

Es geht also nicht darum, das eine oder andere Problem, die eine oder andere Sünde loszuwerden oder gar sehr viele von ihnen, sondern darum, dass wir an die Wurzel unserer Verhaltensmuster, unserer Sehnsüchte und Ängste kommen, aus denen unser Fehlverhalten erwächst. Nur dann kann von der Wurzel her – durch »Wurzelbehandlung« – allmählich Heilung geschehen, sodass wir im Lauf unseres Lebens allmählich dem Ziel der Reinheit des Herzens oder der großen Liebe näherkommen. Andernfalls bleibt alles Bemühen um Reinigung oder Besserung an der Oberfläche und kann nicht zu dauerhafter Heilung und zur »Gesundheit der Seele« führen.

Diese acht »Gattungsgedanken« bedürfen weiterer Erläuterungen, nicht nur für den modernen Leser. Und diese haben schon Evagrius Ponticus und Johannes Cassian reichlich geliefert. Dazu einige Hinweise auf heute zugängliche Literatur: Evagrius gibt unmittelbar nach der oben zitierten Aufzählung eine Beschreibung dieser einzelnen »Gattungsgedanken« und fügt auch Hinweise zur Heilung dieser Laster an.[25] Auch in seinen anderen Werken finden sich viele Hilfen zu einzelnen Lastern und Gattungsgedanken. Einige seiner Schriften sind sogar nach den acht Gattungsgedanken aufgebaut, wie der Traktat *Über die acht Gedanken*[26] sowie jene Schrift, in der die einzelnen Laster den jeweiligen Tugenden gegenübergestellt werden.[27] Und schließlich der mehrfach erwähnte *Antirrhetikos*, der ebenfalls nach den acht Gattungsgedanken aufgebaut ist und von dem im Folgenden noch häufiger die Rede sein wird.

Auch Johannes Cassian gibt den acht Lastern breiten Raum in seinen Schriften. In den 24 *Unterredungen mit den Vätern* widmet er nur eine Unterredung ausdrücklich den acht Lastern[28], aber von den zwölf Büchern, die zum Werk *Über die Einrichtungen der Klöster* gehören, sind acht Bücher den Ausführungen über die acht Laster und ihre Heilung gewidmet[29], woran ablesbar wird, wie zentral für Cassian der Kampf mit den »Gedanken« für das geistliche Leben der Mönche – und nicht nur der Mönche – ist. Bei aller Zeitbedingtheit seiner Sprache und seiner Gedankengänge sind diese Ausführungen auch für heutige Leserinnen und Leser eine Fundgrube geistlicher Psychologie.[30]

Trotzdem ist es von großem Vorteil, dass es auch moderne Interpreten dieser Lehre gibt, die Wege zum Verstehen und Tun aufzeigen. So hat zum Beispiel Anselm Grün Wege des Umgangs mit den acht »Gedanken« beziehungsweise Lastern für heutige Menschen aufgezeigt.[31] Gabriel Bunge hat zu mehreren Lastern ausführliche Studien veröffentlicht, nämlich zu Zorn und Wut[32], zur *Akédia*, dem geistlichen Überdruss[33], und neuerdings zur »Fresslust« oder »Völlerei«.[34] Vor einigen Jahren hat die amerikanische Benediktinerin Mary Margaret Funk sehr ausführlich über die acht Laster geschrieben und versucht, die Ausführungen Cassians mit der modernen Psychologie und heutiger Lebenserfahrung ins Gespräch zu bringen.[35] In Bezug auf dieses Thema ist wohl noch viel zu entdecken, was für ein gesundes geistliches Leben hilfreich sein kann.

Bevor auf die Methoden des Umgangs mit den Gedanken näher eingegangen wird, schauen wir zunächst noch kurz auf den zweiten Teil des oben zitierten Textes von Evagrius: »Ob diese Gedanken die Seele belästigen oder nicht belästigen, hängt nicht von uns ab. Ob sie jedoch (in uns) verweilen oder nicht verweilen, Leidenschaften anregen oder nicht anregen, das hängt von uns ab.«[36] Nach Evagrius ist es also natürlich und selbstverständlich und gar nicht von unserem Willen abhängig, ob wir solche Gedanken und Emotionen haben oder nicht. Wie schon die griechische Philosophie wussten auch die Mönche, dass unser Geist unablässig Gedanken und Gefühle produziert.[37] Von uns selbst hängt aber ab, ob diese Gedanken uns dominieren oder ob wir lernen, in rechter Weise mit ihnen umzugehen.

Evagrius hat großes Vertrauen in die Natur des Menschen und in seine Fähigkeit, sich mit solchen »Gedanken« in seiner Seele auseinanderzusetzen. Deshalb sagt er: »Ob sie die Leidenschaften in uns entfesseln oder nicht entfesseln, *das hängt von uns ab.*« In einem Brief macht er dem Adressaten daher Mut: »Sieh also die einander widersprechenden Stimmen und liebe den Sieg!«[38]

Es ist auch beachtenswert, dass Evagrius im obigen Text nur von »Gedanken« und nicht von »Sünden« spricht. Er listet zwar eine große Zahl massiver Laster und schlechter Verhaltensweisen auf, von denen er weiß, dass sie in der Seele lauern und uns gefährlich werden können. Sie sind dem Menschen angeboren und gehören zu seiner Natur. Aus diesen »Gedanken« *können* »Sünden« werden, aber das *muss nicht* sein. Dorotheus von Gaza, ein Zeitgenosse Benedikts, formuliert diese Situation folgendermaßen: »Die Leidenschaften (die Laster) sind etwas anderes als die Sünden: Die Leidenschaften sind Zorn, Ruhmsucht, Genusssucht, Hass, böse Begierde und Ähnliches; die Sünden dagegen sind die entsprechenden Verwirklichungen der Leidenschaften, wenn jemand diese durch die Tat ausführt, wenn er jene Werke mittels seines Körpers tut, die ihm die Leidenschaften eingeben. Natürlich kann es sein, dass jemand zwar Leidenschaften hat, sie aber nicht zur Tat werden lässt.«[39] Evagrius will auf gefährliche Gedanken und Verhaltensmuster hinweisen und Anleitung geben, wie der Mensch in guter Weise damit umgehen kann. Er hat also ein pädagogisches Anliegen.

Leider ist durch Gregor den Großen, der im siebten Jahrhundert nach Christus lebte, aus diesem pädagogischen Schema der acht Gedanken des Evagrius ein Sündenkatalog geworden, nämlich das Schema der sieben Hauptsünden; oftmals sprach man sogar von den sieben Todsünden.[40] Die Liste wurde von acht auf sieben Laster gekürzt und variiert im Lauf der Geschichte auch inhaltlich. Diese Variation der aufgezählten Laster muss uns hier nicht weiter interessieren. Bedenklicher ist, dass das Schema des Evagrius zu einem Sündenkatalog geworden ist, vor dem man die Menschen warnte, während es Evagrius nicht um Moralisieren ging, sondern um eine psychologische und geistliche Hilfe. Der Mensch sollte lernen, mit gefährlichen »Gedanken« und Verhaltensmustern in guter Weise umzugehen. Ziel war für ihn, dass der Mensch nicht nur Sünden vermeidet, sondern die eigentlichen Wurzeln seiner negativen und sündigen Verhaltensweisen erkennt und sie reinigt, damit er so auf dem Weg zur »Gesundheit der Seele« dauerhafte Fortschritte machen kann.

Man hätte vermuten können, dass dieser Lasterkatalog im Lauf der »Verdunstung« des Sündenbewusstseins in der modernen Gesellschaft endgültig in Vergessenheit geraten würde. Aber das Gegenteil ist der Fall. Es ist bemerkenswert, dass dieses Schema der sieben Hauptsünden beziehungsweise der sieben Laster in den letzten Jahren wieder neu ins Bewusstsein dringt, nicht so sehr bei Theologen, sondern vor allem bei Psychologen, Soziologen, Philosophen und Journalisten, weil mit diesem Schema offensichtlich wichtige Aspekte moderner Lebensführung angesprochen und gedeutet werden können. Die Autoren weisen sehr deutlich auf die Wunden unserer heutigen Gesellschaft hin, geben Hinweise zu ihrer Heilung und scheuen sich auch nicht, das alles mit den Begriffen von Laster und sogar Todsünde zu belegen[41], wobei natürlich meistens der theologische Begriff der Sünde keine Rolle spielt. Es geht vor allem um kultur- und gesellschaftskritische Analyse und Aufklärung. Selbst eine große Kunstausstellung hat sich kürzlich des Themas angenommen und aus den letzten 500 Jahren Gemälde zu den sieben Todsünden zusammengestellt.[42]

Es scheint, dass ein zentrales Anliegen der altmonastischen Spiritualität in der heutigen Zeit von unerwarteter Seite wieder aktuell wird und in der Mitte unserer Gesellschaft angekommen ist. Vielleicht könnten die Erfahrungen der frühen Mönche auch einiges zur Lösung dieser Probleme beitragen, wenigstens für jene, die sich bewusst auf einen geistlichen Weg machen.

Im Folgenden soll uns dieses Schema der acht Gedanken nicht mehr als Ganzes weiter beschäftigen. Stattdessen wenden wir uns einigen wichtigen Methoden zu, die auch für uns heutige Menschen hilfreich sein können, um mit unseren »Gedanken« und den inneren Dämonen besser umgehen zu lernen. Dabei ist noch wichtig zu bedenken, dass »Gedanken« – griechisch *logismoi* – in den Schriften des Evagrius nicht nur die acht Grundkategorien bezeichnen, sondern auch alles, was den Menschen an Emotionen, Gedanken, Sehnsüchten und Ängsten belästigt und belastet. In diesem Sinn wird das Wort im Folgenden benutzt werden.

Das Bibelwort als Waffe gegen die »Gedanken«

Evagrius hat ein eigenes Werk verfasst, in dem es ausschließlich um den Umgang mit den Gedanken geht: den sogenannten *Antirrhetikos*, auch *Die große Widerrede* genannt, weil jedem »Gedanken« ein Wort der Bibel als Widerrede entgegengesetzt werden soll. Diese Art des Umgangs nennt man auch die antirrhetische Methode. Sie ist für Evagrius ein wichtiges Instrument, allerdings nur eines unter vielen anderen, die zur inneren Reinigung nötig sind.

In einem Brief hat Evagrius dazu ein wichtiges Prinzip formuliert: »Sei ein Türhüter deines Herzens und lass keinen Gedanken ohne Befragung herein. Befrage jeden Gedanken und sprich zu ihm: ›Bist du einer der unseren oder einer unserer Gegner?‹ (Josua 5,13) Und wenn er zum Hause gehört, wird er dich mit Frieden erfüllen. Wenn er aber des Feindes ist, wird er dich durch Zorn verwirren oder durch Begierde erregen.«[43] Was wir einlassen, das wirkt auch in uns – bewusst oder unbewusst. Es setzt sich fest, es prägt uns allmählich im Guten, oder es kann drinnen auf negative Grundmuster, Schwächen und Veranlagungen treffen und entsprechende Sehnsüchte, Leidenschaften oder Ängste auslösen. Die Gedanken, denen wir Raum geben, fördern unseren geistlichen Fortschritt oder stören ihn. Es liegt also wenigstens zu einem guten Teil an uns, was wir an Gutem und weniger Gutem in uns hineinlassen.

Cassian ist in langen Ausführungen dieser Frage nachgegangen und formuliert schließlich: »Ihr seht also, dass es in unserer Macht steht, in unserem Herzen den Aufstieg, das heißt zu Gott hindurchdringende Gedanken, oder den Abstieg, das heißt irdische und vom Fleisch bestimmte Gedanken vorzubereiten. Wenn Aufstieg oder Abstieg nicht in unserer Macht stünde, hätte auch der Herr die Pharisäer nicht so streng getadelt, (wenn er fragt): ›Was denkt ihr Böses in euren Herzen?‹ (Matthäus 9,4).«[44]

Das Bild vom Türhüter lenkt die Aufmerksamkeit in zwei Richtungen: Es ist wichtig, möglichst viel Gutes einzulassen, das uns positiv prägen und das innere Fortschreiten begünstigen kann, und es ist genauso wichtig, Schädliches draußen zu lassen, damit es sich nicht negativ auf unseren weiteren Weg auswirkt. Je mehr Gutes sich in uns entfaltet, desto weniger Chancen hat das Böse, sich dort einzunisten. Dies ist der Doppelaspekt des geistlichen Lebens, der uns nun im Folgenden beschäftigen wird.

Schon für die frühen Mönche in der Wüste bestand offenbar die Gefahr, dass zu viele Worte und Bilder die Seele belasten und belästigen. Umso mehr gilt dies für uns heute, wenn man die gewaltige Überflutung durch Worte, Bilder und Informationen bedenkt, denen wir unablässig ausgesetzt sind. Die »Vermüllung der Seele« und die »Innenweltverschmutzung« blockieren weithin auch das geistliche Leben. Wie sollen wir nun mit »Gedanken« aller Art umgehen, die auf uns einstürmen oder die schon in uns Platz genommen und uns geprägt haben und die uns regelmäßig belästigen? Die Erfahrungen der frühen Mönche können da auch für uns Heutige hilfreich sein.

Eines der Hilfsmittel ist die antirrhetische Methode, die Evagrius offensichtlich von älteren Vätern übernommen[45], selbst aber systematisch ausgebaut und so überliefert hat. Im *Antirrhetikos* beruft er sich dazu auf das Beispiel Jesu: »Und zusammen mit dem Rest seiner ganzen Lehre hat er uns auch übergeben, was er selbst tat, als er vom Satan versucht wurde (vgl. Matthäus 4,1-11), damit wir zur Zeit des Streites, wenn die Dämonen gegen uns kämpfen und ihre ›Pfeile‹ (Epheser 6,16) auf uns abschießen, ihnen aus den Schriften eine Antwort geben, damit die unreinen Gedanken nicht in uns verweilen und die Seele einer Sünde, die sich in Taten verwirklicht, unterwerfen.«[46]

Evagrius wählt hier eine kriegerische Sprache: Die Dämonen führen Krieg und werfen Geschosse auf uns. Deshalb spricht man auch vom »Dämonenkampf« der Mönche. Bemerkenswert ist, dass er sich bei dieser Methode auf Jesus und sein Verhalten bei dessen eigener Versuchung beruft. Und wie hat es Jesus gemacht?

Er hat sich nicht auf eine Diskussion mit dem Teufel eingelassen, sondern seiner Einflüsterung einfach ein Wort der Schrift entgegengesetzt und ihm damit widersprochen, weshalb dann Evagrius von »Widerrede« sprach. Als der Versucher in der Wüste Jesus aufforderte – nachdem er bereits seit vierzig Tagen gefastet hatte –, aus herumliegenden Steinen Brot zu machen, sagt Jesus einfach nur: »Der Mensch lebt nicht vom Brot allein, sondern von jedem Wort, das aus dem Munde Gottes kommt« (Matthäus 4,4). Er verweist also auf eine Speise, die ihm wichtiger ist als Brot und von der er in Johannes 4,32–34 sagt: »Ich lebe von einer Speise, die ihr nicht kennt ... Meine Speise ist es, den Willen dessen zu tun, der mich gesandt hat, und sein Werk zu Ende zu führen.«

Jesus bringt hier nicht ein logisches Gegenargument ins Spiel, über das man wieder diskutieren könnte, sondern er verweist auf eine innere Realität, die stärker ist als sein Hunger, nämlich seine enge Verbindung mit dem Vater. Damit wird er unangreifbar für diese Versuchung, und der Teufel schweigt. Er versucht es aber noch zwei weitere Male, und wieder antwortet Jesus mit einem Wort der Schrift, was dem Teufel zeigt, dass er hier keine Chance hat, weil Jesus einen inneren Halt beim Vater hat.

Im Kontrast dazu steht der Dialog der Eva mit der Schlange im Paradies (vgl. Genesis 3,1–7): Eva lässt sich auf eine Diskussion mit ihr ein, und die Schlange verstrickt sie in ihre eigene Argumentation. »Widerrede« meint also nicht, dass der Mensch mit den lästigen und listigen Gedanken diskutieren soll, sondern dass er der Einflüsterung des Dämons einfach etwas entgegensetzt; er erinnert sich und den Dämon an eine Gegenposition, die für den Menschen wichtiger und entscheidender ist. Es geht darum, »Gotteswort gegen Teufelswort« zu setzen und somit dem Dämon »den Mund zu stopfen«.[47]

Evagrius sagt nun, man solle wie Jesus für all die lästigen und versucherischen Einflüsterungen ein Wort der Schrift nehmen, das man als eine Art geistlicher Antwort dem sich aufdrängenden Gedanken entgegensetzt. Im *Antirrhetikos* hat er nahezu 500 Bibelworte als Waffe oder Heilmittel gegen alle möglichen Einflüsterungen zusammengestellt und sie nach dem Schema der »Acht Gedanken« angeordnet. Im Folgenden möchte ich dazu einige Beispiele nennen, um die Methode zu verdeutlichen und praktisch werden zu lassen.

Ein Beispiel: vom Umgang mit der Traurigkeit

Traurigkeit, wie Evagrius sie versteht, meint nicht die »normale« Traurigkeit, die uns wegen konkreter Vorfälle immer wieder einmal befällt. Er meint auch nicht die Formen krankhafter Depression, sondern eher eine Art Gefühlszustand von Mutlosigkeit und Niedergeschlagenheit, der sich in der Seele festgesetzt hat, weil zu viele Dinge schwierig sind oder aussichtslos erscheinen und zusätzlich das Gottvertrauen beschädigt wurde oder ganz verloren gegangen ist.

Dazu nun einige Beispiele, die Evagrius im *Antirrhetikos* empfiehlt: »Gegen den Dämon, der mir die Sünden meiner Jugend vorhält (sage ich): 2 Korinther 5,17: ›Wer in Christus ist, ist eine neue Schöpfung. Das Alte ist vergangen, Neues ist geworden.‹«[48]

Wie bei der Versuchung Jesu verweist das von Evagrius empfohlene Gegenwort auf eine innere Realität, die Realität der Taufe, durch die wir eine neue Schöpfung sind, die unzerstörbar in uns lebt und durch die wir – in Christus – ständig neu werden können. Paulus bestätigt im gleichen Brief an die Korinther, dass wir von innen her »Tag für Tag erneuert« werden können, auch wenn wir von außen ständig bedrängt und aufgerieben werden (vgl. 2 Korinther 4,16). Dieses Wort von der Neuschöpfung passt nicht nur auf vergangene Sünden – wie Evagrius sagt –, es kann auch mit all dem in Beziehung gesetzt werden, was uns aus der Vergangenheit belastet und daran hindert, getrost und frei den Weg Gottes weiterzugehen.

Wir müssen nicht am »alten Menschen« hängenbleiben, uns ständig an vergangenen Dingen abarbeiten und uns wieder und wieder entmutigen lassen. Die Freude an der Wirklichkeit der neuen Schöpfung in uns sollte stärker werden als die Altlasten unserer Vergangenheit. Davon hängt viel ab für das Gelingen des geistlichen Weges.

Es genügt normalerweise nicht, sich solch ein Wort nur einmal zu sagen. Es muss sozusagen mitgehen: Wann immer die Mutlosigkeit auftaucht, soll ihr dieses Wort der Zuversicht und der Heilung entgegengesetzt werden, damit es immer mehr in Fleisch und Blut übergeht und die innere Haltung prägt, damit der negative »Gedanke« sich nicht noch tiefer in die Seele eingraben kann. Wenn wir bei Kursen an diesen Punkt kommen, haben Teilnehmer oft ein Aha-Erlebnis. Es wird ihnen spontan bewusst, wie viel Zeit und Kraft sie in nutzlosen Endlosschleifen von Gedanken und Gefühlen verschwenden. Ein Teilnehmer sagte einmal laut in die Runde: »Von jetzt ab werde ich nicht mehr so viel mit dem Dämon diskutieren!« Mit dem Bibelwort wird die sinnlose Wiederholungsschleife unterbrochen, und es lenkt die Seele auf einen heilenden Weg.

Für eine Situation, in der viele Probleme wie Dämonen auf einen Menschen einstürmen und ihn mutlos machen wollen, empfiehlt Evagrius Psalm 27,3: »Wenn sich gegen mich ein Heer in Schlachtordnung aufstellt, wird sich mein Herz nicht fürchten; wenn sich Krieg gegen mich erhebt, bin ich dabei voller Hoffnung.«[49] Mit diesem Wort macht sich auch Antonius der Einsiedler Mut gegenüber den Attacken der Dämonen.[50] Überhaupt spielen Zitate aus den Kampf- und Kriegspsalmen in diesem Zusammenhang eine große Rolle. Sie wurden – wie auch andere alttestamentliche Texte von Kampf und Krieg – von den Mönchen nicht historisch verstanden, sondern als Ausdruck des geistlichen Kampfes, der sich im Innern des Menschen vollzieht. In diesem Sinn sagt schon Origenes in seinen Erläuterungen zu den grausamen Kämpfen im Buch Josua: »Außer dir selbst sollst du außen kein Schlachtfeld suchen. In dir ist der Kampf, den du führen ... musst; dein Feind kommt aus deinem Herzen.«[51] Evagrius weist gegen Ende des Prologs zum *Antirrhetikos* ausdrücklich darauf hin, dass diese Art des geistlichen Kampfes in den Psalmen gelehrt wird.[52] In diesen Psalmen heißt es normalerweise nicht, dass der Beter die Feinde niederschlagen will, sondern dass dieser Kampf in der Kraft Gottes geführt wird oder Gott selbst die Feinde niederschlägt.

Die recht brutale Sprache der Kriegspsalmen wird so für die Mönche zu einem Lehrstück in Sachen Gottvertrauen – im alltäglichen inneren Kampf. Deshalb ist Evagrius sehr zuversichtlich und ermutigt zu diesem Kampf mit dem Hinweis, dass »wir feststehen im Kampf wie mutige Krieger und Streiter unseres siegreichen Königs Jesus Christus«[53] und dass er uns Macht verliehen hat, »Schlangen und Skorpione niederzutreten und alle Macht des Feindes«.[54] Nicht die Worte der »Widerrede« wirken, sondern der Glaube an Christus, der durch dieses Wort im Mönch lebendig wird.

In einem weiteren Beispiel empfiehlt Evagrius einen Vers aus Psalm 23: »Gegen den Gedanken, der mich verbittert, wegen des Lebens in bitterer Armut (sage ich): ›Der Herr ist mein Hirte, nichts wird mir fehlen!‹ (Psalm 23,1)«.[55] Hier spricht Evagrius aus der Erfahrung der Einsiedler in der Wüste, denen ihre harte Armut oft zu schaffen macht. Dieser Text kann aber auch in jede Situation hineingesprochen werden, in der ein Mensch sich armselig und hilflos erlebt und ihm Wesentliches im Leben zu fehlen scheint.

Ich bin erstaunt, wie oft ich Menschen treffe, die genau mit diesem Psalmvers schwierige Phasen ihres Lebens bewältigt haben. Es ist nicht so, als ob sich dann wie mit einem Zauberwort alle Probleme lösten, aber da geht dieses Wort mit einem Menschen, der sozusagen »in finsterer Schlucht« (Psalm 23,4) wandeln muss. Er verzweifelt aber nicht und lässt sich nicht niederdrücken. Es ist ein Wort gegen eine Traurigkeit, die das Gottvertrauen zerstören möchte. Dieses Wort wirkt wie eine Leuchte auf dem Weg (vgl. Psalm 119,105) und lässt getrost weitergehen, bis eine Lösung oder Befreiung möglich wird.

Im Roman *Die Erfindung des Lebens* von Hanns-Josef Ortheil, der autobiografischen Hintergrund hat, wird eine Situation beschrieben, die genau zu diesem Thema passt: Einer Familie ist bereits das vierte Kleinkind gestorben. Bei der Beerdigung herrscht eine solch drückende Atmosphäre, dass selbst der Pfarrer zu weinen beginnt und nicht mehr mit der Zeremonie fortfahren kann. In dieser lähmenden Stille tritt plötzlich der Vater ans Grab, und nach einigem Räuspern sagt er: »Der Herr ist mein Hirt, nichts kann mir fehlen.« Und mit fester Stimme betet er den ganzen Psalm bis zu Ende.[56] Offensichtlich konnte dieser Mann den Psalm nicht nur auswendig, sondern nahm ihn wohl auch wie eine Begleitmusik mit durch sein Leben. Im kritischen Augenblick, als allen anderen die Kraft versagte, fand er in diesem Psalm die Kraft zum Dastehen und Durchstehen. In der Folge zeigt sich dann, wie er – wohl auch aus der Kraft dieses Psalms – mit zäher Geduld und Einfühlungsvermögen seine Familie allmählich wieder aus der dunklen Schlucht ins Leben führt. Genauer müsste man wohl sagen, dass es nicht der Psalm war, der ihm Kraft gegeben hat, sondern das Bewusstsein der inneren Gegenwart des Hirten und Heilands, von der der Psalm spricht und in die sich dieser Mann über Jahre hin hineinmeditiert hat.

Evagrius hält noch ein weiteres Wort für jene bereit, die in Traurigkeit gefallen sind: »Zur Seele, die vor Trauer fällt und deshalb von nächtlichen Traumgesichten erschreckt wird (sage) (Richter 5,12): ›Wache auf, Debora! Wache auf, trage ein Lied vor!‹«[57] Evagrius zitiert hier einen Vers aus dem alttestamentlichen Debora-Lied, einem Triumphlied nach einer gewonnenen Schlacht. Die Erinnerung an dieses Lied und an den Sieg gegen einen übermächtigen Feind soll diesem Menschen Mut machen, er soll jedoch auch selbst singen lernen – inmitten seiner Trübsal und trotz seiner Alpträume.

Evagrius und andere Mönchsväter empfehlen immer wieder das Psalmensingen gegen die Traurigkeit, weil schon die Texte von einem starken Gottvertrauen zeugen und dadurch Traurige getröstet werden können. Aber auch das Singen selbst ist ein Instrument des geistlichen Kampfes. Wer den Mut hat, mit dem Singen zu beginnen, wird allmählich aus den Tiefen der Traurigkeit herausgeführt. Singen hat eine therapeutische Wirkung. Evagrius spricht hier aus einer Tradition heraus, die bis auf Plato zurückgeht. So war für Evagrius und viele andere Mönche der Gesang ein Mittel, um die Seele wieder ins Gleichgewicht zu bringen.[58] Dieses Wissen und diese Praxis finden sich beispielsweise auch noch bei Martin Luther, wenn er in einem Trostbrief an einen Freund schreibt: »Darumb, wenn Ihr traurig seid, und will uberhand nehmen, so sprecht: Auf! ich muß userm Herrn Christo ein Lied schlagen auf dem Regal ... denn die Schrift lehret mich, er höre gern fröhlichen Gesang und Saitenspiel ... Kommet der Teufel wieder und gibt Euch ein Sorge oder traurige Gedanken ein, so wehret Euch frisch und sprecht: Aus, Teufel, ich muß itzt meinem Herrn Christo singen und spielen.«[59]

Singen belebt die Seele und erweckt eine seelische Dynamik. Vermutlich passt dazu auch eine wichtige Entdeckung der Neurobiologie, dass alles, was wir mit Begeisterung tun, unser Verhalten nachhaltig prägt und stärkt.[60] Singen, Psalmensingen ist wohl ein solch begeistertes Tun, das die Glaubenskraft weckt und nachhaltig stärkt.

In der Lebensbeschreibung des Antonius wird berichtet, dass er mit Psalmensingen teuflische Erscheinungen vertreibt und Dämonen, die ihm schaden wollen, die Kraft nimmt, sodass sie zu weinen beginnen.[61] Im Singen ist offensichtlich der Geist Gottes lebendig, wie auch im Atem. In einem ähnlichen Zusammenhang heißt es, Antonius habe im Namen Jesu Christi gegen den Dämon gehaucht und ihn unschädlich gemacht.[62] Im Atem sind die Kraft und der Geist Christi gegenwärtig, wie Antonius an anderer Stelle bezeugt, wenn er zu seinen Mönchen sagt, in der Versuchung und beim geistlichen Kampf sollten sie »Christus atmen«[63] und an ihn glauben. Es ist Christus selbst, der wie der Atem in ihnen ist und der auch im Singen und Beten wieder lebendig und wirksam wird. »Gebet ist gleichsam der geistige Atem der Seele, ihr wahres und eigentliches Leben«, formuliert Gabriel Bunge, indem er dieses Wort des Antonius kommentiert.[64] Des Weiteren zitiert er ein Wort des Evagrius zum Schlussvers von Psalm 150: »Alles, was Atem hat, preise den Herrn: Wenn nach Salomon das Licht des Herrn der Atem der Menschen ist, dann soll jede vernünftige Natur, die dieses Licht einatmet, den Herrn preisen.«[65] Die pulsierende Christuskraft im Inneren des Menschen ist die eigentliche »Waffe« im geistlichen Kampf. Und der geistliche Gesang ist dazu eine besonders charmante Variante.

Das Wort ständig wiederholen

Evagrius ist nicht der Meinung, dass man solch ein Wort der Widerrede nur einmal sagen müsse und damit sei das Problem gelöst. Bei der Versuchung Jesu war das wohl so, auch bei uns kann das gelegentlich so sein, aber das ist sicher nicht die Regel. Evagrius setzt – wie die frühen Mönche überhaupt – voraus, dass man solch ein Wort mit sich nimmt und es häufig wiederholt. »Wiederkauen« nannte man das im alten Mönchtum: ein Wort der Schrift ständig wiederholen, bis es in Fleisch und Blut übergeht und so das Verhalten von innen her prägt.[66] Passend ist hier auch das Bild vom Wassertropfen, der einen Stein aushöhlen kann, wie es im Spruch eines Wüstenvaters überliefert ist: »Die Natur des Wassers ist weich, die des Steines hart. Aber der Behälter, der über dem Stein hängt, lässt Tropfen um Tropfen fallen und durchlöchert den Stein. So ist auch das Wort Gottes weich, unser Herz aber hart. Wenn nun aber ein Mensch oft das Wort Gottes hört, dann öffnet sich sein Herz für die Gottesfurcht.«[67] Das weiche Wasser kann den harten Stein durchlöchern, wenn es nur lange genug tropft. So kann auch ein Wort Gottes die Herzenshärte und Verhärtungen aller Art in der Seele des Menschen erweichen und auflösen.

Benedikt spricht nicht ausdrücklich von der Methode des Wiederkauens, setzt sie aber offensichtlich voraus, wenn er sagt, ein Bruder solle im Blick auf seine Gedanken, die ihn in die Irre führen wollen, »ständig« (RB 7,18) oder »immer« (RB 7,65) ein bestimmtes Wort der Schrift in seinem Herzen wiederholen.[68] Von Antonius dem Einsiedler wird berichtet, dass die Bekannten, die ihn gelegentlich besuchten, um zu sehen, ob er noch lebe, »immer wieder« hörten, wie er gegen die Dämonen Psalmen sang, um sich Mut zu machen.[69]

Es geht hier also um das Prinzip der Wiederholung, das sowohl im psychologischen wie im geistlichen Bereich eine wichtige Rolle spielt.[70] Viele unserer kleinen und großen Laster, unserer negativen Verhaltensmuster sind größtenteils durch häufige Wiederholung entstanden, also durch das, was unsere Eltern oder wir selbst uns eingeredet oder was wir ständig wiederholt haben. Um diese Prägungen aufzulösen, ist es jetzt umgekehrt nötig, unserer Seele immer wieder eine positive Botschaft zu senden.[71] Das hat nicht den Zweck, billige Einrede zu sein oder nur noch »positiv« zu denken, sondern das wiederholte Wort der Bibel erinnert an die Wirklichkeit Gottes in unserer Seele und in unserem Leben. Dadurch entsteht ein positives Gegengewicht zu den negativen Einreden unseres Lebens. In diesem Sinn erinnert Benedikt seine Mönche an »den Herrn, der in ihnen wirkt« (RB Prolog 29), der ständig in ihnen am Werk ist und auf dessen Wirken sie vertrauen dürfen.[72] Dazu passt ein Wort von Antonius dem Einsiedler: »Ein Mensch kann nicht gut sein, selbst wenn er dazu den Willen hat und alle seine Kräfte aufwendet, außer Gott wohnt in ihm.«[73] Wenn sich ein Mönch immer wieder an diese Einwohnung Gottes erinnert, ist das eine Quelle der Kraft in seinem geistlichen Kampf.

Gabriel Bunge weist darauf hin, dass die häufige beziehungsweise ständige Wiederholung solch eines Widerwortes eng verknüpft ist mit der Methode des immerwährenden Gebetes, mit dem Versuch, ein Leben des beständigen Gebetes zu führen.[74] Schon zu Zeiten der Wüstenväter wurde diese Methode geübt und praktiziert und bediente sich dabei ebenfalls solch kurzer Gebetsworte.[75] Damit hat das beständig wiederholte Widerwort nicht nur die negative Funktion der Abwehr einer Anfechtung, sondern wird Teil des immerwährenden Gebetes der Mönche. Umgekehrt kann man sagen: Je lebendiger der Mönch im inneren Gebet steht, desto wirksamer wird auch das Gebet der Widerrede in Zeiten des geistlichen Kampfes sein. Evagrius sagt einmal ausdrücklich, es wäre nicht richtig, würde sich jemand nur in der Drangsal an Gott erinnern, sondern in allen Situationen, auch wenn es ihm gut gehe, solle er in Gottesfurcht zu seinem Herrn beten.[76] Die antirrhetische Methode ist also sozusagen Teil dieses Gebetsweges.

Wenn die Versuchung länger dauert

Aus dem bisher Gesagten wird deutlich, dass ein Widerwort keine magische Formel ist, mit der sozusagen auf kurzem Weg ein Problem gelöst werden kann. Die antirrhetische Methode ist eher eine Art »Langzeittherapie«, ein geduldiges Gehen mit einem Wort, im Vertrauen darauf, dass es ein Weg zur Heilung wird. Manche sind sogar der Auffassung, dass es gut sei, wenn eine Versuchung, eine innere Attacke der »Gedanken« länger andauere und nicht gleich vorbeigehe. Je länger die Versuchung dauert und je häufiger und intensiver der Mönch sich in sein Wort »hineinarbeiten« muss, desto mehr wird sich durch das Wort die innere Kraft des Mönches entfalten können.

In der Lebensbeschreibung des Antonius wird dazu von einem etwas verschmitzt klingenden Dialog zwischen Christus und Antonius berichtet. Nachdem die Dämonen den Antonius schon einige Zeit lang heftig attackiert hatten, schaute dieser nach oben und sah ein Licht vom Himmel her auf ihn herabfallen. Er erkannte darin die Gegenwart des Herrn und sagte: »Wo warst du? Warum bist du nicht zu Anfang gekommen, um meine Qualen zu beenden?« Und eine Stimme antwortete ihm: »Antonius, ich war hier, aber ich wartete, um dein Kämpfen zu sehen.«[77] Der Herr war da, er hat auch geholfen, aber das heißt nicht, dass er dem Antonius das Kämpfen erspart. Es ist ein unsichtbares Mitkämpfen Gottes, das nur im Glauben wahrgenommen werden kann. Diese Episode schließt mit der Bemerkung: »Als er dies hörte, stand er auf und betete. Er gewann so viel Kraft, dass er merkte, jetzt mehr Stärke zu besitzen als vorher.« Der Kampf ist vorbei, aber Antonius betet weiter. Das Gebet ist nicht nur eine Kraftquelle im Kampf, sondern es ist der eigentliche Weg seines Herzens. So stellt Antonius – wohl auch zu seiner eigenen Überraschung – fest, dass der Kampf ihn nicht geschwächt hat, sondern er nun mehr Kraft besitzt als vorher. Im Lauf des Kampfes wächst die geistliche Kraft, weil sich die Seele ständig mit ihrem Gott zu verbünden und zu verbinden sucht. Vielleicht ist der letzte Satz dieser Episode für heutige Leser in der Lebensmitte besonders ermutigend. Dort steht: »Damals war er nahe an fünfunddreißig Jahre alt.«

Eine ähnliche Erfahrung wird von Moses dem Räuber erzählt, der später einer der großen geistlichen Väter in der Wüste wurde. Es heißt von ihm, dass er jahrelang gegen den Dämon der Unzucht zu kämpfen hatte, aber dadurch sei er gewachsen. Am Ende heißt es, er »wurde einer solchen Macht gegen die Dämonen gewürdigt, dass wir im Vergleich zu ihm sogar die Fliegen mehr fürchten, als er vor den Dämonen Angst hatte«.[78] Das ist wohl eine etwas übertriebene Formulierung, aber sie zeigt offensichtlich die Erfahrung der Wüstenväter, dass ein lang andauernder Kampf entsprechende Früchte bringt. Dazu ein ganz praktisches Beispiel: Als wir bei einem unserer Kurse über Lebenskrisen sprachen, sagte ein Teilnehmer spontan: »Ohne Krise sieht's auch schlecht aus!« Dieser Ausdruck wurde zu einem geflügelten Wort, zu einem Trostwort für alle.

Allerdings war für den Mönchsvater Moses während dieses langen Kampfes oft nicht klar, dass er wirklich die Anfechtung überwinden kann. Nur die intensive Begleitung seines geistlichen Vaters Isidor hat ihm immer wieder den Mut gegeben, weiterzukämpfen.[79] Man muss diesen Kampf nicht aus eigener (Glaubens-)Kraft bestehen können. Der geistliche Vater, sein Rat und seine Führung spielen in diesem Kampf eine wichtige Rolle[80], so wie auch außerhalb des Klosters ein geistlicher Weg – von allem in Zeiten der Krise – nur möglich ist, wenn eine Begleitung durch erfahrene Menschen oder eine helfende Gruppe zur Seite steht.

Von einem anderen Mönch wird erzählt, dass er ebenfalls über lange Zeit von Gedanken der Unzucht geplagt worden sei. Sein geistlicher Vater fragte ihn, ob er Gott bitten solle, dass die Versuchung von ihm genommen wird. Da sagte der junge Mönch: »Ich sehe, Abba, dass ich mich abmühe, aber ich sehe auch eine Frucht für mich aus der Mühe. Deshalb bitte Gott, dass er mir Geduld zum Aushalten gebe.«[81] Obwohl er litt, spürte er doch, dass dieser Kampf in ihm neue Kräfte freisetzte. Diese Erfahrung war offensichtlich nicht selbstverständlich. Der geistliche Vater jedenfalls war erstaunt und sagte zu dem Jungen: »Heute habe ich erkannt, dass du am Fortschreiten bist und mich übertroffen hast.« Das war also sozusagen die Meisterprüfung. Der junge Mönch hatte offensichtlich eine Erfahrung gemacht, die selbst seinen Vater überraschte und ihn größer erscheinen ließ als den Vater selbst. Er war durch diese Erfahrung selbst ein Vater geworden.

Das Gleiche drückt ein anderer Vater im Bild des Baumes aus: »Wenn der Baum nicht vom Wind geschüttelt wird, wächst er nicht und bildet keine Wurzel. So auch der Mönch: Wenn er nicht versucht wird und aushält, wird er nicht mannhaft.«[82] Es dauert lange, bis ein Baum tief verwurzelt und kräftig in die Höhe wächst. Das heißt: Nur wenn der Mönch in den Erschütterungen des Lebens, die ihm die Dämonen verursachen, geduldig durchgehalten hat, kann er zur geistlichen Mannesreife gelangen.

Evagrius ist zudem der Ansicht: Wenn die Versuchung nur kurz andauert und schnell abgewehrt wird, kann das auch ein schlechtes Zeichen sein. Er berichtet von der Erfahrung, dass Dämonen sich manchmal schnell wieder zurückziehen und den Mönch damit glauben machen, er habe durch gutes Kämpfen, also aus eigener Kraft den Feind besiegt und der Feind habe sich aus Furcht vor ihm zurückgezogen.[83] Evagrius erläutert das nicht weiter, aber es wird deutlich, was er damit sagen will: Wenn der Mönch diesen Sieg als sein eigenes Werk betrachtet, wird er stolz und damit von Neuem anfällig für die Versuchung, weil Stolz und Selbstsicherheit die Wachsamkeit des Herzens schwächen. Er vergisst, dass nur der Herr ihm den Sieg vermitteln kann. Der Mönch soll im Kampf auf Gott vertrauen, nicht auf seine eigene Methode.

In manchen dieser Erfahrungsberichte wird darauf hingewiesen, dass es durchaus möglich ist, dass eine geistliche Methode nicht hilft und alles asketische Bemühen den Mönch schließlich nur mit seiner Schwäche und Unfähigkeit konfrontiert. Dann bleibt ihm nur noch, sich ganz der Barmherzigkeit Gottes zu überlassen und alles von seiner Gnade zu erwarten. Das muss nicht das Ende sein, sondern kann einen ganz neuen Schritt auf dem inneren Weg einleiten.[84]

Die Grenzen dieser Methode

Es gab im frühen Mönchtum auch Kritik an der antirrhetischen Methode. So findet man beispielsweise einen Dialog zwischen einem Mönch und seinem geistlichen Vater, in dem es unter anderem auch darum geht.[85] Der Vater sagt, dies sei eine große und außergewöhnliche Methode, aber sie habe auch ihre Gefahren und sei deshalb nicht jedem anzuraten. Es bestehe nämlich die Gefahr, dass einer sich mit einem »Gedanken«, der ihn bedrängt, auseinandersetzt, ihn mit seinem Widerwort bekämpft und ihn dann vielleicht verjagen kann. Aber dann stehe schon der nächste »Gedanke« vor der Tür, und der Kampf beginne aufs Neue. So könne einer pausenlos damit beschäftigt sein, einen Gedanken nach dem anderen zu vertreiben, und käme nie zur Ruhe und auf den Weg zum inneren Gebet. Wichtiger wäre es, dass sich einer nicht auf diese Gedanken fixiere, sondern »zu Gott flüchtet«, sich also dem Gebet zuwende, in der Gegenwart Gottes verharre, bis die seelische Attacke die Kraft verliere.[86] Dieser Vater spricht offensichtlich von einem falschen Gebrauch der antirrhetischen Methode und macht somit indirekt nochmals deutlich, worum es eigentlich geht: Ziel ist es nicht, allen seinen Gedanken hinterherzulaufen. In den bisherigen Darlegungen wurde immer wieder darauf hingewiesen, dass das Bibelwort die Aufmerksamkeit auf Gott und seine helfende Gegenwart richten soll, damit der angefochtene Mensch sich gerade *nicht* auf den »Gedanken« fixiert, sondern Distanz dazu gewinnt. Die beständige Meditation seines Widerwortes soll ihn immer tiefer in das Bewusstsein der Gegenwart des helfenden Gottes und in das unablässige Gebet hineinführen.

Abschließend lässt sich Folgendes sagen: Die antirrhetische Methode kann helfen, aus dem inneren Chaos der Gedanken und Laster immer wieder zur inneren Ruhe und allmählich zur Reinheit des

Herzens zu finden. Damit sind viele der konkreten Probleme, die das Chaos verursacht haben, noch nicht gelöst. Die innere Festigkeit im Glauben an die beständige Gegenwart Gottes kann aber helfen, auf negative Impulse und heftige Emotionen nicht gleich »hereinzufallen« oder vor Problemen davonzulaufen, sondern in Ruhe Abstand zu gewinnen und das anstehende Problem – wenn nötig – mit Mut und Gottvertrauen anzupacken.[87] »Das Problem ist ja nicht das Problem, sondern die Verpackung«, formulierte es einmal jemand in einem Gespräch mit mir. Damit wollte er sagen, dass uns oftmals sogar große Probleme nicht so sehr belasten wie manch kleines Problem, das uns völlig aus der Fassung bringt, obwohl es eigentlich nicht der Rede wert ist. Wenn die emotionale »Verpackung« eines Problems aufgelöst ist, lässt sich mit dem Problem schon wesentlich leichter umgehen.

Außerdem sei hier nochmals darauf hingewiesen, dass die antirrhetische Methode nur *ein* Element auf dem vielgestaltigen geistlichen Weg ist. Oftmals müssen mehrere Elemente, mehrere geistliche Instrumente zusammenwirken, um mit einem Problem besser umgehen zu können. Genauso wichtig für den Reinigungsweg sind bei den Mönchen auch das Fasten, die Nachtwachen, der Psalmengesang, die Demut und die Nächstenliebe[88] und natürlich auch die Begleitung durch einen geistlichen Vater, der sich im unübersichtlichen Gelände des geistlichen Weges besser auskennt und helfen kann.

Ein Wort nur genügt

Die Schwierigkeiten, die durch die antirrhetische Methode entstehen können, wie im vorausgegangenen Kapitel dargelegt, können auch damit zusammenhängen, dass die Fülle der Widerworte, die Evagrius anbietet, bei »einfachen Gemütern« Verwirrung angerichtet hat, vor allem, wenn sie keine gute geistliche Begleitung hatten. Möglicherweise ist hierin auch der Grund zu sehen, dass Cassian, der sonst sehr viel von Evagrius übernommen hat, mit großem Nachdruck eine andere Form des Umgangs, mit den Gedanken vorträgt. Er empfiehlt stattdessen ein einziges Wort – eine »kleine Formel«, wie er sie nennt –, nämlich einen Vers aus Psalm 70: »Gott, komm mir zu Hilfe, Herr, eile mir zu helfen.«[89] Cassian lässt diese Methode durch Abba Isaak erläutern. Dabei geht es zunächst nicht um den Umgang mit den Gedanken, sondern er legt seinen Hörern eine besonders einfache, aber sehr intensive Weise des immerwährenden Gebetes vor, die sie schließlich zu den Höhen des kontemplativen Lebens führen soll. Er empfiehlt, diesen Psalmvers unablässig[90], Tag und Nacht im Herzen zu wiederholen.

Wo nun dieses Gebet unablässig im Herzen lebendig ist, wird es wie von selbst auch zu einem wirksamen Instrument im Kampf gegen alles, was uns von innen und außen bedrängt. Cassian selbst illustriert die Vielseitigkeit dieses Psalmwortes: »Dieser kleine Vers wurde nicht umsonst aus dem gesamten Rüstzeug der Heiligen Schrift ausgewählt. Er nimmt alle Affekte auf, die an die menschliche Natur herantreten können, und passt ganz vortrefflich zu jedem Anlass und allem, was gegen uns anstürmt. Er hat in sich die Anrufung Gottes in allen Gefahren, die Demut des ehrfürchtigen Gotteslobes, die Wachsamkeit der Sorge und der immerwährenden Furcht; den Blick auf die eigene Zerbrechlichkeit; die Zuversicht, von Gott geführt zu werden; das Vertrauen, dass ihm immer ein Schutz hilfsbereit zur Seite steht. Wer nämlich seinen Beschützer beständig anruft, ist sich sicher, dass er immer gegenwärtig ist.«[91] Der letzte Satz ist der Schlüssel zum ganzen Text: Es ist der gegenwärtige Gott, dem sich der Beter in jeder Situation aufs Innigste verbunden weiß, in Freud und Leid, wie Cassian seinen Sprecher Isaak noch ausdrücklich hinzufügen lässt: »Dieser kleine Vers ist also einem jeden von uns, in welcher Situation auch immer, nötig und nützlich. Denn wer immer und in allem sich nach Hilfe sehnt, macht deutlich, dass er nicht nur im Unglück oder in traurigen Umständen, sondern auch im Glück und in der Freude Gott gleichermaßen als Helfer braucht, damit Gott ihn, so wie er ihn aus Unglück herausreißt, auch im Glück verweilen lässt – in dem Wissen, dass die menschliche Gebrechlichkeit in keinem von beiden ohne Gottes Hilfe bestehen kann.«[92] Immer wieder nennt Cassian dieses Gebet einen »kleinen Vers«, lateinisch *versiculus*. Er scheint selbst davon fasziniert zu sein, wie dieser kleine Vers sich an alle möglichen Situationen anpasst und in ihm gleichsam die ganze Weisheit des Betens eingeschlossen erscheint.

Cassian lässt seinen Gewährsmann Isaak auch ausdrücklich darauf hinweisen, dass diese Weise des Betens mit dem kleinen Vers auf eine alte Tradition zurückgeht, sogar auf die ersten Väter in der Wüste.[93] Auch Evagrius hat sich für seine antirrhetische Methode auf die Tradition der ersten Väter berufen.[94] Im Folgenden erläutert Cassian über mehrere Seiten, in welchen Lebenslagen dieses Gebetswort genau das Richtige ist. In dieser Aufzählung folgt Cassian dem Schema der »acht Gedanken« des Evagrius, also seinem »Lasterkatalog«. Er macht deutlich, dass dieser »kleine Vers« als Heilmittel für jeden einzelnen der acht »Gedanken« oder »Laster« dient. Es ist, als wolle Cassian sagen, dass man nicht die Sammlung der fast 500 Bibelworte des Evagrius benötigt, um auf dem geistlichen Weg voranzuschreiten, sondern sein kleiner Vers, der aus ältester Tradition stammt, dafür durchaus genüge. Cassian hat gleichsam die Lehre des Evagrius in einer einzigen Formel verdichtet, in welcher der Kampf gegen die »Gedanken« und das unablässige Gebet ineinanderfließen.[95]

Gedanken an Christus zerschmettern

Zwei Mal kommt Benedikt in seiner Regel auf einen Text und eine Art des Umgangs mit den »Gedanken« zu sprechen, die im frühen Mönchtum sehr häufig erwähnt wird. Im Prolog zur Regel sagt er, dass der Mönch, der zielstrebig auf dem Weg ist, einer ist, »der den arglistigen Teufel, der ihm etwas einflüstert, samt seiner Einflüsterung vom Auge seines Herzens wegstößt, ihn zunichtemacht, seine Gedankenbrut packt und sie an Christus zerschmettert« (RB Prolog 28). Die

Einflüsterungen des Teufels, die ins Herz eindringen wollen, sollen abgewiesen und an Christus, das heißt im Gedenken an ihn und seine Gegenwart, zunichtegemacht werden. Cassian beschreibt einen ähnlichen Vorgang, wenn er sagt, dass der Mönch in jahrelanger Praxis gelernt haben muss, »wo er ausruhen und Kraft schöpfen soll, damit er so die Kraft hat, die Einflüsterungen des Feindes ... wegzustoßen und in dem Zustand und der Beschaffenheit zu verharren, die er wünscht«.[96] Er hat gelernt, im inneren Gebet ganz bei sich zu sein, und kann aus dieser Haltung heraus die Attacken des Feindes abwehren.

Erläuterungsbedürftig ist der Ausdruck »der seine Gedankenbrut packt und sie an Christus zerschmettert«. Wörtlich heißt es: »der seine *kleinen Gedanken* packt und sie an Christus zerschmettert«. Im Hintergrund steht Psalm 137: »An den Flüssen Babylons saßen wir und weinten«, ein Klagepsalm aus dem Exil über die Zerstörung Jerusalems. Der Psalm endet mit einem schrecklichen Fluch: »Tochter Babel ... wohl dem, der deine kleinen Kinder packt und sie am Felsen zerschmettert.« Ähnlich wie bei den Kriegspsalmen wird bei diesem Fluch eine geistliche Deutung vorgenommen, die offensichtlich von Origenes stammt und über Evagrius und Cassian zu Benedikt gelangt ist.[97] Beim Wort »Babel« denkt Origenes sowohl an Babylon, wo das Volk Israel im Exil weilte, als auch an den Turmbau zu Babel, als Gott die Sprache der Menschen verwirrte.[98] Babel, das ist für ihn das Widergöttliche, der Teufel, der in der Seele Verwirrung stiftet. Die bösen Gedanken sind dann sozusagen die kleinen Kinder des Teufels. Schon Origenes fügt noch hinzu, dass der Felsen, an dem diese Gedanken zerschmettert werden sollen, Christus selbst ist – in Anlehnung an 1 Korinther 10,4, wo vom Wasser spendenden Felsen in der Wüste die Rede ist, der als Bild für Christus gedeutet wird.[99]

Wie soll dies nun in die Tat umgesetzt werden? Es wird offenbar vorausgesetzt, dass Christus gegenwärtig ist und dass in seiner Gegenwart das Böse keine Chance hat. Bei Evagrius können wir einige bildhafte Ausdrücke finden, die diesen Vorgang verdeutlichen. In zwei Sprüchen, die in seiner Schrift *Worte an die Mönche* nahe beisammen stehen, ist jeweils vom Felsen, vom Christusfelsen die Rede. Beide Sprüche können gleichsam als Kommentar zu diesem Text der Benediktsregel dienen.[100] Spruch 45 spielt auf Psalm 137 an: »Wer die schlechten Gedanken aus seinem Herzen tilgt, gleicht dem, der seine Kinder am Felsen zerschmettert.« Wenig später erläutert er, wozu dieser Fels da ist: »Aus dem geistlichen Felsen fließt ein Fluss, und eine tätige Seele wird aus ihm trinken.«[101] Die »tätige« Seele meint einen Menschen, der in der Phase der *praktiké* lebt, also im »praktischen« Leben, das heißt in der Phase des geistlichen Kampfes und der inneren Reinigung.[102] In diesem Kampf stärkt er sich durch Trinken aus dem Fluss, der aus dem geistlichen Felsen strömt. Oder er löscht mit diesem Wasser das Feuer der Versuchung, das in seinem Herzen entfacht wurde.[103]

Es geht offensichtlich um einen inneren Vorgang, bei dem Christus als Fels und Quelle im Herzen wahrgenommen wird. Wo der böse Gedanke eindringt, wo die Versuchung im Herzen auflodert und den Menschen gefährdet, dort strömt auch das Wasser aus dem Christusfelsen. Das, was gefährdet, und das, was heilt, liegt im Herzen ganz nahe beisammen. Die Quelle sprudelt inmitten des Kampffeldes. Evagrius bietet uns hier ein heilendes Bild an, das wir innerlich mit uns tragen und meditieren können, damit es in der Zeit des Kampfes Kraft und Vertrauen schenkt.

Cassian sagt in einem ähnlichen Zusammenhang, wir sollten wahrzunehmen lernen, dass in allem, was uns widerfährt, sowohl unsere Schwachheit, unsere Gefährdung wie auch das helfende Handeln Gottes gleichzeitig gegenwärtig sind, damit wir auch täglich mit dem Psalmist ausrufen können: »Man stieß mich hart, auf dass ich fiele, der Herr aber hat mir geholfen. Meine Stärke und mein Lied ist der Herr, er ist mir zum Retter geworden« (Psalm 118,13f).[104] Ständig sind wir angefochten, und ständig können wir die helfende Gegenwart erfahren. Diese heilende Erfahrung kann sogar zum Lobgesang führen: »Meine Stärke und mein Lied ist der Herr.« Über die

Zuversicht, die das innere Bild vom Felsen-Christus in einem Menschen auslösen kann, sagt Augustinus bei seiner Erläuterung zu Psalm 137: »Der Fels wird siegen. Auf Fels seid ihr gebaut, wenn ihr euch nicht wegspülen lassen wollt von den Wassermassen noch vom Sturm noch vom Wolkenbruch« (vgl. Matthäus 7,27).[105] Der Fels wird siegen, nicht der Mensch. Erneut wird deutlich, dass Christus die innere Mitte ist, von der aus der geistliche Kampf seine Kraft empfängt. Je länger dieses innere Bild meditiert und seine Wirksamkeit erfahren wird, desto mehr vertieft sich die Erfahrung seiner Gegenwart im inneren Gebet.

Dazu noch ein weiterer Väterspruch: »Wir müssen (Christus) daher in uns tragen, auf ihn achten und dürfen ihn nicht übersehen und müssen uns selbst heilig halten, wie auch er heilig ist. Lasst uns auf dem Felsen stehen, dann wird der Böse zerschmettert. Fürchte ihn nicht und er wird nichts gegen dich unternehmen können. Bete mit aller Kraft und sage: ›Die auf Gott vertrauen, sind wie der Berg Sion, er wankt nicht in Ewigkeit, der in Jerusalem wohnt‹ (Psalm 124,1).«[106] Das Wohnen Christi im eigenen Herzen ist zugleich auch ein Stehen auf dem Christusfelsen. Der Mönch wird aufgefordert, dies immer im Bewusstsein zu halten. Es ist die entscheidende Position, sein Stehvermögen im geistlichen Kampf.

Dazu liefert Georges Descoeudres, der über viele Jahre an Ausgrabungen in den ägyptischen Mönchssiedlungen der Kellia teilgenommen hat, einen sehr konkreten Beitrag. Er berichtet, dass vor der Gebetsnische des Einsiedlers eine Steinplatte in den Boden eingelassen war, auf welcher der Mönch während des Gebetes stand. Diese Steinplatte sollte wohl auf den Felsen hinweisen, der in den Psalmen immer wieder als Ort der Zuflucht und der Sicherheit erwähnt wird und der – wie in den obigen Texten deutlich wurde – immer auch auf Christus hindeutet.[107] Wenn diese Deutung stimmt, dann stand der Mönch täglich stundenlang »auf dem Felsen« und konnte so auch körperlich spüren, was er in Glaube und Gebet zu leben versuchte. Zudem berichtete Georges Descoeudres in einem Vortrag, dass sich an den Wänden der Einsiedlerzellen immer wieder das Monogramm »IC XC NIKA = Jesus Christus siegt« findet, und er fügte hinzu, dass man dieses Monogramm gleichsam als eine Art Logo der Wüstenmönche verstehen könne.[108] Auf jeden Fall weist es auf den optimistischen Zug des geistlichen Kampfes hin, wie er sich in den bisherigen Ausführungen gezeigt hat.

Diese Bilder und Texte sollten aber nicht den Eindruck erwecken, als ginge es hier nur um einen sehr ruhigen Kampf. Es heißt ja, der Mönch solle die Gedanken *packen* und an Christus *zerschmettern*. Hier ist von einer starken Dynamik die Rede. Der Mönch muss auch selbst aktiv sein und sich auseinandersetzen wollen – und das gilt nicht nur für den Mönch, sondern für jeden Menschen, der sich auf diesen Weg gemacht hat: Er packt die Gedanken, er verdrängt sie nicht, er nimmt sie in die Hand, um sie Christus hinwerfen zu können. Er schaut nicht weg, er schaut hin. Er kennt diese Gedanken sehr genau und weiß, dass er mit ihnen teilweise auch befreundet ist. Aber er ist bereit, Hand anzulegen und die Gedanken an Christus weiterzugeben – oder sie wieder gelassen und vertrauensvoll in die Hand zu nehmen, um sich mit ihnen auseinanderzusetzen, wenn es notwendig ist. Je zäher die Gedanken schon in ihm verwurzelt sind, je heftiger sie ihn attackieren, desto mehr muss er sich wehren. Der Hinweis auf das Zerschmettern scheint das anzudeuten. Der Kampf erfordert Mut.

Wer immer sich auf den geistlichen Kampf einlässt, in welcher Lebensform er das auch tun mag, wird schon die Erfahrung gemacht haben, wie notwendig es ist, nichts zu verdrängen, sondern dass es in jedem Leben dieses Hinschauen und Anpacken braucht, genauso wie das gleichzeitige Gottvertrauen, dass er, Gott, schließlich der Stärkere sein wird.

Evagrius sagt verschiedentlich auch, man solle vor allem den hartnäckigen Gedanken voll Zorn ein Wort des Widerspruchs hinwerfen.[109] Der Zorn darf nie gegen einen Menschen gewendet werden, aber er spielt eine wichtige Rolle im Kampf gegen die bösen Gedanken; diese soll der Mönch mit kurzen und heftigen Gebetsworten bekämpfen.[110] Sogar zu Beginn des Betens, wenn eine hartnäckige Versuchung den Mönch plagt, soll er einige heftige Worte gegen den Dämon werfen, damit er Ruhe gibt.[111] Das ist aber nicht nur Weisheit aus der Wüste: Vor einiger Zeit erzählte mir ein Verhaltenspsychologe, dass man Klienten, die von heftigen inneren »Gedankenstürmen« geplagt sind, empfiehlt, einige Male laut »Stopp!« zu rufen. Das könne manchmal sehr schnell eine Unterbrechung der inneren Gedanken- und Emotionsmühle bewirken. Das erinnert auch an das barsche Wort Jesu am Ende der Versuchung in der Wüste: »Weg mit dir, Satan!« (Matthäus 4,10) oder beim Stillen des Seesturms: »Schweig, sei still!« (Markus 4,39).

Wehre den Anfängen!

Im oben erläuterten Text von den Gedanken, die an Christus zerschmettert werden sollen, ist noch ein Detail wichtig. Es ist dort von den *kleinen* Kindern Babylons beziehungsweise den *kleinen* Gedanken die Rede. Wo immer im frühen Mönchtum der obige Psalmvers in seiner geistlichen Deutung zitiert wird, wird auf die *kleinen* Gedanken hingewiesen. Gemeint ist, dass der Mönch schon den kleinen Gedanken gegenüber, die gerade aufkommen, wachsam sein soll, weil ein kleiner Gedanke noch relativ gut zu handhaben ist, während ein schon ausgewachsener Gedanke – etwa eine Emotion, die schon den Siedepunkt erreicht hat – nur sehr schwer gezügelt oder in rechte Bahnen gelenkt werden kann.[112] Je länger man solche emotionalen Gedanken wirken lässt, desto stärker und dominanter werden sie. Diese psychologische Beobachtung, auf die in den Schriften des frühen Mönchtums immer wieder hingewiesen wird, entspricht einer allgemein menschlichen Erfahrung.

Dorotheus von Gaza, der in etwa ein Zeitgenosse Benedikts ist, erläutert diese Erfahrung auf sehr konkrete Weise: Er erzählt von einem

Mönchsvater, der mit seinen Schülern in der Nähe eines Zypressenhaines weilte. Er sagte einem jungen Mönch, er solle eine kleine Zypresse ausreißen. Dann ließ er ihn eine etwas größere ausreißen, was ihm auch noch ohne größere Mühe gelang. Schließlich wies er auf eine Zypresse, die der Bruder nur mit viel Mühe herausziehen konnte. Die nächstgrößere schließlich konnte er trotz aller Anstrengung nicht herausziehen. Deshalb schickte ihm der Vater einen anderen Bruder zu Hilfe, und beide konnten schließlich die Zypresse entwurzeln. Da belehrte sie der Vater: »Seht, Brüder, so sind auch die Leidenschaften! Solange sie noch klein sind, können wir sie, wenn wir wollen, mit Ruhe abschneiden. Wenn wir uns aber nicht um sie kümmern, weil sie ja klein sind, verfestigen sie sich, und je mehr sie sich verfestigen, desto mehr Mühe brauchen sie.«[113] Unmittelbar anschließend zitiert er Psalm 137 mit dem Hinweis auf die kleinen Gedanken. Dieser Hinweis wird teilweise in dem Sinn verwendet, dass man schlechte Gewohnheiten sich nicht verfestigen lassen soll, weil sie sonst zu Lastern werden, die man nur schwer wieder loswird. Man kann ihn aber auch so verstehen, dass der Mensch bereits wachsam sein soll, wenn emotionsgeladene Gedanken allmählich in ihm aufsteigen, damit er in rechter Weise mit ihnen umgehen kann, bevor eine Emotion ihn überwältigt.

Dorotheus ist der Meinung, dass man das auch lernen kann und muss. Er gibt dazu eine geradezu humorvolle Belehrung: »Es kann sogar jemand in kurzer Zeit zehnmal seinen Willen abschneiden, und zwar so: Er geht ein wenig umher und sieht etwas. Der Gedanke sagt ihm: ›Betrachte es näher! Geh dorthin!‹ Er sagt zum Gedanken: ›Nein, ich betrachte es nicht!‹, und schneidet so seinen Willen ab und betrachtet es nicht. Darauf findet er Brüder im Gespräch, und es sagt ihm der Gedanke: ›Sag auch du jetzt ein Wort!‹ Er aber schneidet seinen Willen ab und sagt nichts. Wieder sagt ihm der Gedanke: ›Geh, frag den Koch, was er kocht!‹, und er geht nicht, sondern schneidet seinen Willen ab. Und indem er so immer wieder seinen Willen abschneidet, wird ihm das Abschneiden zur Gewohnheit, und von den kleinen Dingen aus beginnt er, auch die großen in Ruhe abzuschneiden.«[114]

Die Formulierung »den Willen abschneiden« mag für moderne Ohren etwas befremdlich klingen. Aber es ist wohl das gemeint, was die heutige Psychologie mit »Impulskontrolle« bezeichnet. Es ist wichtig, auf die vielen Impulse, die unablässig auf uns einstürmen, nicht ständig hereinzufallen und uns hierhin und dorthin ziehen zu lassen. Dazu braucht es die Fähigkeit, einen Impuls oder einen Gedanken einfach locker fallen lassen zu können. Gerade für Menschen außerhalb der Klostermauern ist dies ein Rat, der heute von immer größerer Bedeutung ist, weil wir ständig, ob bei der Arbeit oder in der Freizeit, Impulsen von außen ausgesetzt sind, die wir bewusst lassen müssen: das Telefon, das klingelt, die SMS, die gerade hereinkommt, die Benachrichtigungen über neue Einträge in sozialen Netzwerken, die Werbung, ob auf dem Fernseh- oder Computerbildschirm, die Mails, die hereinkommen und die uns aufzufordern scheinen, noch in der gleichen Sekunde darauf zu reagieren.

Dorotheus beschreibt diese Methode, den »Willen abzuschneiden«, auf eine geradezu spielerische Weise. Er beginnt bei kleinen, alltäglichen und noch ganz unschuldigen Situationen, in denen man lernen kann, auch stärkere Impulse einfach lassen und loslassen zu können. Es ist ein Training, bei dem man »in kurzer Zeit zehnmal« – wie Dorotheus sagt – eine neue Haltung trainieren und einüben kann. Dieses »psychologische« Training kann sich dann auch hilfreich auf die antirrhetische Methode auswirken, weil man schon auf der psychologischen Ebene gelernt hat, attraktive Gedanken und Emotionen zu lassen und sich auf das zu konzentrieren, was einem wirklich wichtig ist.

Sag's dem Vater!

Der Hinweis auf das Zerschmettern der Gedanken an Christus hat noch eine Parallele in Kapitel 4,50 der Benediktsregel: »Böse Gedanken, die sich in unser Herz einschleichen, sofort an Christus zerschmettern und dem geistlichen Vater eröffnen.« Hier ist nicht ausdrücklich von den kleinen Gedanken die Rede, aber davon, dass die Gedanken *sofort* an Christus zerschmettert werden sollen, was wohl dasselbe bedeutet. Hier ist jedoch noch etwas Weiteres angefügt, nämlich die Gedanken »dem geistlichen Vater (zu) eröffnen«. Dabei handelt es sich um ein anderes wichtiges Element im Umgang mit den Gedanken. Die Mönchsväter empfehlen immer wieder, hartnäckige »Gedanken« nicht für sich zu behalten, sie nicht alleine bekämpfen zu wollen, sondern sie dem geistlichen Vater zu eröffnen.[115] Dabei geht es nicht um ein Sündenbekenntnis, sondern um ein Aussprechen dessen, was den Einzelnen innerlich belästigt. Obwohl man vielleicht versucht hat, einen »Gedanken« sofort an Christus zu zerschmettern, obwohl man schon ein Glaubens- und Gebetswort als Widerrede gesprochen hat, ist das Thema damit oftmals noch nicht erledigt. Es braucht weitere »Behandlung« und auch die Hilfe anderer, um besser zu verstehen, woher diese Impulse kommen und wie sie zu bewältigen sind.

Das Wort Benedikts im Anschluss an Psalm 137: »der seine kleinen Gedanken packt und sie an Christus zerschmettert« erhält hier noch einmal eine konkrete Form. Der Mönch nimmt seine »Gedanken« gleichsam wieder in die Hand, er schaut sie an, steht dazu und reicht sie dem geistlichen Vater. Das ist dann kein »Zerschmettern« dieser Gedanken im wörtlichen Sinn, aber die Erfahrung lehrt, dass der lästige Gedanke dann seine Kraft verliert. Allein schon das Aussprechen kann ein wichtiges Element der Therapie sein. Ähnliches kennen wir heute aus der Praxis der geistlichen Begleitung und in der psychologischen Beratung. Auch hier zeigt sich, dass der Kampf mit den »Gedanken« oftmals ein langer Prozess ist und kompetente Begleitung braucht.

Es kam auch vor, dass ein junger Mönch nicht nur einem Alten, sondern vor den versammelten Brüdern seinen Kampf mit unkeuschen Gedanken eingestand, worauf alle Brüder versprachen, ihm durch Gebet zu helfen.[116] Einmal zog sich ein Bruder, der während einer Versammlung sexuell angefochten wurde, nackt aus und gestand den Brüdern, dass er seit Jahren in dieser Weise angefochten werde. Durch dieses offene Eingeständnis und die Gebetshilfe der Brüder konnte er dann sein Problem bewältigen.[117] Erich Schweitzer weist im Kommentar zu dieser Stelle darauf hin, dass die moderne Psychologie ein solches Verhalten »paradoxe Intention« oder »paradoxe Intervention« nennt, die bei der Behandlung hartnäckiger Muster hilfreich sein kann.[118] Hier ging es um eine Form geradezu radikaler Offenheit, die heilend gewirkt hat. Solche und ähnliche Erfahrungen sind wohl auch der Grund, warum die Wüstenväter immer wieder mahnen, die »Gedanken« dem Vater zu offenbaren, weil sie sonst dem Bruder auf Dauer schaden, was durch viele ihrer Aussprüche und Kurzgeschichten illustriert wird.[119]

Antonius der Einsiedler empfiehlt noch ein anderes Mittel, nämlich alle seine Gedanken und Fantasien aufzuschreiben, auch jene, bei denen wir uns schämen und erröten, als ob die anderen uns zuschauen würden.[120] Hier wird das innere Problem ebenfalls gleichsam in die Hand genommen, schreibend auf das Blatt gesetzt und objektiviert. Wieder geht es darum, die Probleme nicht zu verdrängen und auch nicht vor anderen (und vor allem vor sich selbst!) zu verbergen. Offenheit und Ehrlichkeit sind ein gutes Mittel, um die nötige Distanz zu gewinnen. Der eigenen Wahrheit ins Gesicht zu schauen und sie einzugestehen ist ein wichtiger Weg der Heilung.

Für Benedikt ist diese Eröffnung der Gedanken so wichtig, dass er nochmals darauf zu sprechen kommt: »Der Mönch bekennt demütig seinem Abt alle bösen Gedanken, die sich in sein Herz schleichen, und das Böse, das er im Geheimen begangen hat, und er verbirgt nichts« (RB 7,44). Hier werden neben den »Gedanken« auch die begangenen Sünden erwähnt. Gerade das Eingestehen begangener Fehler und Sünden, dazu zu stehen und nichts zu beschönigen und nichts zu verheimlichen kann ein wichtiger Schritt zur Heilung und in die innere Freiheit sein.

An einer anderen Stelle der Regel wird deutlich, dass der Abt bei einer solchen Eröffnung des Herzens nicht nur zuhören, sondern dass er mit dem Bruder ein seelsorgliches, ja sogar therapeutisches Gespräch führen soll. Im Zusammenhang mit dem Bekenntnis des Bruders heißt es dort, der Abt solle einer sein, »der es versteht, eigene und fremde Wunden zu heilen« (RB 46,6). Der Abt erscheint hier nicht nur als einer, der andere zu heilen versteht, sondern der selbst auch verwundet ist, seine eigenen Wunden versorgen muss. Auch der Fortgeschrittene auf dem geistlichen Weg ist immer noch angefochten und wird verwundet, aber er lernt immer besser damit umzugehen und kann so auch immer besser die Wunden der Brüder verstehen und ihnen bei der Heilung derselben helfen. Die Heilung der eigenen inneren Wunden kommt aber an erster Stelle. Deshalb soll keiner zu früh meinen, er könne andere führen und heilen. Davor wird immer wieder gewarnt. So sagt zum Beispiel die große Synkletika: »Es ist gefahrvoll, wenn einer lehren will, der nicht durch das tätige Leben hindurchgegangen ist (das heißt durch lange Arbeit an sich selbst). Wie wenn einer, der ein baufälliges Haus hat, Gäste aufnimmt und sie durch den Einsturz des Hauses beschädigt, so richten auch diejenigen, die sich nicht selbst zuerst aufgebaut haben, jene zugrunde, die sich ihnen anschließen.«[121] Von Antonius dem Einsiedler ist überliefert, dass er zu sagen pflegte, also Anlass hatte, diese Mahnung immer wieder auszusprechen: »Die Altväter der Vorzeit begaben sich in die Wüste und machten nicht nur sich selbst gesund, sondern wurden auch noch Ärzte für andere. Wenn aber von uns einer in die Wüste geht, dann will er andere früher heilen als sich selbst, und unsere Schwäche kehrt zu uns zurück, und die letzten Dinge werden ärger als die ersten. Daher heißt es für uns: Arzt, heile dich vorher selbst« (Lukas 4,23).[122] Was zur geistlichen Begleitung notwendig ist, kann man nicht einfach lernen, man kann es nur durch einen langen geistlichen Kampf am eigenen Leib und an der eigenen Seele selbst erfahren.[123]

All das gilt nicht nur für die Mönche in der Wüste. So sehr jeder Mensch, der auf einem inneren Weg ist, »Väter« und »Mütter«

braucht, die ihm weiterhelfen, so notwendig ist es für jene, die diese Verantwortung übernehmen wollen oder sollen, dass sie selbst einen ehrlichen Reinigungs- und Erfahrungsweg gegangen sind und immer noch zu gehen bereit sind. Als ich zum ersten Mal bei einer Ordensfrau Einzelexerzitien machen wollte, sagte sie mir im Vorgespräch – mit einem etwas hintergründigen Lächeln: »Ihr Priester (sic!) wollt immer andere Menschen führen, aber ihr selbst lasst euch nicht führen. Das ist unverantwortlich!« Nun gut, ich war ja dabei, etwas dafür zu tun, und es war ein Glücksfall für mich, dass ich mich in einer schwierigen Lebenssituation der Begleitung dieser Frau anvertraut habe.

Drinnen kämpfen

Gelegentlich wurde in der Wüste auch die Frage diskutiert, ob man grundsätzlich Anfechtungen von sich fernhalten soll oder ob es besser ist, sie eintreten zu lassen und sich innerlich mit ihnen auseinanderzusetzen. Dazu ist eine aufschlussreiche Geschichte überliefert: Einem der Altväter wurde genau diese Frage vorgelegt. Der Vater antwortete: »Lass sie eintreten und kämpfe mit ihnen.« Einem anderen, der die gleiche Frage gestellt hatte, antwortete er: »Lass sie ganz und gar nicht hereinkommen, sondern haue sie auf der Stelle aus!« Der zuerst die Frage gestellt hatte, hörte von der Antwort für den Zweiten. Er ging zum Vater und wollte wissen, wieso er auf dieselbe Frage zwei gegensätzliche Antworten gegeben habe. Da antwortete dieser: »Wenn die Leidenschaften eintreten und du ihnen gibst und von ihnen nimmst, so werden sie dich bewährter machen. Ich habe aber zu dir gesprochen wie zu mir selbst! Es gibt aber andere, denen es nicht frommt, dass die Leidenschaften an sie herankommen. Sie haben es nötig, sie auf der Stelle abzuschneiden.«[124] Hier wird deutlich, wie differenziert, sogar gegensätzlich die Antwort eines Wüstenvaters ausfallen konnte, je nach Situation und Reifegrad des Fragenden.[125] Wer noch nicht viel Übung hat, muss manchem Problem – vorläufig noch – aus dem Weg gehen. Wer schon genug Erfahrung besitzt, soll sich konfrontieren, indem er die Anfechtung ganz konkret in sich hineinlässt und innen mit ihr kämpft. Was heißt das nun aber?

Evagrius gibt dazu einen konkreten Hinweis: »Wenn wir an den Dämon des Überdrusses geraten, *dann teilen wir die Seele unter Tränen in zwei Hälften, von denen die eine tröstet und die andere getröstet wird*, indem wir uns selbst gute Hoffnung säen und uns die zauberischen Worte Davids vorsingen: ›Warum bist du bekümmert, meine Seele, und warum verwirrst du mich? Hoffe auf Gott, denn ich werde ihn bekennen, das Heil meines Antlitzes und meinen Gott.‹ (Psalm 42,6)«[126] In Psalm 42 und 43 sind tatsächlich zwei Stimmen zu hören, die sich ständig abwechseln: die eine jammert, die andere tröstet. Es ist, als ob beide Stimmen miteinander kämpften und sich gegenseitig Worte des Jammerns und Worte des Trostes zuwerfen würden. Evagrius sagt nun, dass diese Auseinandersetzung im Innern der Seele stattfinden soll, indem die Seele gleichsam in zwei Teile geteilt wird und dann Mutlosigkeit und Gottvertrauen miteinander kämpfen sollen. Dazu passt, was in der obigen Mönchsgeschichte gesagt wird: dass der »böse Gedanke« bei denen, die stark genug sind, ins Herz eintreten darf und drinnen gekämpft werden soll. Dieses Kämpfen ist wie ein gegenseitiges Geben und Nehmen, wie der Mönchsvater sagt: »Wenn die Leidenschaften eintreten und du ihnen gibst und von ihnen nimmst, so werden sie dich bewährter machen.« Es ist ein Schlagabtausch, aber gleichzeitig auch ein Kraftaustausch, in dem der Mönch offensichtlich einiges von der Kraft und Energie des »bösen Gedankens« integriert, sodass er von diesem Kampf profitiert und stärker wird. Die »böse« Energie wandelt sich in neue Kraft für den Mönch. Außerdem stärkt dieser Kampf auch das Gottvertrauen, aus dem heraus der Kampf geführt wird.

In diesem Zusammenhang hier noch eine weitere Mönchsgeschichte: »Ein Bruder wurde zur Unzucht versucht, und die Versuchung war wie brennendes Feuer in seinem Herzen, nachts und tags.

Der Bruder aber kämpfte und ließ sich nicht auf den Gedanken ein. Und nach langer Zeit floh die Versuchung, sie richtete nichts aus wegen der Geduld des Bruders. Und sogleich kam Licht in sein Herz.«[127] Der Bruder verdrängt seine sexuellen Sehnsüchte nicht; er hat das heftige Feuer der Versuchung lange Zeit – »tags und nachts« – in seinem Herzen ertragen und es ausgehalten, bis das lästige Feuer zum Licht in der Seele wurde.

Antonius der Einsiedler bringt noch ein ganz außergewöhnliches Bild für die innere Auseinandersetzung: In einem Brief kommt er auf die Liebe zu sprechen, die Liebe zu sich selbst und zum Nächsten, und auf die Schwierigkeiten, die sich im Zusammenleben ergeben. Er sagt dann, man solle sich nicht entmutigen lassen, sondern den ganzen Leib zu einem Altar machen, auf dem alle bösen Gedanken und Sehnsüchte vor dem Angesichte Gottes niedergelegt werden. Dann solle man die Hände erheben und Gott bitten, er möge das Feuer des Geistes herabsenden, das diese »Opfergabe« verbrennt, so wie der Prophet Elias in 1 Könige 18,38–40 Feuer auf die Opfergabe herabgerufen hat.[128] Offensichtlich ist gemeint, dass man die heftigen Gedanken, Gefühle und Sehnsüchte im Leib wahrnehmen, diesen Leib aber gleichzeitig als Altar, als heiligen Ort betrachten soll, auf den das Feuer des Geistes herabkommen und alles in Liebe verwandeln soll, wovon Antonius dann in der Fortsetzung dieses Textes spricht. So ungewöhnlich diese Ausführungen auch sein mögen, sie bieten ein Bild an, in das man sich auch heute noch in einer entsprechenden Situation hineinmeditieren kann, um die »negative Kraft« der Gedanken in eine »positive Kraft« des Gebetes und der Liebe zu verwandeln.

Hier haben wir es mit zwei Geschichten und einem Bild zu tun, die Hinweise darauf geben, was im Innern vorgeht, wenn der Mönch durch lange Kämpfe nicht schwächer, sondern stärker wird.[129] Die Mönche sprechen nur sehr sparsam über diese inneren Vorgänge und auch dann nur in sehr verhaltener Weise. Es ist kein Wissen, das sie leichtfertig in die Öffentlichkeit streuen wollen, um andere Menschen nicht zu früh an Erfahrungen heranzuführen, für die sie noch nicht reif sind. Davon spricht auch Evagrius an verschiedenen Stellen. In der Einleitung zum Praktikos sagt er: »Dabei haben wir manches verhüllt, anderes dunkel dargestellt, um ›nicht das Heilige den Hunden zu geben, noch die Perlen vor die Säue zu werfen‹ (Matthäus 7,6). Für die, die den Fuß in dieselbe Spur gesetzt haben, werden diese Dinge indessen deutlich sein.«[130] Auch dieser Text zeigt, dass der Mönchsweg – wie jeder andere geistliche Weg – ein Erfahrungsweg ist und nicht einer, der theoretisch erlernt werden kann. Jeder muss seine eigenen Erfahrungen machen, besonders auch durch die behutsame Führung eines erfahrenen Menschen, der diese Vorgänge aus eigener Erfahrung kennt und der weiß, wann die Zeit gekommen ist, diesen oder jenen inneren Schritt zu wagen und ihn dann dazu zu ermuntern.

Humor als Waffe

Der geistliche Kampf ist eine ernsthafte Angelegenheit. Das bedeutet aber nicht, dass er mit zusammengebissenen Zähnen geführt wird. Das Wissen darum, dass Gottes Wirken in diesem Kampf stärker sein wird als die Tücken des Dämons, gibt dem Kämpfer eine gewisse Gelassenheit, gelegentlich auch einen guten Schuss Humor.

Das zeigt sich beispielsweise im Zusammenhang mit der wohl schauerlichsten Attacke der Dämonen in der Lebensbeschreibung des Einsiedlers Antonius. Eine unübersehbare Schar von Dämonen in Gestalt wilder Tiere aller Art stürmt auf Antonius ein, und es heißt, dass sie einen ohrenbetäubenden Lärm machten, um Antonius einzuschüchtern. Die Vita berichtet, dass diese Attacken Antonius auch körperlich heftige Schmerzen verursacht hätten, gleichzeitig sei er aber in seiner Seele wach und in seinem Geist klar geblieben und habe »voll Hohn« gerufen: »Wenn ihr Macht hättet, genügte es, wenn auch nur einer von euch käme. Aber da der Herr euch die Kraft genommen hat, versucht ihr durch eure Menge vielleicht Furcht einzuflößen. Ein

Zeichen eurer Schwäche ist es, dass ihr die Gestalt von wilden Tieren nachahmt.«[131] Hier zeigt sich ein Grundzug der Antoniusvita: Die eigentliche Kraft ist auf Seiten Gottes, die Dämonen sind zwar schlau, aber schwach. Ihre Menge und der Lärm, den sie machen, sind ein Zeichen von Schwäche. Antonius macht sich darüber lustig, weil er »wachen Herzens und klaren Geistes« ist, das heißt, er durchschaut das Spiel und lacht darüber.

Zähneknirschend lassen die Dämonen von ihm ab, und so verspotten sie sich selbst und nicht Antonius.[132] Eigentlich wollten sie sich über den Antonius lustig machen und ihn kleinkriegen, aber sie haben sich selbst blamiert und lächerlich gemacht, weil er sie einfach auslacht. Solche Gedanken und Überlegungen tauchen an vielen Stellen der Antoniusvita auf.[133]

In einer späteren Rede des Antonius über das Wirken der Dämonen erläutert er diesen Punkt ausführlich seinen Mönchen:[134] Seit Christus auf die Erde gekommen ist, sei die Macht der Dämonen gebrochen worden. Im Glauben an Christus stehend, seien die Christen immer stärker. Die Dämonen würden aber immer noch gegen die Menschen wüten und ihnen Angst machen. Aber es sei so, als würden sie auf einer Bühne Scherze machen und Theater spielen. Am besten sei es, sie als Schwächlinge zu betrachten im Vergleich zur Kraft Christi und seiner Engel. Dann zitiert er eine Begebenheit aus 2 Könige 19,35, wo berichtet wird, dass der Engel des Herrn in einer Nacht 185.000 Assyrer in ihrem Lager erschlagen habe. Der »wahre Engel«, wie Antonius sagt, kann also allein und ohne Lärm gegen ein ganzes Heer kämpfen und siegen, aber die Dämonen kommen in großen Scharen, weil sie eigentlich keine wirkliche Kraft besitzen.

Man könnte sich nun fragen, ob das nicht doch eine Verharmlosung sei. Wenn man nämlich die Dämonen auch als Symbol für all das nimmt, was den Menschen als »Gedanke« attackiert oder als Verhaltensmuster plagt, dann genügt wohl nicht ein gelegentliches humorvolles Wort, um dem Spuk ein Ende zu bereiten. Aber so ist es wohl auch nicht gemeint. Keine Methode, kein Werkzeug passt für alle Situationen. Der häufige Hinweis auf den Humor des Antonius weist eigentlich auf seinen tiefen Glauben, seine tiefe Christusverbundenheit hin. Weil er sich so sehr in seinem Glauben und in seinem Gott gegründet weiß, hat er genug Abstand zu dem, was ihn plagt und attackiert. Seine humorvollen Bemerkungen sind Ausdruck dieser inneren Glaubenskraft. Die Botschaft dieser Texte lautet dann, die Mönche und auch die Leser von heute sollten sich um eine tiefe Gottverbundenheit mühen, damit sie mit Humor und Gottvertrauen den inneren Kampf führen können.

Diese geistliche Strategie des Humors findet sich auch noch bei Martin Luther. So hat beispielsweise C. S. Lewis seiner »Dienstanweisung für einen Unterteufel«, in der er mit hintergründigem Humor die Strategien des Teufels in der Verführung der Menschen darlegt, ein Wort Martin Luthers als Motto vorangestellt: »Das beste Mittel, den Teufel auszutreiben, wenn er der Schrift nicht weichen will, ist, ihn zu verspotten und auszulachen, denn Verachtung kann er nicht ertragen.« Es ist schon bemerkenswert, dass Martin Luther – trotz seiner außergewöhnlichen Wertschätzung der Bibel – zugibt, dass auch das Wort Gottes gelegentlich nichts hilft und dann ein spöttisches Wort gegenüber dem Teufel das wirksamere Mittel sein kann.

Humor schafft Abstand und gibt dem Gottvertrauen wieder größeren Spielraum. Mir sagte einmal jemand, dass er, wenn eine chronische Versuchung, ein hartnäckiger Mechanismus ihn zu überfallen droht, dann manchmal geistesgegenwärtig ein humorvolles Wort – gleichsam wie zu einem Dämon hin – laut vor sich hin sagt: »Heute kriegst du mich nicht dran« oder »Heute bin ich schlauer als du«. Dann musste er auch über sich selbst lachen, und der Mechanismus, der ihn sonst gefangen nahm, ist – wenigstens für dieses Mal – unterbrochen.

Die Antoniusvita erwähnt noch eine andere Taktik, die in dieselbe Richtung deutet: Wenn ein Dämon auftaucht, solle man ihn fragen: »Wer bist du und woher kommst du?« Wenn es wirklich ein Dämon ist, dann wird er sofort kraftlos, weil er sieht, dass der Geist des

Mönches stark ist, denn »es ist ein Zeichen von Seelenruhe, wenn man einfach fragt: Wer bist du und woher kommst du?«.[135] Solch eine ruhige Frage deutet also auf die Seelenruhe des Mönches hin, die eine Wirkung der Gegenwart Gottes im Herzen ist. Diese Kraft, die aus der Seelenruhe kommt, macht den Dämon sofort kraftlos; er merkt, dass er jetzt keine Chance hat. Obwohl sich der Mönch normalerweise nicht auf eine Diskussion mit dem Dämon einlassen soll, spricht er ihn in dieser Situation an.

Und manchmal kommt es dann tatsächlich zu einem längeren Dialog: Als Antonius eines Tages einer Erscheinung begegnet, fragt er: »Wer bist du?« und erhält tatsächlich die Antwort: »Ich bin der Satan.«[136] Dann verwickelt ihn Antonius in eine Diskussion. Es wird aber sofort klar, dass Antonius die Diskussion führt und sich nicht vom Teufel das Thema aufdrücken lässt. Schließlich beklagt sich dieser sogar, dass er so wenig Erfolg bei den Mönchen habe. Und Antonius antwortet, dass seit der Ankunft Christi in dieser Welt der Teufel eben zur Ohnmacht verdammt sei. Antonius lässt sich nicht einschüchtern, er verweist auf die Kraft Christi in der Auseinandersetzung mit dem Bösen. Als der Teufel aber »den Namen des Heilandes hörte und seine Glut nicht ertragen konnte, wurde er unsichtbar«. Es ist ihm also buchstäblich zu heiß geworden.

Ein andermal – so erzählt Antonius seinen Brüdern – endet solch ein kurzes Gespräch damit, dass der Dämon, der in Gestalt eines seltsamen Mischwesens erschienen war, schleunigst davonlief, als er den Namen Christi hörte, in der Eile aber stolperte und auf der Stelle verendete.[137] Diese und ähnliche Geschichten, in denen Antonius den Dämon anspricht und ausfragt, machen einen souveränen und zugleich humorvollen Eindruck. Es ist, als ob er sich ein Spielchen ausgedacht habe, wie er den Dämon hereinlegen kann. Er kennt seine Schwächen. Und es scheint, dass er seinen Mönchen solche Geschichten ein wenig augenzwinkernd erzählt, um ihnen zu sagen: »Macht es genauso. Habt keine Angst. Im Glauben seid ihr immer stärker als der Teufel.«

Wie immer nun die historischen Fakten auch gewesen sein mögen, klar ist, dass diese Methode auch psychologisch hilfreich sein kann: vor Gedanken und Gefühlen, die uns überwältigen wollen, keine Angst zu haben, nicht davonzulaufen, sondern ruhig hinzuschauen, zu benennen, was es ist, und zu durchschauen suchen, worum es geht. Das ist natürlich leichter gesagt als getan. Es braucht sicher schon ein gewisses Maß an Erfahrung im geistlichen Kampf und an Gelassenheit und Gottvertrauen, um sich angstfrei und mit einem Schuss geistlichem Humor mit seinen eigenen bedrängenden Themen konfrontieren zu können.

Abschließend sei noch auf einen anderen Aspekt hingewiesen: Zu Beginn dieses Abschnitts haben wir gesehen, dass Antonius darauf hinweist, dass die Dämonen sich größer und furchterregender aufführen, als sie in Wirklichkeit sind. Weil sie im Grund schwach sind, machen sie riesigen Lärm und blähen sich auf. Nun zu durchschauen, dass das so ist, und darüber zu lachen, das ist die Methode, um das Schreckgespenst zu entlarven und ihm die Kraft zu nehmen. Darin steckt auch die psychologische Erkenntnis, dass zum Beispiel manche unserer emotionalen Probleme weit größer sind, als die Sache wert ist. Eine Kleinigkeit kann riesige Ängste oder Aggressionen hervorrufen. Die Emotionen haben sich über die Maßen aufgeblasen und scheinen übermächtig über uns zu sein. In einer solchen Situation sagte mir einmal jemand im Gespräch: »Warum bin ich so dumm und lasse mich von dieser Emotion ständig narren und gefangen nehmen? Sie ist es eigentlich gar nicht wert, und die Sache ist viel zu gering!« Das war ein Lichtblick in die eigene Seele. Es ist schon viel, wenn man erkennt, dass das »gefühlte« Problem weit kleiner ist als das reale. Aber durch Einsicht allein wird man solch ein Problem meist nicht los. Könnte man jetzt auch noch selbstironisch darüber lachen, wäre wohl zumindest der emotionale Teil des Problems gelockert oder man wäre mit dieser Sache wenigstens auf einem heilsamen Weg.

Diese Methode findet sich sogar ganz modern in den Harry-Potter-Romanen: »Der Zauber, der einen Irrwicht vertreibt, ist einfach, aber er verlangt eine geistige Anstrengung. Was einem Irrwicht wirklich den Garaus macht, ist nämlich Gelächter«, heißt es dort.[138] Für die Kinder besteht dann die Übung darin, dass aus einem Schrank Monster kommen, die genauso aussehen wie das, vor dem sie sich am meisten fürchten. Mit dem spöttischen Ausruf »Riddikulus« (was wohl eine lateinisierte Form des englischen Wortes *ridiculous, lächerlich*, sein soll) deutet man auf das Monster, und das gemeinsame Gelächter der Kinder lässt die Gestalt kraftlos in sich zusammenfallen.

So einfach wie bei Antonius oder Harry Potter liegen die Dinge oft nicht, vor allem, wenn es sich um wirklich hartnäckige Themen handelt. Aber es ist gut zu wissen, dass auch ein humorvoller Umgang mit unseren Problemen ein geistlicher Weg sein kann. Es lohnt sich, aus einem gesunden Gottvertrauen heraus einen solchen geistlichen Humor zu entwickeln. Vielleicht kann diese Art Humor etwas von der Kraft jenes Senfkornglaubens haben, der Berge versetzen kann (vgl. Matthäus 17,20).

Abschließend lässt sich über den Umgang mit den »Gedanken« sagen: Es hat sich bisher gezeigt, dass der Umgang der frühen Mönche mit dem inneren Chaos der Gedanken sehr vielseitig ist. Keine Methode, kein Instrument oder Werkzeug passt für alle Situationen oder Charaktere. In unserem Jahreskurs empfehlen wir den Teilnehmern, sich einen »Werkzeugkasten« anzulegen, das heißt, all jene geistlichen Praktiken oder Texte zusammenzustellen, die sich im Lauf der Zeit als hilfreich erwiesen haben. Wann immer man in eine schwierige Situation gerät, kann man in seinem »Werkzeugkasten« nachschauen, welches Wort oder welche geistliche Praxis wohl in dieser Situation hilfreich sein könnte. Es zeigt sich dann, dass schon ein gewisser Erfahrungsschatz vorhanden ist, auf den man zurückgreifen kann. Dieser Erfahrungsschatz ermöglicht uns Schritte in eine größere geistliche Selbstständigkeit. Dennoch zeigt sich auch dann, dass es meist keine schnellen oder billigen Lösungen gibt. Jeder geistliche Kämpfer muss sich mit Geduld wappnen und auch langwierige Prozesse durchstehen lernen. Reinigungsprozesse und Reifungsprozesse sind normalerweise langwierig und müssen es wohl auch sein. Das ist nicht nur »Weisheit aus der Wüste«, sondern davon redet genauso die moderne Psychologie. So haben zum Beispiel neurobiologische Ergebnisse moderner Psychologen verständlich gemacht, warum Änderungsprozesse oft so schwierig sind, was sich zum Beispiel auch in einem Buchtitel niederschlägt: »Warum es so schwierig ist, sich und andere zu ändern.«[139]

Zu allen Zeiten machen Menschen die gleichen Erfahrungen. Aber gerade langwierige Prozesse bieten dann auch die Chance einer wirklichen inneren Reifung und einer inneren Verwandlung der Kräfte. Dieser Kampf braucht die Demut, sich einem geistlichen Vater, einer geistlichen Mutter oder überhaupt einem kompetenten Menschen anzuvertrauen und von seiner Erfahrung zu lernen. Der eigentliche Meister ist aber der innere Meister Jesus Christus selbst, der in der Seele wohnt, dessen Leben gleichsam mit jedem Atemzug eingeatmet werden kann und auf dessen Felsenfundament der geistliche Kämpfer seinen festen Platz hat.

Nachdem der geistliche Kampf bisher vor allem durch den Einsatz von Bildern, Worten und Texten geführt wurde, soll in einem weiteren Kapitel davon die Rede sein, wie auch der Leib gleichsam ein Werkzeug im geistlichen Kampf und auf dem Weg geistlicher Reifung werden kann.

Der Leib als geistliches Werkzeug

Die Ambivalenz des Leibes

In der Benediktsregel gibt es zwei Texte, in denen davon die Rede ist, dass der Leib eine wichtige Rolle auf dem geistlichen Weg beziehungsweise im geistlichen Kampf spielt. In Prolog heißt es: »Wir müssen unser Herz und unseren Leib zum Kampf rüsten, um den göttlichen Weisungen gehorchen zu können.« Der Leib ist so wenig wie das Herz von sich aus für den geistlichen Kampf bereitet; Leib und Seele müssen trainiert und zugerüstet werden, genauso wie ein Handwerker mit seinem Handwerkszeug und ein Soldat an der Waffe üben muss. Wenn Herz und Leib nicht gut geübt sind, werden sie schlechte Werkzeuge sein und eher Böses bewirken statt dem Fortschreiten zu dienen. In diesem Sinn bezeichnet auch der Römerbrief die Glieder unseres Leibes als Waffen im geistlichen Kampf, und zwar je nach Lage der Dinge als »Waffen der Ungerechtigkeit« und der Sünde oder als »Waffen der Gerechtigkeit« im Dienst Gottes. Wir sind aufgefordert, unseren Leib und seine Glieder für den guten Kampf zu bereiten und ihn als »Waffe« im geistlichen Kampf einzusetzen.[140]

Von einem ähnlichen Gegensatz spricht Paulus im ersten Korintherbrief, als er im Zusammenhang mit Unzucht in der Gemeinde darauf hinweist, dass unsere Leiber Glieder am Leibe Christi sind und sie deshalb nicht zu Gliedern einer Dirne gemacht werden dürfen. Im Folgenden formuliert er kurz und präzise gleichsam eine »Theologie des Leibes« mit den Worten: »Der Leib ... für den Herrn und der Herr für den Leib« (1 Korinther 6,13). Das ist die theologische Sicht, gleichsam die Theorie, die dann durch geistliche Praxis in konkrete Haltung und Erfahrung übersetzt werden muss. Davon wird im weiteren Verlauf dieses Kapitels noch die Rede sein.[141] Von einer ähnlichen Ambivalenz spricht der Jakobusbrief 3,1–12 in Bezug auf die Zunge, mit der wir Gott preisen, aber auch den Menschen fluchen können. Er nennt die Zunge ein zwar kleines Glied, das aber eine ganze Welt in Brand setzen kann.

In einem zweiten Text spricht Benedikt von der Bedeutung des Leibes, wenn er die zwölf Stufen der Demut mit der Leiter vergleicht, die der Patriarch Jakob im Traum sah und auf der Engel auf- und niederstiegen (vgl. Genesis 28,12): »Die so errichtete Leiter ist unser irdisches Leben. Der Herr richtet sie zum Himmel auf, wenn unser Herz demütig geworden ist. Als Holme der Leiter bezeichnen wir unseren Leib und unsere Seele. In diese Holme hat Gottes Anruf verschiedene Sprossen der Demut und der Zucht (*disciplina*) eingefügt, die wir hinaufsteigen sollen« (RB 7,8f). Das ganze irdische Leben wird durch diese Leiter symbolisiert. Es gibt keinen speziellen geistlichen Raum. Alles gehört dazu. Der Leib ist so selbstverständlich ein Ort des geistlichen Lebens wie das Herz und die Seele. Herz und Leib sind die beiden Holme, in welche die Sprossen der Leiter eingefügt sind, Symbole für die Schritte, die zu tun sind, und für die Disziplin, die es zu erlernen gilt, Schritte einer geistlichen Disziplin, in die Herz und Leib in gleicher Weise eingebunden sind.

Die Leiter ist in der Tradition ein beliebtes Bild für den geistlichen Weg und den sogenannten Aufstieg zu Gott.[142] Es ist aber kein simples Fortschrittsschema, durch das sich jemand aus eigener Kraft zur Vollkommenheit durcharbeitet, sondern Benedikt sagt ausdrücklich: »Durch Selbsterhöhung steigen wir hinab und durch Demut hinauf« (RB 7,7). Es geht um die geheimnisvolle Ambivalenz von Aufstieg und Abstieg, von Tun und Lassen, von Demut und Selbstbehauptung, worauf schon die frühen Väter immer wieder hingewiesen haben.[143] Des Weiteren sagt Benedikt, es sei der Herr selbst, der diese Leiter errichtet und der auch die einzelnen Sprossen einsetzt, wahrscheinlich auch sehr individuell, so, wie es jeder braucht. Es gibt keinen »vorfabrizierten« Weg, sondern der Herr fordert jeden in der Art, wie er es braucht, und er schenkt ihm die Kraft, die dafür notwendig ist. Auch der Leib spielt in diesem Auf- und Absteigen eine wichtige Rolle, positiv wie negativ.

Im Folgenden soll nun über einige Leiberfahrungen und leibhafte Praktiken in der Tradition des frühen Mönchtums berichtet werden, die nicht nur »traditionell« sind, sondern auch heute noch – oder heute wieder – hilfreiche Instrumente auf dem geistlichen Weg sein können, wie die Erfahrung zeigt. Dabei geht es nicht so sehr um Fasten, Nachtwachen und andere bekannte Formen leibhafter Askese, sondern um solche Erfahrungen, in denen der Leib ins Beten und in konkrete alltägliche Praktiken einbezogen ist und dadurch die geistliche Erfahrung konkretisiert und vertieft.[144]

Der Leib beim Beten

Im Kapitel über die Werkzeuge der geistlichen Kunst gibt Benedikt zwei Anweisungen, die in Wirklichkeit einen einzigen Vorgang meinen: »Heilige Lesungen gern hören. Sich oft zum Beten niederwerfen« (RB 4,55.56). Lesen und Beten können zwei verschiedene Handlungen sein, aber wenn sie in dieser Formulierung hintereinander stehen, bedeutet das, dass Lesen und Beten als Einheit verstanden und in einem zusammenhängenden Vorgang praktiziert werden.[145] Etwas ausführlicher formuliert Hieronymus, der im vierten Jahrhundert nach Christus in Bethlehem ein Kloster leitete, in einem Brief an eine Nonne: »Immer sei eine heilige Lesung in deiner Hand. Du sollst oft beten und mit gebeugtem Körper deinen Geist zu Gott erheben.«[146] Die Nonne soll also die Lesung immer wieder mit Gebet unterbrechen und sich dabei zu Boden werfen. Es geht um eine *lecture priante*, eine betende Lesung, wie sie im Mönchtum bis ins hohe Mittelalter üblich war.[147] Eine Variation dieser Methode findet sich in der Lebensbeschreibung des Pachomius, wo von einem seiner Mönche Folgendes berichtet wird: »Theodor saß in seiner Zelle und flocht Stricke und rezitierte dabei Stücke aus der Heiligen Schrift, die er auswendig gelernt hatte. Jedes Mal, wenn sein Herz ihn antrieb, stand er auf und betete.«[148] Hier liest der Mönch nicht, sondern er rezitiert Bibeltexte, die er auswendig kann, eine Praxis, die im alten Mönchtum allgemein üblich war und während der Handarbeit geübt wurde. Dann beginnt er zu beten, wenn sein Herz ihn antreibt, das heißt, er achtet auf den Inhalt des rezitierten Textes, um sich von ihm ansprechen zu lassen. Wann immer ein Wort an sein Herz rührt, hält er inne und steht auf, um zu beten.

In diesem Text wird nicht ausdrücklich gesagt, dass sich der Mönch beim Beten zu Boden wirft, aber aus dem oben zitierten Text aus der Benediktsregel und aus dem Wort des Hieronymus an eine Nonne wird deutlich, dass man bei dieser betenden Lesung immer auch zu Boden ging. Ob er dabei mit eigenen Worten betete oder einfach schweigend niederfiel, wird nicht gesagt. Dann setzte er sich wieder, arbeitete und rezitierte weiter, bis sein Herz erneut angerührt wurde. Lesung beziehungsweise Rezitation des Gotteswortes und persönliches Beten wechseln sich ständig ab und beziehen auch den Leib im Aufstehen und Sich-Niederwerfen mit ein. Gleichzeitig arbeitet der Mönch, was bedeutet, dass dieses leibhafte Beten auch noch mit leibhaftem Arbeiten zusammenfällt. Dieses ständige Ineinanderspielen von Wort, Herz und Leib entwickelt eine innere Dynamik, die das Beten immer mehr vertieft und es konkret im Leib verankert, sowohl in Gebetsgesten wie auch im Vollzug körperlicher Arbeit.[149]

Bei verschiedenen Kursen haben wir diese Form der betenden Lesung praktiziert. Die Teilnehmerinnen und Teilnehmer zogen sich auf ihre Zimmer zurück. Dort sollten sie einen Text der Bibel aufschlagen und laut zu lesen beginnen. Das ist ein wichtiges Element: laut lesen. In der Antike wurde normalerweise nur laut gelesen. Der Körper war durch Mund und Ohr ins Lesen mit einbezogen. Viele Menschen sind heute überrascht, wie intensiv ein Text wirken kann, wenn man ihn sich selbst laut und langsam vorliest, und wie schnell dann ein Wort ans Herz rühren kann. Den Kursteilnehmern wurde weiter empfohlen, mit dem Lesen innezuhalten, sobald ein Wort ihr

Herz anrührt, dann aufzustehen, niederzuknien und kurz im Gebet zu verharren, mit einigen Worten persönlichen Gebetes oder einfach schweigend, um das Wort im Herzen und im Leib nachklingen zu lassen. Wenn man beim Innehalten tatsächlich zu Boden geht und nicht einfach nur still sitzen bleibt, kann man ganz schnell den Unterschied feststellen: Die Bewegung vom Sitzen zum Aufstehen und zum Niederknien und dann wieder vom Knien zum Aufstehen und Hinsetzen bewirkt eine Offenheit in der Seele, und der Leib betet spürbar mit. Dann geht das Lesen weiter – bis zum nächsten Angerührtwerden. Dabei ist es nicht wichtig, dass ein ganzer Textzusammenhang zu Herzen geht. Es können auch einzelne Worte plötzlich zu leuchten beginnen, wie zum Beispiel »Licht«, »mein Gott«, »Schmerzen«, »weinen«, »Freude« oder »Nacht«. Wir empfehlen etwa eine halbe Stunde für diese betende Lesung.

Auf manche Menschen wirkt diese Praktik zunächst etwas irritierend, weil sie schnelles und rein intellektuelles Lesen gewohnt sind. Für viele ist diese Art des betenden Lesens aber wie eine Offenbarung, und sie nutzen diese Praxis auch weiterhin für sich. Oftmals geschieht es, dass jemand in einer halben Stunde erstaunlich wenig Textmenge »bewältigt«, weil plötzlich viele einzelne Worte und Bilder im Text zu leuchten beginnen und betendes Schweigen brauchen, um darin weiter klingen zu können.

Das frühe Mönchtum kannte eine ähnliche Gebetsweise für das gemeinsame Psalmenbeten. Johannes Cassian berichtet davon aus seiner Erfahrung bei den ägyptischen Mönchen[150]: Die Brüder saßen auf Bänken. Einer stand und rezitierte laut einen Psalm, die anderen hörten zu. Wenn der Psalm länger war, wurde er mehrmals unterbrochen. Der Vorbeter gab ein Zeichen zum Aufstehen. Die Brüder standen auf, beteten still, warfen sich dann kurz zu Boden, standen wieder auf, beteten mit erhobenen Händen, der Vorbeter schloss mit einem kurzen Gebet, und alle setzten sich wieder auf die Bänke. Dann fuhr der Vorbeter mit der Psalmenrezitation fort.[151] Diese Form des persönlichen stillen Betens am Ende eines Psalms – von Unterteilung des

Psalms war dann nicht mehr die Rede – kannte auch Benedikt noch, obwohl er nur andeutungsweise davon redet.[152]

Diese Form haben wir ebenfalls in den Kursen ausprobiert und für unser Anliegen etwas angepasst: Wir haben einen Psalm ausgewählt, der vorher schon eine Rolle gespielt hatte und inhaltlich bekannt war. Es ging nun darum, mit diesem Psalm in einer meditativen Weise umzugehen. Alle saßen auf ihrem Stuhl, und der Vorbeter rezitierte einige Verse; dann standen alle auf und beteten still oder standen einfach schweigend da. Darauf warfen sich alle zu Boden, standen auf ein Zeichen hin wieder auf und beteten mit erhobenen Händen. Dann setzten sich alle wieder, und die Rezitation ging weiter. Dieser Vorgang wiederholte sich etwa sechs bis acht Mal. Außer der Rezitation der Psalmverse wurde nichts laut gebetet. Alles vollzog sich ohne Worte. Am Ende herrschte tiefes Schweigen im Raum und in den Teilnehmern. Die Worte des Psalms waren vom Kopf ins Herz und in den Leib »gerutscht«. Man musste nicht mehr darüber nachdenken. Es war alles einfach da. Auch der Leib hat den Psalm verstanden. Manche Teilnehmer haben diese Gebetsweise in ihre persönliche Praxis übernommen.

Oft wird gesagt, dass Gebetsworte nicht im Kopf bleiben, sondern ins Herz wandern sollten, um tiefer und innerlicher verstanden zu werden. Im Blick auf die beiden hier vorstellten Gebetsweisen könnte man auch sagen, dass das Beten nicht nur ins Herz, sondern auch noch in den Leib wandern muss, um wirklich ganzheitlich zu sein, den ganzen Menschen in Beschlag zu nehmen.

Cassian weist in diesem Zusammenhang allerdings noch darauf hin, dass das Liegen auf dem Boden nicht lange dauern sollte, weil die Mönche sonst entweder einschlafen – sie haben sich ja normalerweise sehr wenig Schlaf gegönnt – oder die Gedanken im Kopf wieder zu rotieren beginnen. Deshalb wurde immer darauf geachtet, dass der Vorgang zwar langsam abläuft, aber die innere Dynamik des Weitergehens von einer Haltung in die andere erhalten bleibt. Die Worte bleiben nicht im Kopf hängen, und der Leib beginnt mitzubeten.

Für die innere Sammlung des Einzelnen kann die Bemerkung von Cassian hilfreich sein, man solle so am Boden liegen, als ob man »die göttliche Barmherzigkeit anbeten«[153] wolle; oder der Hinweis aus der Magisterregel, die als Vorlage für die Benediktsregel gedient hat, man solle so daliegen, als wolle man »die Füße des gegenwärtigen Christus umfassen«.[154] Diese beiden Anmerkungen können zusätzlich das Herz anrühren und geben zugleich der körperlichen Gebärde eine tiefe Bedeutung, ohne dass etwas erklärt werden muss. Der Leib versteht und betet.

Für die frühen Mönche war klar, dass die körperliche Geste notwendig zum Gebet gehört. Dazu noch ein kleines Beispiel: »Einige fragten den Altvater Makarios: ›Wie müssen wir beten?‹ Der Greis antwortete: ›Es ist nicht notwendig, viele Worte zu machen (vgl. Matthäus 6,7), sondern man muss die Hände ausstrecken und sprechen: Herr, wie du willst und weißt, erbarme dich! Wenn aber eine Anfechtung kommt, dann: Herr, hilf! Denn Er weiß, was förderlich ist, und wirkt an uns Erbarmen.‹«[155] Die Worte können auf ein Minimum reduziert werden, natürlich als wiederholendes Gebet, aber die ausgestreckten Hände verleihen dem Wort Eindringlichkeit und ganzheitlichen Ausdruck. Man muss es nur einmal für sich selbst ausprobieren, um diese Intensität zu erleben.

Gabriel Bunge verweist auf einen weiteren Text, in dem gesagt wird, dass leibhaftes Beten auch in Zeiten der Gebetskrise eine wichtige Hilfe sein kann. Selbst wenn man aufgrund innerer Bedrängnisse seine üblichen Gebete nicht mehr verrichten kann, dann soll man wenigstens stehen, in der Zelle hin und her gehen, das Kreuz grüßen und sich zu sogenannten Metanien[156] niederwerfen. Dieser körperliche Ausdruck genügt dann als Gebet, bis die Prüfung vorüber ist.[157] Das gilt nicht nur für frühere Zeiten, sondern auch heute. So berichtet zum Beispiel Roger Schutz, der Gründer von Taizé, wie wichtig für ihn die Einbeziehung des Leibes ist, gerade dann, wenn worthaftes Beten schwierig wird: »Ich wüsste nicht, wie ich beten sollte ohne Einbeziehung des Leibes. Es gibt Perioden, wo ich den Eindruck habe, ich bete mehr mit dem Leib als mit dem Geist. Ein Gebet auf dem bloßen Boden: niederknien, sich niederwerfen, den Ort betrachten, wo die Eucharistie gefeiert wird. ... Der Leib ist da, ganz gegenwärtig, um zu lauschen, zu begreifen, zu lieben. Wie lächerlich, nicht mit ihm rechnen zu wollen.«[158]

In den Psalmen ist stets davon die Rede, dass der Beter singt oder tanzt, dass er die Hände erhebt oder anbetend niederfällt, dass er in die Hände klatscht oder gebeugt einhergeht. Es ist nicht möglich und auch nicht sinnvoll, alle diese Gesten beim Beten nach- oder mitzuspielen. Wichtig ist aber, dass der Körper auch immer wieder einmal das tut, was er sagt, und ein ausreichendes Maß an körperlicher Gestik das private und gemeinschaftliche Beten prägt. In vielen Gemeinschaften bleibt man beispielsweise zum »Ehre sei dem Vater« am Ende des Psalms sitzen. Bei uns ist es selbstverständlich, dass wir uns erheben und – wenn wir nicht singen, sondern rezitieren – uns sogar tief verneigen bis zur Waagrechten, der sogenannten *inclinatio profunda*. Benedikt weist ausdrücklich darauf hin, dass man »aus tiefer Ehrfurcht vor der Heiligen Dreifaltigkeit« (RB 9,6f) zum »Ehre sei dem Vater« aufsteht. Wenn man diese Verneigung Tag für Tag und Jahr für Jahr immer wieder bewusst vollzieht, wird auch über den Leib klar, was Ehrfurcht vor Gott beziehungsweise Gottesfurcht meint und wie befreiend es für die Seele ist, ihm immer wieder in dieser konkreten Weise die Ehre zu geben.

Dazu noch eine kleine Erfahrung aus unserer Gemeinschaft. Im Zuge vieler »Vereinfachungen« im Anschluss an das Zweite Vatikanische Konzil hatten wir auch beim Psalm 95 zu Beginn der Vigil das Niederknien zu dem Vers: »Kommt! Lasst uns niederfallen, uns vor ihm verneigen, lasst uns niederknien vor dem Herrn, der uns geschaffen« abgeschafft. Bis dahin war es üblich gewesen, dass sich die ganze Gemeinschaft zu diesem Vers hinkniet. Ein junger Bruder, der nicht viel von Theologie, aber viel vom Beten verstand, protestierte dagegen und machte eine entsprechende Eingabe. Er war erfolgreich, und bis heute knien wir zu diesem Psalmvers. Wenigstens gelegentlich sollten wir solche Gebetsworte wörtlich nehmen und tun, was wir beten. Es ist eine starke Geste, wenn eine Gemeinschaft in dieser Weise am frühen Morgen so in die Knie geht.

Ob nicht manche Unfähigkeit zu beten auch damit zu tun hat, dass jemand nur mit seinem Denken beten will? Aber mit dem Denken kann man Gott nicht berühren. Karlfried Graf Dürckheim, der vielen Menschen die Bedeutung des Leibes für das geistliche Leben erschlossen hat, berichtet von einer Frau, die ihn um Rat fragte, weil sie nicht mehr beten konnte. Er sagte, sie solle sich abends vor dem Bett einfach niederknien und beten. Die Frau war irritiert, ahnte aber plötzlich, dass an diesem Rat etwas dran war. Als sie dann in ihrem Zimmer vor dem Bett in die Knie ging, brach eine tiefe Erfahrung in ihr auf[159], nämlich die, dass, als ihr Körper in die Knie ging, ihr das Herz aufging, jenes Herz, das durch Denken und Wollen keinen Kontakt zu Gott gefunden hatte. Ein solcher Rat wird nicht bei allen Gebetsproblemen helfen, aber diese Erfahrung ist ein erneuter Hinweis auf den engen Bezug zwischen Leiberfahrung und Gebet.[160]

In den »Dienstanweisungen an einen Unterteufel« von C. S. Lewis schreibt ein Oberteufel in einem Brief an seinen Neffen, den er in die Verführung von Menschen einführen soll, er dürfe nicht dulden, dass der Mensch, auf den er angesetzt ist, mit seinem Leib zu beten beginnt. Und er fügt hinzu: »(Die Menschen können) davon überzeugt werden, dass die körperliche Haltung für ihr Beten gleichgültig sei, denn sie vergessen stets, was dir jedoch nie entgehen darf, dass sie Tiere sind und dass alles, was ihr Körper tut, auch ihre Seele beeinflusst. Es ist spaßhaft, dass die Sterblichen sich immer vorstellen, wir flößten ihrem Geist gewisse Dinge ein; dabei beruhen unsere besten Erfolge darauf, dass wir ihnen gewisse Dinge fernhalten.«[161] Weil der Mensch ein Tier ist – mit dieser abfälligen Bezeichnung spricht der Oberteufel immer vom Menschen –, weil also der Leib, den er mit dem Tier gemeinsam hat, aufs Engste mit der Seele verbunden ist, ist der Teufel fest davon überzeugt, dass alles, was der Mensch mit dem Körper tut, auch die Seele beeinflusst. Und der Teufel weiß genau: »Wo immer ein Mensch betet, besteht die Gefahr, dass (Gott) selbst unverzüglich eingreift und diese menschlichen Tiere, wenn sie auf den Knien liegen, mit Selbsterkenntnis (überschüttet)«.[162] Deshalb solle der Neffe dem Menschen einreden, es bedürfe keiner äußeren Formen und es genüge, »in seinem Innern eine verschwommene andachtsvolle Stimmung hervorzubringen, die mit wirklicher Sammlung von Wille und Geist nichts mehr zu tun hat. ... so können auf diese Weise gescheite und träge Patienten für längere Zeit genarrt werden«.[163] Bezeichnend ist die Bemerkung des Oberteufels, dass es vor allem darum ginge, Menschen etwas Wichtiges vorzuenthalten, in diesem Fall die Einbeziehung des Leibes ins Gebet.

Es ließe sich noch viel über verschiedene Gebetsgebärden sagen, aber die bisherigen Hinweise sollen an dieser Stelle genügen. Für weitere Anregungen lohnt es sich, die »Irdenen Gefäße« von Gabriel Bunge sorgfältig zu lesen. Die eindringlichen Texte, die er aus der Tradition zusammengestellt hat, sind eine Fundgrube geistlicher Erfahrungen, die den Leser neugierig machen und ihn geradezu drängen, sie im eigenen Gebetsleben auszuprobieren.[164]

Leibhafte Bilder

Die geistliche Tradition nutzt oft leibhafte Bilder, wenn sie von bestimmten Aspekten des Betens oder von geistlichen Grundhaltungen spricht. Dazu sollen beispielhaft einige Texte aus der Benediktsregel und vor allem aus den Psalmen betrachtet werden.

Aufstehen und aufwachen

Schon im Prolog zur Regel verwendet Benedikt eine Reihe leibhafter Bilder und Vergleiche, um seine geistliche Botschaft zu verdeutlichen. »*Ausculta, o fili!* – Höre, mein Sohn!«, heißt schon das erste Wort. Es wird dann das Ohr erwähnt und das Herz, nämlich das

Ohr des Herzens, mit dem es zu hören gilt. Dieser Aufruf macht den Mönch zunächst einmal zu einem Hörenden, der die Ohren seines Herzens groß und weit machen soll. Spätestens von Vers 8 an ist dieses Hören kein »besinnliches Lauschen« auf eine Botschaft mehr, sondern da hört man eine Stimme, die laut rufend aufwecken will. Wörtlich heißt es in Vers 8 bis 10: »Stehen wir also endlich einmal auf! Die Schrift rüttelt uns wach und ruft: ›Die Stunde ist da, vom Schlaf aufzustehen‹ (Römer 13,11). Öffnen wir unsere Augen dem göttlichen Licht und hören wir mit aufgeschrecktem Ohr, wozu uns die Stimme Gottes täglich mahnt und aufruft: ›Heute, wenn ihr seine Stimme hört, verhärtet eure Herzen nicht!‹ (Psalm 95,8).«

Es ist offensichtlich eine laute Stimme, eine Stimme, die aufwecken und aufschrecken will, sie möchte den Hörern Augen und Ohren aufreißen. Und sie schreit nicht nur einmal, sondern täglich, immerfort. Der Psalmvers am Ende dieses Textes stammt aus Psalm 95, jenem Text, der nach der Psalmenordnung der Benediktsregel jeden Morgen, wenn es noch Nacht war, zu Beginn der Vigil feierlich gebetet wurde. Die Psalmenordnung wurde inzwischen verändert, aber einmal wöchentlich sowie an vielen Festtagen wird dieser Psalm in der Morgenfrühe gebetet, ebenso an jedem Tag der Advents- und Fastenzeit, also an Tagen, die liturgisch und geistlich besonders gewichtig sind. Es ist ein Psalm gegen Müdigkeit, geistliche Trägheit und Verhärtung. Der erste Teil des Psalms ist ein Aufruf zu Lobpreis und Anbetung. Der zweite Teil erinnert an die Verhärtung Israels in der Wüste, wo sie vierzig Jahre lang Gott durch ihren Ungehorsam kränkten. Der Psalm ruft nun dazu auf, sich nicht auch zu verhärten, sondern sich jetzt, heute von der Stimme des Herrn aufrütteln zu lassen.

Deshalb dient uns der oben zitierte Text aus dem Prolog der Regel zusammen mit diesem Psalmvers oft als Einstieg in benediktinisch geprägte Kurse und Exerzitien. »Stehen wir endlich einmal auf!« wird dann zu einem Wort, das wir nicht nur hören und bedenken, sondern tun, immer wieder tun, bewusst tun: aufstehen und dastehen. Spüren, wie es sich anfühlt, wenn man von einem gemütlichen Sitzen plötzlich aufsteht, sich aufgeweckt und angesprochen fühlt. »Stehen wir endlich einmal auf!« Im stillen Dastehen kann uns dann viel einfallen, was wir »endlich einmal« anpacken sollten. Gutes Dastehen kann aber auch ahnen lassen, was es heißt, wach zu sein, bereit zu sein. Man kann spüren, dass man tatsächlich bereit ist oder bereit sein möchte. Vielleicht ist noch unklar, was das alles bedeutet, aber es kann in der Seele und im Leib eine Ahnung aufsteigen, welche Wege sich auftun könnten, wenn wir wirklich bereit wären, aufzuwachen, aufzustehen, hinzustehen.

Während eines längeren Kurses kommen wir immer wieder auf diese Worte und das leibhafte Stehen und Aufstehen zurück, damit Wort und Haltung sich einprägen. Teilnehmer sagen mir später immer wieder, wie sehr gerade dieses Wort mit ihnen gegangen ist: Aufstehen! Aufwachen! Und wie dieses Wort im Leib spürbar war und eine Dynamik zum Weitergehen entwickelt hat, wo vorher Dinge verdrängt oder blockiert waren. Oft ist es leichter, körperlich aufzustehen, als sich seelisch aufzuraffen. Aber wenn der Leib bewusst aufsteht, kann er die Seele mit sich nehmen und ihr helfen, sich zu öffnen.

Dieses Wort vom Aufstehen kann noch mehr an Eindringlichkeit bekommen, wenn man sich erinnert, dass zum Beispiel in den Psalmen immer wieder gesagt wird, dass Gott selbst aufsteht. So heißt es in Psalm 68,1: »Gott steht auf – seine Feinde zerstieben.«[165] Es ist ein Aufstehen mit Macht: Der Gott, der bisher untätig dazusitzen schien, steht plötzlich auf – und schon zerstieben all seine Feinde. Sein Aufstehen und seine Gegenwart genügen. Seine pure Präsenz klärt die Situation. Deshalb wird Gott in den Psalmen mehrfach aufgefordert, endlich aufzustehen und zu Hilfe zu kommen, zum Beispiel in Psalm 10,12: »Steh auf, Herr! O Gott, erheb deine Hand! Vergiss nicht die Armen!« In Jesaja 30,10 sagt Gott selbst als Auftakt zu seinem machtvollen Eingreifen: »Jetzt stehe ich auf, spricht der Herr, jetzt erhebe ich mich, jetzt richte ich mich auf.« Ein entschiedenes Wort aus dem Mund Gottes, das keinen Zweifel an seiner Bereitschaft zu machtvollem Eingreifen lässt. Von diesem Aufstehen Gottes kann man sich selbst mitnehmen lassen, indem auch »ich«, und zwar »jetzt« aufstehe, wissend um seine Gegenwart, die aufrichtet. Ein leibhaftes Bild, bei dessen Meditation das eigene Aufstehen und das Aufstehen Gottes ineinanderfließen können.

Wem solche leibhaften Worte und Bilder einmal aufgegangen sind und wer sie im Leib erspüren konnte, dem wird auch immer mehr aufgehen, wie häufig in der Bibel und in der Literatur des Mönchtums Glaubensaussagen und geistliche Erfahrungen mit leibhaften Bildern und Gebärden ausgedrückt sind.

Auf dem Felsen stehen

Nachdem im Prolog zur Regel viel vom geistlichen Kampf die Rede war, zitiert Benedikt gleichsam abschließend das Wort aus Matthäus 7,24f, in dem Jesus sagt, dass jeder, der sein Wort hört und tut, sein Haus auf Felsen gebaut hat; selbst Stürme und Wasserfluten könnten es nicht umwerfen. Dieser Text vom Haus auf dem Felsen und vom Stehen auf dem Felsen wurde oben schon einmal angeführt, und zwar im Zusammenhang des Kampfes mit den »Gedanken«. Das Stehen auf dem Felsen, der Christus selbst ist, gibt Standfestigkeit im Kampf und festes Vertrauen auf den Sieg – in seiner Kraft.[166] Auf einem Felsen zu stehen ist ein Vertrauensbild, das in den Psalmen häufig vorkommt. Gottvertrauen ist wie Feststehen auf einem Felsengrund.[167] Aber dieses Stehen hat nichts mit Selbstsicherheit zu tun. In Psalm 30,7f sagt der Beter von sich: »Ich aber, ich wähnte in meiner Sicherheit: Ich werde niemals wanken. In deiner Güte, o Herr, hattest du mich auf den schützenden Berg gestellt. Doch dann verbargst du dein Antlitz, da fasste mich Schrecken.« Der Herr hat dem Beter eine Lektion erteilt, als er meinte, sein fester Stand sei eine Sicherheit, eine Standhaftigkeit, die ihn für immer schützen würde, als sei sie sein Eigentum. Der Herr hat sein Antlitz verhüllt, hat dem Beter die Erfahrung seiner Gegenwart genommen, und im Nu hat ihn wieder der Schrecken gepackt. Dieses Stehen auf dem Fels und das Gottvertrauen sind nie ein Besitz. In diesem Sinn kann man auch ein Wort aus Hebräer 11,1 verstehen: »Glaube aber ist: Feststehen in dem, was man erhofft.« Es ist ein Feststehen auf Hoffnung hin, ein Stehen, das Festigkeit und Sicherheit vermittelt, aber auch das Bewusstsein, dass alles nur Geschenk und gnadenhafte Offenheit ist. Es ist ein Stehen im Angesicht Gottes, dessen Gegenwart allein die »Sicherheit« gibt.

Unter Seinem strahlenden Antlitz

Das Antlitz Gottes, von dem oben im Zitat aus Psalm 30 bereits die Rede war, ist auch für Benedikt ein Thema, wenn er in seiner Regel sagt, seine Mönche sollten sich dessen bewusst sein, dass sie »vor dem Angesicht Gottes und seiner Engel« die Psalmen singen. Zu Beginn desselben Kapitels weist er darauf hin, dass wir immer und überall unter Gottes Blick stehen und leben (vgl. RB 19,1). Sowohl beim bewussten Stehen während der Liturgie als auch an jedem anderen Ort während des Tages steht der Mönch in Gottes Gegenwart, unter seinem strahlenden Antlitz.

Das strahlende Antlitz Gottes ist in den Psalmen ein häufiges Bild, um das Stehen des Menschen in Gottes Gegenwart zu beschreiben, eine Gegenwart, die ihn auch vor seinen Feinden schützt: »Herr, Gott der Scharen, richte uns wieder auf! Lass dein Angesicht leuchten, dann sind wir gerettet!« (Psalm 80,20). Das strahlende Antlitz über dem Beter richtet ihn wieder auf und gibt ihm die Gewissheit der Rettung. Das wird auch in Psalm 31 deutlich. Hier wird dieser Schutz mit dem Geborgensein in einem Zelt beziehungsweise mit der Sicherheit einer befestigten Stadt verglichen, als Schutz bei Kampf und Krieg: »Du birgst sie im Schutz deines Angesichts vor dem Toben der Leute. In einem Zelt bewahrst du sie vor dem Streite der Zungen. Gepriesen sei der Herr: Er wirkte an mir Wunder seiner Liebe, er wurde mir zur Stadt, die befestigt ist« (Psalm 31,21f). Das leuchtende Antlitz ist aber nicht nur passiver Schutz, sondern schenkt auch die Kraft zum Kampf, die der Kämpfer von sich aus nicht gehabt hätte. Der

Arm Gottes und sein strahlendes Antlitz hat die Kraft zum Sieg verliehen: »Nicht mit ihrem Schwert nahmen sie das Land in Besitz, nicht ihr Arm hat ihnen Sieg verschafft, nein, es war deine Rechte, dein Arm und dein leuchtendes Angesicht, denn du hattest an ihnen Gefallen« (Psalm 44,4).

Was hier im Bild eines Eroberungskrieges bei der Landnahme Israels beschrieben wird, kann für heutige Beter ein Bild des Vertrauens und der Kraft in verschiedenen Herausforderungen des geistlichen Kampfes werden. Das Wort vom Stehen auf dem Felsen und vom Stehen unter Gottes strahlendem Antlitz kann dann sowohl während der Zeit des Gebetes wie auch während der vielfältigen Verrichtungen des Alltags als leibhaftes Bild mitgehen und das Verhalten prägen – immer im Wissen darum, dass Gottes Gegenwart kein Besitz ist, sondern ein Geschenk, das ständige Offenheit und Hingabe einfordert. Als Einübung für den Alltag wird dieses meditative Stehen im Verlauf eines Kurses immer wieder eingebaut, und es zeigt sich, dass dieses Einüben tatsächlich wirksam wird.

In einem anderen, aber doch verwandten Bild wird eine ähnliche Erfahrung aus der Zeit der Märtyrer berichtet. Im Martyrium des Diakons Sanctus wird erzählt, wie er sich durch keinerlei Qualen von seinem Glauben abbringen ließ: »Er aber blieb unerschütterlich und fest, unnachgiebig blieb er bei seinem Bekenntnis. Denn wie ein linder Tau und wie eine Kraft floss auf ihn herab aus himmlischer Quelle das lebendige Wasser, das da ausgeht aus dem Herzen Christi.«[168] Ob Licht vom strahlenden Antlitz herunterfällt oder linder Tau aus dem Herzen Jesu, immer ist es ein Bild der Zusage göttlicher Gegenwart, das auch den Leib anrühren kann, mitten im Alltag.

Der Leib wird Gebet

Eine häufige leibhafte Gebärde ist in den Psalmen das Beten mit ausgebreiteten Armen. Sie war auch bei den frühen Christen und Mönchen eine Selbstverständlichkeit.[169] Im Zusammenhang mit dieser

Gebetsgebärde finden sich gelegentlich eindringliche Vergleiche und Bilder, zum Beispiel, wenn es in Psalm 143,6 heißt: »Ich breite nach dir meine Hände aus, wie trockenes Land dürstet nach dir meine Seele.« Das Ausbreiten der Hände symbolisiert eine Seele, die sich so nach Gott sehnt wie ausgebranntes Erdreich nach Wasser lechzt. Die weit geöffneten Arme drücken körperlich die Intensität dieser Sehnsucht aus. In Psalm 63,2 wird dieses Bild noch intensiviert, wenn es dort heißt: »Gott, du mein Gott, dich suche ich, nach dir dürstet meine Seele. Nach dir schmachtet mein Leib wie dürres, lechzendes Land ohne Wasser.« Hier dürstet und sehnt sich nicht nur die Seele nach Gott, sondern sogar der Leib; er schmachtet geradezu nach Gott. Leib und Seele, also der ganze Mensch hält hier sehnsüchtig Ausschau nach Gott. Diese Gemeinsamkeit von Leib und Seele im Gebet findet sich auch in einem anderen Zusammenhang, wenn es in Psalm 84,3 heißt: »Mein Herz und mein Fleisch, sie jauchzen hin zu Gott, dem Lebendigen.« Hier steht nun nicht »Leib«, sondern ausdrücklich »Fleisch«, ein Wort, das in der Bibel sehr häufig die negative, sündhafte und hinfällige Seite des Menschseins bezeichnet. Auch diese Seite des Menschseins soll aber nicht ausgeschlossen sein. Der Beter beginnt hier mit seiner ganzen Existenz zu jauchzen, aus Freude über Gott und sein Heiligtum. Es ist ein liturgischer Jubel, in den alles, was dieser Mensch ist und hat, einstimmen darf.

In Psalm 35,9f wird ähnlich formuliert, wenn es dort nach der Einheitsübersetzung heißt: »Meine Seele aber wird jubeln über den Herrn und sich über seine Hilfe freuen. Mit Leib und Seele will ich sagen: Herr, wer ist wie du?« Erst jubelt die Seele, dann heißt es, dass der Beter mit Leib und Seele fragen will: »Herr, wer ist wie du?« Ein faszinierter Ausruf angesichts der Größe und Einzigartigkeit Gottes. Eigentlich ist es ein Psalm, in dem ein Mensch in großer Not und von vielen Feinden bedrängt ist. Und mitten in der Not dieses flehentlichen Psalms bricht im Beter die tiefe Überzeugung auf, dass er sich auf seinen Gott verlassen kann. Obwohl er die Klage fortsetzt und die Gefahr noch nicht gebannt ist, wird dem Beter bewusst, dass er bald jubeln und mit Leib und Seele begeistert und verwundert ausrufen kann: »Herr, wer ist wie du? So wie du gibt es wirklich keinen anderen mehr!« Bemerkenswert ist, dass der Ausdruck »mit Leib und Seele will ich sagen« nicht die wörtliche Übersetzung ist. In einer Fußnote zu dieser Stelle erläutert die Einheitsübersetzung, eigentlich müsse es heißen: »alle meine Knochen sollen sagen«. Bis in die Knochen dringt also das Bewusstsein der Nähe Gottes, und tief drinnen fangen diese an zu singen und Gott zu preisen. Dann ist es auch richtig zu sagen, dass er »mit Leib und Seele« singt, seine ganze Existenz ins Singen einbezogen ist. In diesem Sinn ist auch eine andere Übersetzung dieser Stelle im Münsterschwarzacher Psalter zu verstehen, wenn es dort heißt: »mein ganzes Wesen wird sagen«. Das ist eine sehr freie Übersetzung, aber sie trifft trotzdem genau das Wesentliche, dass nämlich dieser Mensch mit allem, was er ist und hat, aufgrund einer tiefen Erfahrung überrascht und verwundert die Größe Gottes besingt. Wahrscheinlich sollte man der wörtlichen Übersetzung den Vorrang geben, weil die »Knochen« den Leser und Beter aufhorchen lassen und unübersehbar darauf hinweisen, dass diese Gotteserfahrung »bis in die Knochen« eingedrungen ist und von dorther der Lobpreis aufsteigt. Die in diesem Abschnitt zitierten Texte zeigen, wie eng der Leib zu Gott in Beziehung gesetzt wird, sowohl in schmerzlicher Sehnsucht wie auch in dankbarer Freude. Nicht nur die Seele, auch der Leib ist in diesen Texten auf Gott ausgerichtet.

Das erinnert an eine Stelle aus dem Römerbrief 12,1, wo es heißt: »Angesichts des Erbarmens Gottes ermahne ich euch, meine Brüder, euch selbst (wörtlich: eure Leiber) als lebendiges und heiliges Opfer darzubringen, das Gott gefällt; das ist für euch der wahre und angemessene Gottesdienst.« Natürlich ist die Übersetzung »euch selbst darbringen« sinnvoll und richtig, denn der ganze Mensch, sein ganzes Wesen, seine ganze Existenz soll Gott geweiht sein. Aber auch hier gilt, dass die wörtliche Übersetzung vorzuziehen wäre, weil es aufhorchen lässt, wenn es heißt, dass unsere Leiber ein Gott wohlgefälliges Opfer sind und der eigentliche Gottesdienst. Die Leiber allein würden als wohlgefälliges Opfer nicht genügen, aber es ist gut darauf hinzuweisen, dass ohne die Leiber, mit allem, was zu ihnen gehört, kein rechter Gottesdienst zu feiern ist.

In diese Linie passt ein Wort, das schon in anderem Zusammenhang erwähnt wurde, nämlich 1 Korinther 6,13: »Der Leib ... für den Herrn und der Herr für den Leib.«[170] Der Text drückt eine innige Wechselseitigkeit aus. Der Herr und der Leib sind einander zugeordnet und aufeinander ausgerichtet. Der Leib sehnt sich nach dem Herrn und möchte zu einem Ort der Begegnung mit Christus und seinem Geist werden, was dann einige Verse weiter in 1 Korinther 6,19 so ausgedrückt wird: »Oder wisst ihr nicht, dass euer Leib ein Tempel des Heiligen Geistes ist, der in euch wohnt und den ihr von Gott habt? Ihr gehört nicht euch selbst.« Mit Leib und Seele Gott gehören, damit er Wohnung in uns nehmen und in uns wirken kann, wie Benedikt im Prolog sagt: »Sie lobpreisen den Herrn, der in ihnen wirkt« (RB Prolog 30).

Manchmal dringt das innere Wirken Gottes und seines Geistes auch sichtbar nach außen. Von einem Bruder in der Wüste wird erzählt, dass er den Altvater Arsenios besuchen wollte. Als er durch die Türe seines Kellions hineinschaute, sah er den Greis »ganz wie Feuer«.[171] Das innere Feuer des Geistes war äußerlich sichtbar geworden. Dem Greis war es peinlich, dass der Junge dieses Phänomen gesehen haben könnte, denn diese innige Erfahrung sollte ganz im Geheimen bleiben. Es handelt sich hier um jenes Phänomen, das in der Tradition als Glutgebet oder Feuergebet[172] bezeichnet wird.

Von einem anderen Mönch wird berichtet, dass er die Hände zum Himmel erhob, »und seine Finger wurden wie zehn Feuerlampen«.[173] Auch von Altvater Tithoe wird berichtet, dass sein Geist immer dann entrückt wurde, wenn er die Hände erhob, weshalb er, wenn er mit anderen zusammen betete, die Hände nur kurz erhob und dann wieder sinken ließ, damit er nicht entrückt werde.[174] Hier wird nicht ausdrücklich vom Feuer gesprochen, sondern nur von Entrückung. Vielleicht war trotzdem auch das Feuerphänomen damit verbunden, jedenfalls ging es um etwas, das sichtbar war und das der Vater in Gegenwart anderer Mönche auf jeden Fall vermeiden wollte. Bezeichnend ist, dass dieses mystische Phänomen immer dann auftritt, wenn der Mönch die Hände erhebt. Auch diese intensive Gebetserfahrung, die nur fortgeschrittenen Mönchen zuteilwurde, war offensichtlich eng mit einer leiblichen Gebärde verbunden, weshalb wohl Evagrius der Ansicht ist, dass die Dämonen durch allerhand Attacken verhindern wollen, dass ein Mönch beim Gebet die Hände erhebt.[175] In dieser Erfahrung betet der Leib nicht nur mit, er wird gleichsam selbst zum Gebet. Das ist allerdings keine alltägliche Erfahrung, auch nicht in der Wüste der Mönche. Aber es wird ein Weg aufgezeigt, wohin die Entwicklung gehen kann. Es ist gut, wenn wir »unser Herz und unseren Leib zum Kampf rüsten« (RB Prolog 40) und wenn wir Herz und Leib auch so zum Gebet zurüsten, dass sie zusammenspielen, damit sich in diesem Zusammenwirken der Weg des Gebetes immer mehr entfalten kann und es zugleich ein wirksames Instrument wird in den Herausforderungen des alltäglichen geistlichen Kampfes. Wie das alles geschehen kann, lässt sich nicht immer leicht in Worten beschreiben. Aber die vielen leibhaften Bilder, die aus der Tradition der Mönche vorgestellt wurden, können auch von heutigen Menschen in meditativer Weise verinnerlicht werden. Sie können sie in ihrem Alltag begleiten, damit sie als Inbilder auf ihre besondere Weise von innen her wirken. Solche Bilder sind wirksame Bilder, wenn man ihnen Leib und Seele öffnet.[176]

Christus als Gewand anziehen

Ein leibhaftes Bild besonderer Art stammt vom Apostel Paulus. Nur wenige Tage nach meinem Klostereintritt ist es mir begegnet. Als mir der Abt bei der Noviziatsaufnahme im Kapitelsaal meine Jacke auszog, sagte er (damals noch auf lateinisch): »Der Herr ziehe dir den alten Menschen mit seinen Taten aus.« Und als er mir dann den Mönchshabit überwarf, sagte er: »Der Herr ziehe dir den neuen Menschen an, der nach Gott geschaffen ist, in wahrer Gerechtigkeit und Heiligkeit.« Ein gewichtiges Bild für einen Neuling, und ich habe damals sicherlich nicht recht verstanden, was das alles bedeuten kann. Aber eindrucksvoll war es, weil mir da meine Jacke, die ich bisher immer trug, ausgezogen wurde – von einem anderen – und ich ein völlig neues Gewand bekam, das sich von allem unterschied, was ich bisher getragen hatte. Den alten Menschen ausziehen, den neuen Menschen anziehen – ein existenzieller Einschnitt in meinem Leben war es auf jeden Fall.

Die Worte, die der Abt damals sprach, sind aus dem Epheserbrief 4,22–24 entnommen, wo es heißt: »*Legt den alten Menschen ab*, der in Verblendung und Begierde zugrunde geht, ändert euer früheres Leben, und erneuert euren Geist und Sinn! *Zieht den neuen Menschen an*, der nach dem Bild Gottes geschaffen ist in wahrer Gerechtigkeit und Heiligkeit.« Hier wird auf die Tauftheologie des Apostels Paulus angespielt, der im Galaterbrief 3,27 sagt: »Denn ihr alle, die ihr auf Christus getauft seid, habt Christus (als Gewand) angelegt.« Die enge Lebensgemeinschaft, in die wir durch die Taufe aufgenommen werden, wird hier und an anderen Stellen durch das Bild des Gewandes symbolisiert (vgl. auch Römer 13,14 und Kolosser 3,8–10).

Mit den Worten aus dem Epheserbrief wird auch heute noch bei jeder Taufe die Übergabe des Taufgewandes begleitet. Allerdings ist das meist ein sehr verkümmerter Ritus, besonders bei der Kindertaufe. In der frühen Kirche, in der normalerweise nur Erwachsene getauft wurden, war diese Neubekleidung ein sehr eindrucksvoller Vorgang: Der Täufling hatte sich vorher seiner Kleider entledigt, stieg nackt in das Taufbecken und wurde anschließend mit einem leuchtend weißen Gewand bekleidet, das er dann eine ganze Woche lang trug. Das Gewand drückt die gleichsam intime Nähe aus, die zwischen Christus und dem Getauften entstanden ist. Christus umhüllt ihn mit seinem Licht und seiner Gnade wie das leuchtend weiße Kleid und geht mit ihm durchs Leben. Das Tragen des Gewandes über eine ganze Woche verstärkte das Bewusstsein der Taufe und der neuen geistgewirkten Realität, die das ganze Leben des Täuflings prägen sollte.

Das Anziehen des Mönchsgewandes beim Klostereintritt bringt nichts Neues zu dieser Wirklichkeit der Taufe hinzu, aber es erinnert auf eine intensive Weise daran. Der eindrucksvolle Wechsel vom weltlichen zum klösterlichen Gewand hat diesen Vergleich mit dem Taufgewand geradezu provoziert. Dass aber dieses Wort und dieser Ritus am Anfang des Klosterweges stehen, zeigt sehr deutlich, dass hier nicht etwas Abschließendes ausgesagt wird, sondern dass es ein Anfang ist und ein Auftrag, tagtäglich aus der Wirklichkeit dieses Angezogenseins zu leben. Deshalb hat man uns damals geraten, beim Aus- und Anziehen des Gewandes immer wieder diese Worte zu wiederholen oder sich wenigstens an ihren Sinn zu erinnern, damit sie immer mehr ins Bewusstsein, in Leib und Seele eindringen und das Handeln prägen.[177]

Aus demselben Grund wird auch den frühen Christen nicht nur zugesprochen, dass sie in der Taufe Christus angezogen haben, sondern sie werden immer wieder ermahnt, den alten Menschen und seine Taten auszuziehen, sich von Sünde und Schuld zu reinigen und Christus beziehungsweise den neuen Menschen mit seinen Taten anzuziehen (vgl. Epheser 4,22–24; Kolosser 3,8f; Römer 13,14). Offensichtlich geht es um einen Prozess, der wiederholt werden muss, um sich wirklich entfalten zu können, in einem wohl lebenslangen Prozess der Reinigung und der Heiligung.[178]

Eine ähnliche Symbolik wird auch den liturgischen Gewändern des Priesters zugeschrieben, weshalb in den Gebeten, die bis zur letzten Liturgiereform beim Ankleiden vorgeschrieben waren, auf das Taufgewand Bezug genommen wurde. Auch hier war an eine tägliche Wiederholung dieses symbolischen Tuns gedacht, damit es nicht nur die Liturgie, sondern auch das konkrete Leben des Priesters beeinflusst.[179]

Die Tauferinnerung beim Anziehen eines Gewandes muss aber nicht ein Privileg bei sogenannten geistlichen Gewändern sein. Auch beim Anziehen normaler Kleidung kann man sich an das Christusgewand erinnern, das wir angezogen haben und immer wieder anziehen müssen. Neben der morgendlichen Tauferinnerung durch

Besprengung mit Weihwasser bürgert sich deshalb bei Christen, die bewusst aus der Taufe leben wollen, der Brauch ein, auch die Symbolik des Taufgewandes in den Alltag zu bringen, etwa beim morgendlichen Ankleiden oder mit einer besinnlichen Geste, als ob man ein weißes Gewand überziehen würde. Mir sagte einmal jemand im Gespräch: »Beim Ankleiden werfe ich mir jeden Morgen das Taufgewand über.« Und er fügte hinzu, dass er sich auch während des Tages immer wieder daran erinnerte. Das führe zu innerer Sammlung und gebe in manch schwieriger Situation Mut, anzupacken und durchzuhalten. Ähnlich erging es einer Frau, die täglich mit vielen Klienten zu tun hatte und abends oft müde war und die letzten Klienten dann am liebsten nicht mehr sehen wollte. Sie erzählte mir, dass sie sich in solchen Situationen, bevor sie die Tür zum Sprechzimmer aufmachte, an das »Gewand« erinnerte, an Christus, der in ihr und um sie ist. Dann komme Ruhe über sie und sie könne das nächste Gespräch offen und ohne Anspannung führen.

Das Taufgewand hat im Ritus der Taufe für Erwachsene eine Alternative bekommen: Es heißt dort, man könne statt eines Taufkleides auch einen Taufschal verwenden. Vermutlich steckt dahinter der Gedanke, dass ein solcher Schal tatsächlich auch im Alltag getragen werden kann, über längere Zeit hin oder immer wieder als Erinnerung und Vergegenwärtigung. Ich habe schon häufiger Menschen kennengelernt, die einen Taufschal hatten, nicht von ihrer Taufe, sondern von einer Zeremonie der Tauferneuerung. Wir haben auch bei einem unserer Jahreskurse zum Abschluss eine Tauferneuerung gestaltet, bei der konkrete Elemente des Taufritus lebendig wurden. Abschließend erhielt jede Teilnehmerin und jeder Teilnehmer einen weißen Schal und legte ihn um. In den Rückmeldungen hat sich gezeigt, dass diese Schals tatsächlich getragen werden, immer wieder und als Zeichen der Vergegenwärtigung.

Die Vorstellung vom lichtvollen Taufgewand, das wir mit uns tragen, muss nicht die Illusion nähren, dass »der alte Mensch« schon ganz gestorben ist. Bei einem Kurs brachte es jemand auf den Punkt:

»Wenn ich an das lichtvolle Gewand denke, dann merke ich, dass ich darunter auch noch einige schmutzige Kleider vom ›alten Menschen‹ anhabe.« Das ist auch eine Realität. Je mehr aber das positive Bewusstsein der Taufe und der engen Verbindung mit Christus lebendig ist, desto ruhiger und angstfreier kann auch das Negative und Unerlöste in uns angeschaut und mit Gottes Hilfe angegangen werden. Es trifft genau das, was oben über das beständige Ausziehen des alten Menschen gesagt wurde: Es muss ständig dafür gekämpft werden, dass das Gewand nicht beschmutzt wird, damit das neue Licht aufstrahlen, aus uns herausstrahlen kann.

Dieses friedliche Bild von Christus als Gewand, das uns einhüllt, ist verwandt mit dem eher kriegerischen Bild von der Waffenrüstung Gottes, die im Epheserbrief (6,10–18) beschrieben wird und die der Apostel Paulus in verschiedenen Briefen erwähnt (Römer 13,13f; 1 Thessalonicher 5,8; 2 Korinther 6,7).[180] Diese Waffenrüstung ist ein kraftvolles Bild, mit dem der Apostel seinen Christen Mut machen und sie zum geistlichen Kampf auffordern will, »stark durch die Kraft und Macht des Herrn«, wie es einleitend zur Waffenrüstung in Epheser 6,10 heißt. Die Bilder vom Panzer und von den Waffen deuten darauf hin, dass »die Kraft und Macht des Herrn« sowohl ein Schutz vor Angriffen ist wie auch die Voraussetzung, mutig den Kampf zu wagen. Die Waffenrüstung schützt und ermutigt.

Im Römerbrief (13,12–14) fließen die Bilder vom Gewand und von der Waffenrüstung gleichsam ineinander, wenn dort in Vers 12 von den »Waffen des Lichtes« die Rede ist und in Vers 14 davon, dass Christus als Gewand angelegt wird. Das lichtvolle Gewand der Taufe und die Waffen des Lichtes gehören offensichtlich zusammen. Sie sprechen von Würde und Licht, von Schutz und mutigem Zupacken. Auch das sind leibhafte Bilder, die die geistliche Wachheit stärken und sie im Leib verankern können. Diese Erfahrungen können auch an einem altirischen Gebet illustriert werden, an der sogenannten *Lorica* des heiligen Patrick. *Lorica* war der Brustpanzer der römischen Legionäre. In der irisch-keltischen Tradition gibt es sogenannte *Lori-*

ca-Gebete, also Brustpanzer-Gebete. Sie bitten um Schutz und Kraft im geistlichen Kampf, der in der keltischen Spiritualität eine wichtige Rolle spielt.[181] Der folgende Text ist ein Teil aus einem längeren Gebet, in dem die großen Geschehnisse der Heilsgeschichte, die Kräfte der Natur und des Kosmos und auch der Mensch mit seinen Nöten vorkommen. Gegen Ende erscheint dann schließlich jenes Bild, auf das alle vorherigen Anrufungen hinzulaufen scheinen:

Christus mit mir,
Christus vor mir,
Christus hinter mir,
Christus in mir,
Christus unter mir,
Christus über mir,
Christus mir zur Rechten,
Christus mir zur Linken,
Christus, wo ich liege,
Christus, wo ich sitze,
Christus, wo ich mich erhebe.

Christus im Herzen eines jeden, der meiner gedenkt,
Christus im Munde eines jeden, der zu mir spricht,
Christus in jedem Auge, das mich sieht,
Christus in jedem Ohre, das mich hört.

Hier wird der geistliche Brustpanzer beschworen, und es ist immer Christus selbst, und nur er. Man kann den Text als reines Bittgebet verstehen, in dem um vielfältigen Schutz gebetet wird. Es kann aber gleichzeitig auch ein Meditationsbild sein, das den von allen Seiten gegenwärtigen Christus zeigt, ein Bild, in das man sich hineinmeditieren und das man auf dem weiteren Weg mitnehmen kann. Die Bilder von Waffenrüstung und Taufgewand fließen hier ineinander. Bemerkenswert ist, dass am Ende des Textes der Blick auf die anderen Menschen übergeht, denen man begegnet. Die Christusnähe und Christuserfülltheit wird gleichzeitig auch im Mitmenschen gesehen und meditiert. Die Taufwirklichkeit weitet sich aus, hinüber zum Bruder und zur Schwester, und beeinflusst die Begegnung mit ihnen.

Dieses *Lorica*-Gebet nehmen wir oft als Gebet zum Abschluss eines Kurses. Mit einer Meditation dieses leibhaften Bildes entlassen wir die Teilnehmer in der Hoffnung, dass dieses Bild mit ihnen geht und ihnen hilft, sich vertrauensvoll in die Begegnungen und Herausforderungen des Alltags hineinzubegeben.

In den Psalmen finden sich Bilder, die beschreiben, wie der Beter in Gott geborgen ist, im Schatten seiner Flügel, umhüllt mit Gnade wie mit einem Schild oder sicher wie in einer Burg (vgl. Psalm 61,5; Psalm 5,13; Psalm 91). Diese Bilder scheinen jenen aus der Tauftheologie des Apostels Paulus sehr ähnlich zu sein. Und doch ist da ein fundamentaler Unterschied: In den Texten der Apostelbriefe geht es nicht um eine allgemein verstandene Nähe Gottes, die Schutz und Kraft verleiht, sondern es ist der auferstandene Herr selbst, in dessen Tod und Auferstehung der Christ hineingetauft wird und dessen Leben gleichsam angezogen wird wie ein Kleid, das uns umhüllt.

Als Paulus zu den Christen von Korinth über seine Leiden spricht, verwendet er das tröstliche Bild, dass sich an unserem Leib, in unserem konkreten Leben sowohl das Leiden Jesu zeigt, wie auch das Leben Jesu sich offenbart, und zwar an unserem sterblichen Fleisch, in unserem konkreten Leben: »Wohin wir auch kommen, immer tragen wir das Todesleiden Jesu *an unserem Leib*, damit auch das Leben Jesu *an unserem Leib* sichtbar wird. Denn immer werden wir, obgleich wir leben, um Jesu willen, dem Tod ausgeliefert, *damit auch das Leben Jesu an unserem sterblichen Fleisch offenbar wird*« (2 Korinther 4,10).

Der Leib ist der Ort, an dem sich Tod und Leben, Licht und Schatten offenbaren, und dies beides in Lebensgemeinschaft mit Christus. Es ist die intime Nähe des gekreuzigten und auferstandenen Christus, die durch Taufgewand und Waffenrüstung angezeigt wird, leibhafte Glaubensbilder für die lichten und die dunklen Phasen des Lebens.

Die Ordnung als Lehrmeisterin

Viele Menschen beneiden uns, weil wir im Kloster eine klare Tagesordnung haben, geregelte Zeiten für Gebet und Arbeit, für Essen und Schlafen. Mancher getriebene Mensch, der einige Tage oder auch einige Wochen als Gast im Kloster verbringt, atmet in dieser Struktur sichtlich auf und ist oft auch sehr überrascht, wie effektiv eine so einfache Struktur sein kann. Ob er aber ein Leben lang mit uns tauschen möchte, das steht auf einem anderen Blatt. Als wir vor einigen Jahren bei einer Umfrage unter jungen Männern auch die Frage stellten, was sie am ehesten daran hindern würde, ins Kloster einzutreten, war die Antwort nicht die Ehelosigkeit der Mönche, sondern das geregelte Leben im Kloster.

Auch Mönche finden diese Ordnung nicht immer angenehm. Es ist ein beliebtes Thema, bestehende Ordnung infrage zu stellen, »bessere« Vorschläge zu machen oder auch zu versuchen, auf verschiedene Weise immer wieder einer eigenen, selbstgestrickten Ordnung zu folgen.[182] Ordnung ist offensichtlich ambivalent, nicht nur die Tagesordnung. Jeder Beruf, jede Firma hat eine Ordnung. Sie soll das Ziel fördern, auf das hin man unterwegs ist. Was bedeuten Ordnung und geregeltes Leben für den geistlichen Weg? Wie kann aus Ordnung ein geistlicher Weg werden – nicht nur im Kloster?

Die Tagesordnung

»Die Umwelt als Guru« überschreibt Bruder David Steindl-Rast, einer der großen, noch lebenden geistlichen Meister aus der benediktinischen Tradition, ein Kapitel seines Buches über die Achtsamkeit.[183] Er meint damit die klösterliche Umwelt und die Tatsache, dass darin alles auf das geistliche Leben hin geordnet ist. Diese Ordnung erzieht die Mönche wie ein Guru, wie eine Lehrmeisterin[184], indem sie die Räume, die Zeiten und die verschiedenen Verrichtungen des Alltags in kluger Weise strukturiert. In diesen Strukturen geraten die Mönche jedoch immer wieder an ihre Grenzen, sie stoßen auf ihre Schwächen und negativen Verhaltensmuster und erhalten damit die Chance, diese zu erkennen, an ihnen zu arbeiten und sie zu überwinden, um immer mehr für die transzendente Gegenwart Gottes geöffnet zu werden.[185]

Ein Schlüssel für die Darlegungen von David Steindl-Rast ist die Anweisung des heiligen Benedikt, dass man beim Zeichen zum Gottesdienst alles, was man gerade in der Hand hat, beiseitelegen soll, um »in größter Eile« – »*summa cum festinatione*« (RB 43,1) zum Gottesdienst zu gehen.[186] Allerdings soll diese Eile »mit Ernst« – »*cum gravitate*« geschehen. *Gravitas* könnte man auch mit »Würde« übersetzen, »um nicht Anlass zu Albernheiten zu geben« (RB 43,2). Es geht nicht um Schnelligkeit um jeden Preis, sondern schon der Gang zum Gottesdienst soll mit Würde geschehen, im Blick auf die Würde des Gottesdienstes und die Gegenwart des Herrn.

Acht Mal täglich ertönte zu Benedikts Zeiten dieses Zeichen zum Gottesdienst. Immer soll sich der Mönch dann sofort auf den Weg machen. Auch wenn das Zeichen erstmals zum Gottesdienst in der Nacht ertönt, sollen die Mönche »ohne Zögern« aufstehen und »mit Würde« (RB 22,6) zum Gottesdienst eilen. Sie sollen sogar im Mönchshabit und mit einem Gürtel oder Strick um die Hüften schlafen, damit sie sofort aufstehen und zum Gottesdienst eilen können: »So seien die Mönche stets bereit« (RB 22,5f). Hier geht es Benedikt offensichtlich um das, von dem Jesus im Evangelium spricht: die Bereitschaft, den Herrn zu erwarten, wann immer er kommt, ganz gleich zu welcher Stunde des Tages oder der Nacht (vgl. Lukas 12,35f; Markus 13,34–37). Das meint mehr als Drill und äußere Regeltreue. Es geht um die beständige Wachheit des Herzens. Das zeigt sich auch an der kleinen Nebenbemerkung, die Benedikt anfügt: Er sagt, man solle Brüder, denen es nicht leichtfällt aufzustehen, »behutsam ermuntern« (RB 22,8). Man könnte ja auch etwas grober mit diesen Brüdern umgehen und sie gewaltsam aus dem Schlaf rütteln. Aber die Behutsamkeit im so delikaten Augenblick des nächtlichen Aufstehens ist nicht nur ein Zeichen brüderlicher Rücksichtnahme, sondern zeigt, dass die Promptheit dieses Aufstehens Teil einer geistlichen Haltung und Atmosphäre ist.

Das sofortige Beenden einer Arbeit auf ein Zeichen zum Gottesdienst oder auf jeden anderen Anruf hin ist auch sonst in der monastischen Tradition die Regel. So berichtet beispielsweise Johannes Cassian aus der ägyptischen Wüste, dass ein Mönch, wenn er etwa beim Schreiben war, sogar den angefangenen Buchstaben nicht beendete, wenn ein Bruder an seine Zelle klopfte.[187]

Das mag alles etwas kleinkariert und legalistisch klingen, aber es steckt auch eine große geistliche Weisheit dahinter.[188] Dazu habe ich in den letzten Jahren eine überraschende Erfahrung gemacht: Zu der Zeit, als ich ins Kloster eintrat und auch noch viele Jahre danach war es Brauch, nicht nur beim Zeichen zum Gottesdienst alles beiseitezulegen, sondern auch beim vollen Stundenschlag von der Turmuhr die Arbeit sofort zu unterbrechen. In den Werkstätten und Büros oder in der eigenen Zelle erhob man sich, um laut oder leise ein kurzes Gebet zu sprechen. Im Lauf der Jahre hat sich dieser Brauch größtenteils verflüchtigt, wie etwas, das man als »Äußerlichkeit« auch lassen kann. Teilweise lebt dieser Brauch aber noch weiter. Als wir vor Jahren begannen, bei Kursen, die über einige Tage dauerten, den einen oder anderen Vormittag durch eine gemeinsame Handarbeit in der Gruppe zu gestalten, erinnerten wir uns an diesen Brauch des Stundenschlages und erläuterten ihn der Gruppe, die gemeinsam im Garten oder in einem anderen Arbeitsbereich tätig sein sollte. Zu unserer Überraschung gehörten diese gemeinsamen Arbeitszeiten für die Teilnehmer zu den Höhepunkten solcher Kurse. Eine simple Handarbeit ist vielen Menschen heute nicht mehr geläufig. Außerdem wurde schweigend gearbeitet, und jeder konnte still bei sich bleiben. Für viele war aber die Unterbrechung der Arbeit zum Stundenschlag so etwas wie eine kleine Erleuchtung: einfach die Hacke weglegen, kurz beten und dann weiterhacken. Immer wieder hatten die Teilnehmer die spontane Idee, diese geistliche Praxis in ihren Alltag einzubauen: eine kurze Unterbrechung, um aus dem Hamsterrad der Arbeit auszusteigen, sich der Gegenwart Gottes zu erinnern und dann einfach weiterzuarbeiten.

Dazu zwei Beispiele: Ein Kursteilnehmer, der in einem Großraumbüro arbeitet, programmiert seitdem seinen Computer so, dass er ihm jeweils zur vollen Stunde ein Signal sendet und ein Gebet auf dem Bildschirm erscheint. Niemand merkt, dass er für einige Augenblicke oder einige Minuten aus der Arbeit aussteigt, sich kurz auf die Gegenwart Gottes und seinen geistlichen Weg besinnt und dann locker weiterarbeitet. Viele erinnern sich in einem solchen Augenblick auch an das Bibelwort, mit dem sie im Alltag unterwegs sein möchten. Eine Lehrerin erinnerte sich, dass sie während des Unterrichts den Schlag der Turmuhr von der benachbarten Kirche hört, und sie gewöhnte sich an, sich beim Stundenschlag kurz an die Gegenwart Gottes zu erinnern, ohne den Unterricht zu unterbrechen.

Es ist erstaunlich, wie viele kreative Ideen aus dieser kleinen klösterlichen Übung entstanden sind. Und alle, die sie praktizieren, berichten übereinstimmend, wie sehr diese kurze Unterbrechung – immer wieder – die geistliche Dimension ihres Lebens anrührt und bewusst werden lässt, mitten im Alltag. Es ist auch denkbar, dass durch diese Erfahrung von Menschen außerhalb des Klosters immer mehr Mönche innerhalb der Mauern wieder eine ihrer alten Praktiken neu entdecken.

In dieser Hinsicht erlebten einige Kursteilnehmer noch eine andere kleine »Erleuchtung«: Einmal waren einige Männer mit einer schweren Arbeit beschäftigt, als das Zeichen gegeben wurde, um zum Mittagsgebet in die Kirche zu gehen. Die Männer sagten, sie wollten die Arbeit noch schnell beenden und dann rechtzeitig zum Gottesdienst erscheinen. Ich bat sie, jetzt gleich, »auf das Zeichen hin« die Arbeit zu beenden und sie morgen fortzusetzen. Dann sei nochmals Arbeitszeit dafür vorgesehen. Nach einem überraschten Zögern gingen sie darauf ein. Am nächsten Tag offenbarten sie mir ihre »Erleuchtung«: dass es möglich ist, auch einmal etwas unvollendet liegen zu lassen, weil etwas anderes »dran ist«. Manche Menschen müssen lernen, dranzubleiben, und andere, etwas unvollendet liegen zu lassen, um aus dem Sog der Arbeit und der Probleme auszusteigen. Diese kleine Erfahrung hat auch in der Gruppe einen guten Schub von Selbsterkenntnis ausgelöst.

David Steindl-Rast formuliert zu dieser Art von Erfahrung: »An einem gewissen Punkt müssen wir sogar die ungewohnte Anstrengung machen, uns nicht anzustrengen. Das mag uns die größte Kraft kosten. Das Hindernis, das es zu überwinden gilt, ist Verhaftetsein, selbst das Verhaftetsein mit unserem eigenen Bemühen.«[189] Entscheidend bei dieser klösterlichen Praxis ist nicht nur die Unterbrechung an sich, sondern das Bemühen, *sofort* das gegenwärtige Tun zu unterbrechen. Es ist erstaunlich, wie schwer dieses *sofortige* Unterbrechen oft fällt, was wohl darauf hinweist, dass wir sehr fixiert und wenig gelassen bei der jeweiligen Tätigkeit sind. Genau das gilt es zu lernen, auch mit dem Blick darauf, dass es bei vielen unserer Verhaltensmuster wichtig ist, möglichst sofort gegenzusteuern, bevor wir zum Beispiel aus der Haut fahren.[190]

Man könnte nun eine ganze Reihe weiterer klösterlicher Praktiken und sogenannter geistlicher »Übungen«[191] aufzählen und ihren Sinn erläutern. Aber das, was für die sofortige Unterbrechung der Arbeit gilt, kann als Schlüssel zum Verständnis für viele andere Praktiken des klösterlichen Alltags dienen und auch für nicht-klösterliche Alltagssituationen inspirierend wirken. Selbstverständlich kann jede Ordnung, jede Art von festgelegten Praktiken und Disziplinen[192] legalistisch und autoritär missbraucht werden.[193] Was aber ist der geistliche Sinn von Ordnungen und Riten? Sie sorgen zunächst dafür, dass alles, was notwendig ist, auch getan werden kann und die Zeit nicht leichtfertig vertan wird: »Müßiggang ist der Seele Feind. Deshalb sollen die Brüder zu bestimmten Zeiten mit Handarbeit, zu bestimmten Stunden mit heiliger Lesung beschäftigt sein. Und so meinen wir, durch folgende Verfügung die Zeit für beides ordnen zu können« (RB 48,1f). Hier sorgt Benedikt durch klare Vorgaben dafür, dass sowohl für die Arbeit wie auch für die geistliche Lesung genügend Zeit zur Verfügung steht, aber auch kein Leerlauf entsteht, sodass die Mönche müßig herumlungern, weil Müßiggang ein Feind der Seele ist oder »aller Laster Anfang«, wie das Sprichwort sagt.[194]

Benedikt legt die Zeiten und die Ordnung für das gemeinsame Gebet (vgl. RB 8–18) und für die Mahlzeiten (vgl. RB 41) genau fest und sorgt durch klare Anweisungen dafür, dass die Mönche genug Schlaf bekommen und »ausgeruht aufstehen« (RB 8,2) können. Dieses kluge Maß für die verschiedenen Belange des täglichen Lebens ist typisch für eine klösterliche Ordnung. Und genau das ist es, worum uns viele Menschen beneiden, weil es ihnen nicht gelingt, eine gesunde Struktur für ihren Alltag zu finden. Will man dieses kluge Maß tatsächlich leben, dann hat das jedoch seinen Preis. Wenn nämlich all die verschiedenen Notwendigkeiten des Lebens in einer gemeinsamen Ordnung untergebracht werden sollen, kann sich kein einzelnes Element – Gebet, Arbeit, Schlaf, Essen – übermäßig ausbreiten. Auch die liebste oder vermeintlich wichtigste Beschäftigung muss immer wieder unterbrochen oder auch abrupt abgebrochen werden, weil etwas anderes »dran ist«.[195] Das hat sich bereits an den oben erwähnten Beispielen gezeigt. Solche ständigen Unterbrechungen zu akzeptieren ist nicht leicht. Aber genau hierin liegt das geistliche Geheimnis dieser Unterbrechungen.

Man kann alles übertreiben und nach allen möglichen Dingen süchtig werden. Man kann sich auf ungesunde Weise in die Arbeit stürzen, aber auch ins Gebet oder in den Müßiggang. Es sind unsere inneren Muster und Prägungen, unsere »Laster«, die uns ständig in ein ungesundes Maß treiben und in alle möglichen Formen der Unordnung bringen. Thomas Merton formuliert das so: »Unsere Leidenschaften, Neigungen, Bedürfnisse und Gefühle legen uns gewisse Beschränkungen auf, die eine bestimmte Art persönlicher Entfaltung behindern oder ganz vereiteln, wenn wir uns selbst erlauben, zu sehr von ihnen abhängig zu bleiben. Sie machen uns blind, schwächen uns, entnerven uns, machen uns zu Feiglingen, Konformisten und Heuchlern. Sie sind Wurzeln der Unredlichkeit.«[196] Die klösterliche Ordnung will dafür sorgen, dass wir uns aus dem Griff der »Laster«, der ungesunden Verhaltensmuster befreien, weshalb geistliche Disziplinen auch als ›Tor in die Freiheit«[197] bezeichnet werden und Thomas Merton in diesem Zusammenhang von der »Dialektik von Disziplin und Freiheit«[198] spricht. Das aber fordert auf der anderen Seite Gehorsam von jenen, die danach leben, also die Bereitschaft, auf das gegebene Zeichen zu hören und ihm zu folgen. Das Glockenzeichen kann an eine Grenze führen, an der uns unsere Abhängigkeiten bewusst werden. Dann muss ich vielleicht mühsam lernen, die Arbeit, die mich »hat«, zu lassen, um zu beten, dann aber auch wieder die fromme Lesung zu lassen, weil die Glocke zum Essen ruft, und abends Ruhe zu geben, damit ich morgens »ausgeschlafen aufstehen« (RB 8,2) kann.

All das könnte man auch durch eigene Disziplin, ohne Glockenzeichen und klösterliche Tagesordnung tun. Die Erfahrung zeigt aber, dass das sehr vielen Menschen nicht gelingt. Auch im Kloster gibt es Mönche, die sich eingestehen müssen, dass sie im normalen Leben »verschlampen« würden und deshalb der klösterliche Rahmen – den sie vielleicht auch nur mit großer Mühe einhalten können – eine wichtige Hilfe zur *inneren* Freiheit ist. Je mehr diese innere Freiheit und Offenheit wachsen, desto wacher wird das Herz für Gott, für seine Gegenwart und sein ständiges Kommen, weshalb Thomas Merton in diesem Zusammenhang sagt: »Der Mönch sucht in irgendeiner Weise auf den Ruf zu antworten: ›Seht, der Bräutigam kommt, geht hinaus ihm entgegen!‹ (Matthäus 25,6). Geistliche Disziplin ist so notwendig wie die Wachsamkeit und das Bereitsein im Gleichnis: Wer auf den Herrn wartet, muss Öl in seiner Lampe haben, und die Lampe muss in Ordnung sein. Das ist es, worum es bei der monastischen Disziplin letztlich geht. Was sie einübt, sind bestimmte innere

Haltungen: Wachsamkeit, Offenheit, Bereitschaft für Neues und Unerwartetes.«[199]

Man muss die Mönche nicht wegen ihres geregelten Lebens beneiden. In den oben erwähnten Erfahrungsberichten hat sich gezeigt, dass klösterliche Praktiken sehr wohl auch in den außerklösterlichen Alltag übertragen werden können. Mit einiger Fantasie lassen sich noch weitere Übungen finden oder entwickeln, durch die man sich zumutet – oder auch gönnt –, aus dem Hamsterrad äußeren und inneren Getriebenseins auszusteigen, Unterbrechung zu wagen, damit sich negative Muster abbauen und etwas Neues von innen her aufbrechen kann. Im Lauf der Zeit lässt sich dann vielleicht auch jede äußere Störung, die unerwartet in den Fluss meines Alltags einbricht, als Chance für solch eine »göttliche« Unterbrechung[200] begreifen. Das Unerwartete und Ungeplante kann dann zum Einfallstor für das Andere, den ganz Anderen werden, weil überall dort, wo wir stehen, heiliger Ort von Gottes Gegenwart werden kann.[201]

Im Folgenden soll dieses Thema an einigen Punkten, wo etwas überraschend oder ärgerlich in unser Leben einbricht, weiter deutlich werden.

Das normale Maß und die Ausnahme

Benedikt will für seine Mönche keine Extreme, sondern das gesunde Maß, wie es jedem zuträglich ist (vgl. RB Prolog 46; 2,31; 39–41; 64,12.19). Das bedeutet aber auch, dass nicht alle dasselbe erhalten sollen. Es gibt keine Gleichmacherei im Kloster. Dazu beruft sich Benedikt im 34. Kapitel seiner Regel auf das Prinzip der Urgemeinde von Jerusalem: »Man halte sich an das Wort der Schrift: ›Jedem wurde so viel zugeteilt, wie er nötig hatte.‹« (RB 34,1; Apostelgeschichte 4,35). Wer mehr braucht, soll mehr erhalten, wer weniger braucht, soll weniger erhalten. Diese Bevorzugung soll aber nichts mit dem »Ansehen der Person« zu tun haben, sondern es geht vielmehr darum, dass der eine tatsächlich mehr braucht als der andere, wie Benedikt eigens betont (vgl. RB 34,2). Das klingt sehr klug und einfühlsam – aber wohl nur für den, der mehr braucht und deshalb auch mehr bekommt. Was ist mit dem, der weniger bekommt, weil er offensichtlich weniger braucht? Der kann murren oder traurig werden. Benedikt weiß das und sagt ausdrücklich: »Wer weniger braucht, danke Gott und sei nicht traurig.« Und er fügt noch den Grundsatz an: »Vor allem darf niemals das Laster des Murrens aufkommen« (RB 34,3.6). Damit sind wir wieder bei den Lastern angekommen.[202] Diese kluge und einfühlsame Regelung Benedikts kann beim einen oder anderen Mönch eine ungesunde Neigung oder Grundhaltung anrühren. Er wird neidisch, weil der andere mehr bekommt, und obwohl er selbst es gar nicht braucht, bewirkt sein Neid eine mürrische Unzufriedenheit oder Trauer und Selbstmitleid.

Aber auch bei dem, der mehr bekommen hat, kann sich Ungesundes in der Seele regen: »Wer mehr braucht, werde demütig wegen seiner Schwäche und nicht überheblich wegen der ihm erwiesenen Barmherzigkeit« (RB 34,4). Er könnte stolz werden und sich etwas einbilden, weil er mehr bekommt oder mehr darf als ein anderer. Sein Stolz könnte Folgen haben, wenn er zum Beispiel in Zukunft versuchen würde, wieder mehr zu »brauchen«, um neue »Privilegien« zu ergattern. Stattdessen empfiehlt ihm Benedikt Demut. Das meint hier wohl nicht, dass der Bruder Minderwertigkeitsgefühle entwickeln soll, weil er eine Ausnahme braucht, sondern sich, ohne sich zu schämen, schlicht eingestehen soll, dass er hier eine Schwäche hat. Diese Schwäche wurde vom Oberen erkannt und anerkannt und durch Nachsicht beziehungsweise Sonderbehandlung gewürdigt. Das kann dem Bruder helfen, sich selbst so anzunehmen, wie er ist, ohne sich kleiner oder größer machen zu müssen. An dieser Stelle hat Demut viel mit Wahrheit und Echtheit zu tun.

Einen ergänzenden Aspekt bringt die Benediktsregel in Kapitel 43,19. Es ist dort zunächst davon die Rede, dass niemand außerhalb der offiziellen Mahlzeiten etwas essen soll. Dann sagt Benedikt, es könne sein, dass der Obere gelegentlich auch zusätzlich etwas anbietet – etwa bei schwerer Arbeit oder großer Hitze.[203] »Weigert sich einer anzunehmen, was der Obere ihm angeboten hat, dann soll er überhaupt nichts erhalten, wenn er zu einer anderen Zeit verlangt, was er vorher ausgeschlagen hat, oder wenn er sonst etwas haben will.« Vermutlich schlägt einer das Angebot aus, weil er besonders asketisch sein und selbstbewusst durchhalten will. Auch hier wäre das schlichte Eingeständnis, Hunger oder Durst zu haben, die demütige und damit auch die wahrhaftige Reaktion.[204]

Dieses Thema, dass jedem zugeteilt werden soll, was er braucht, aber auch nicht mehr, ist eine ständige Gratwanderung für den Oberen und für die Brüder. Was von Benedikt als einfühlsame klösterliche Regelung und Praxis festgelegt wurde, kann bei den Brüdern ihre Grenzen beziehungsweise ihre seelischen Schwachpunkte anrühren, worin aber auch die Chance liegt, dass ein negatives Verhaltensmuster sich zeigt und im günstigen Fall auch geheilt werden kann. Damit kann auch diese Ordnung und Praxis zur Lehrmeisterin und Heilerin werden. So innerklösterlich dieses Thema klingen mag, es ist nicht jenseits unserer heutigen gesellschaftlichen Realität, wenn man bedenkt, dass es einerseits Tendenzen zur Gleichmacherei gibt und man von Neidgesellschaft spricht, andererseits aber Gier und Unersättlichkeit weite Bereiche des ökonomischen, politischen und auch privaten Lebens prägen und verderben. Vielleicht könnte die kleine Welt des Klosters auch für diese Probleme unserer Zeit einige Anregungen geben, wenigstens für jene, die sich um ein ehrlicheres Verhalten und ein besseres gesellschaftliches Klima bemühen.

Ein Aspekt aus den oben zitierten Texten der Benediktsregel wurde bisher noch nicht besprochen und soll nun im folgenden Abschnitt behandelt werden. Es geht um die Anmerkung: »Wer weniger braucht, danke Gott und sei nicht traurig« (RB 34,3).

Vom Murren zur Danksagung

Wer weniger braucht und deshalb auch weniger bekommt, der soll nicht traurig sein, sondern Gott danken – im Anschluss an das Gleichnis vom Pharisäer und Zöllner in Lukas 18,10–14 könnte dann ein Gebet lauten: »Ich danke dir, Gott, dass ich nicht noch mehr brauche, dass ich nicht so viel brauche wie der da, mein Bruder.« So ist es hier aber wohl nicht gemeint. Eine andere Stelle in der Benediktsregel kann dieses Thema verdeutlichen, nämlich jener Text, in dem es heißt, der Wein sei nichts für Mönche, »aber weil sich die Mönche heutzutage davon nicht überzeugen lassen, sollten wir uns wenigstens darauf einigen, nicht bis zum Übermaß zu trinken, sondern weniger« (RB 40,6). Diese Stelle wird gerne zitiert, um Benedikts Verständnis für menschliche Schwächen und Bedürfnisse zu illustrieren. Weniger häufig wird aber jener Satz im gleichen Kapitel zitiert, in dem Benedikt eine wichtige Einschränkung beziehungsweise eine gewaltige geistliche Herausforderung formuliert. »Wo aber ungünstige Ortsverhältnisse es mit sich bringen, dass nicht einmal das oben angegebene Maß, sondern viel weniger oder überhaupt nichts zu bekommen ist, sollen Brüder, die dort wohnen, Gott preisen und nicht murren. Dazu mahnen wir vor allem: Man unterlasse das Murren« (RB 40,8f). Wenn es keinen Wein gibt, dann gibt es eben keinen. Das ist verständlich. Aber dass die Mönche dann Gott preisen sollen, statt zu murren, das ist nicht selbstverständlich. Wo der Einzelne oder die Gemeinschaft an eine Grenze stoßen, ist diese Grenze, diese Notsituation, eine geistliche Herausforderung, Gott zu loben, statt zu murren.

In der Heiligen Schrift findet sich häufiger die Mahnung, Gott für *alles* zu danken (vgl. Epheser 5,20; 1 Thessalonicher 4,18), nicht nur für das Gute und Schöne, sondern wirklich für alles. An anderer Stelle heißt es, dass wir immer voll Freude sein sollen, auch in Bedrängnis und Versuchung (vgl. 1 Thessalonicher 4,16; Jakobus 1,2–4; 1 Petrus 1,6). Das sind Formulierungen, die in der geistlichen Tradition eine große Rolle spielen, unserem eigenen Erleben aber oft etwas fremd sind. Neben den bereits erwähnten Stellen sagt Benedikt zum Beispiel im Kapitel über die Fastenzeit, dass die Mönche »in der Freude des Heiligen Geistes« die besonderen Verzichte dieser Zeit auf sich nehmen und »mit geistlicher Sehnsucht und Freude ... das heilige Osterfest« (RB 49,6.7) erwarten sollen. Der Blick auf den Auferstandenen und auf den Heiligen Geist, der in uns wohnt, kann stärker sein als schmerzlicher Verzicht. Hier wird klar, dass man sich nicht – masochistisch-selbstquälerisch – über den Verzicht und über erlittene Verluste freut, sondern dass es im Glauben und im Blick auf Gott noch genügend Gründe gibt, sich zu freuen und Gott zu danken. Schmerz und Verlust dürfen wehtun, die Verzichte der Fastenzeit machen keinen besonderen Spaß, und es ist keine besondere Freude, wenn das reguläre Maß an Wein nicht zu haben ist. Aber die Frage ist, ob ich mich darauf fixiere oder meinen inneren Blick dorthin wende, wo der eigentliche Sinn und das Ziel meines Lebens ist.

Das gilt jedoch nicht nur für Mönche. Ich erinnere mich an eine Frau, die in unseren Gesprächen viel über die Menschen in ihrer Umgebung klagte, die ihr – in ihrer Wahrnehmung – das Leben schwer machten. Eines Tages erzählte sie mir, dass sie das Wort aus Psalm 23 wieder ganz neu für sich entdeckt habe: »Der Herr ist mein Hirte, nichts kann mir fehlen.« Ich fragte sie, was denn mit der Klage über ihre Mitmenschen sei. Da antwortete sie, es sei ihr allmählich aufgegangen, dass sie ja all das, was sie *wirklich* brauche, habe. Sie meinte damit nicht äußeren Besitz, sondern dass sie aus ihrem Leben mit Gott so viele tiefe Erfahrungen kenne, dass sie gut und froh davon leben könne. Es gelang ihr, den Blick nicht mehr auf ärgerliche Situationen zu heften, sondern auf das, was wirklich wichtig ist, und damit frei zu werden für Dank und Lobpreis Gottes.

Dazu passt auch ein Wort von Henri Nouwen: »Klöster baut man nicht, um darin Probleme zu lösen, sondern um Gott aus all seinen Problemen heraus zu loben.«[205] Es ist der Weg vom Murren zur Danksagung beziehungsweise die Fähigkeit, mit Dankbarkeit zu verzichten.[206] Diese Erfahrung steht wohl auch hinter einem Wort von Andreas Knapp: »Größere Freude dabei empfinden, eine blühende Blume stehen zu lassen, als sie zu pflücken.«[207] Der Apostel Paulus fasst das Geheimnis solcher Erfahrungen in die Worte: »Wir sind wie Sterbende, und seht: wir leben; ... uns wird Leid zugefügt, und doch sind wir jederzeit fröhlich; wir sind arm und machen doch viele reich; wir haben nichts und haben doch alles« (2 Korinther 6,9f). Vielleicht kann man tatsächlich – wenigstens nachträglich – auch für etwas dankbar sein, was man nicht bekommt, weil man erfahren hat, dass es gleichsam wie ein Sprungbrett auf eine andere geistliche Ebene war – oder dass man es gar nicht brauchte. Ein Verlust kann uns plötzlich aufwecken für ganz andere und wesentlichere Werte, auf die wir nicht gestoßen wären, wenn wir sozusagen alles bekommen hätten, was wir wollten. Und wie oft sagen wir nachträglich, dass es ganz gut für uns war, das und jenes nicht bekommen oder es verloren zu haben. Das geistliche »Kunststück« wäre es dann, auch mitten in Verlust und Frust die frohe Hoffnung wachzuhalten, dass in dieser Situation auch noch ein Schatz verborgen ist, den es zu entdecken gilt.

Das »Unmögliche« und »Unerträgliche«

Die bisherigen Darlegungen weiterführend, ergibt sich nun die Frage, wie man mit jenen Situationen umgeht, die nicht nur schwierig, sondern unmöglich und unerträglich zu sein scheinen. Das 68. Kapitel der Benediktsregel widmet sich ausschließlich der Frage, was geschehen soll, »wenn einem Bruder etwas Unmögliches aufgetragen wird«.[208] Es geht hier offensichtlich nicht um etwas, das gegen sein Gewissen geht, sondern um etwas, »das ihm zu schwer oder unmöglich ist« (RB 68,1). Wenn einer einen solchen Auftrag erhält, soll er zunächst »in aller Gelassenheit und im Gehorsam« diesen Auftrag annehmen. »Wenn er aber sieht, dass die Schwere der Last das Maß seiner Kräfte völlig übersteigt, lege er dem Oberen dar, warum er den Auftrag nicht ausführen kann« (RB 68,2). Benedikt gestattet dem

Bruder, die Gründe für sein Unvermögen darzulegen, obwohl er den Auftrag vorher gehorsam angenommen hatte. »Wenn ... der Obere aber bei seiner Ansicht bleibt und auf seinem Befehl besteht« (RB 68,4), dann soll der Bruder gehorchen.

Man könnte an diesem Kapitel das ganze Thema von Gehorsam und Autorität, von Amtsmissbrauch und Unterwürfigkeit, von Freiheit und Widerstand abhandeln. Das ist aber hier nicht unser Thema. In unserem Zusammenhang interessiert die Frage, was es bedeutet und was es bewirkt, wenn der Mönch im Sinn dieses Kapitels handelt, wenn er sich für einen solchen Fall an die Ordnung hält, die die Klosterregel vorschreibt. Zunächst heißt es, der Bruder solle »geduldig und angemessen, ohne Stolz, ohne Widerstand, ohne Widerrede« (RB 68,3) seine Bedenken vortragen. Er könnte ja auch aufbrausen und sich drohend gegen den Oberen aufbauen. Das wäre dann entweder ein Zeichen dafür, dass die beiden schon länger Probleme miteinander haben, oder aber dass der Bruder grundsätzlich zu opponieren pflegt und nur seinen Kopf durchsetzen will. Im letzteren Fall wäre die Reaktion ein Zeichen dafür, dass im Herzen des Bruders noch viele ungeordnete und ungereinigte Verhaltensmuster stecken.

Wenn er aber diesen schwierigen Auftrag zunächst einmal ruhig und gelassen annimmt und später dann ebenso ruhig und gelassen sein Unvermögen bekundet, dann hat er entweder schon viel an sich gearbeitet, oder er sieht in dieser für ihn ausweglosen Situation eine Herausforderung, sich trotz innerem Widerstand und Erregung um eine ruhige und gelassene Haltung zu bemühen. Möglicherweise gelingt das nicht auf Anhieb, vielleicht muss er erst einige Zeit warten, bis er Frieden mit dieser Situation machen konnte. Vielleicht reagiert er auch zunächst aggressiv und braucht einige Zeit, bis er Zorn und Groll besänftigen kann und ein ruhiges Gespräch möglich wird. Im Blick auf diesen Text der Regel und auf eigene Erfahrungen in ähnlichen Situationen kann man wohl sagen: Es ist nicht entscheidend, ob ein Bruder auf Anhieb ruhig und gelassen mit einem so schwierigen Thema umgehen kann, sondern entscheidend wird sein, ob er überhaupt die Herausforderung der Regel annimmt, in einem Extremfall ruhig und gelassen reagieren zu *lernen*, mag dies auch ein jahrelanger Lernprozess sein, in dem viele Versuche misslingen. Es geht nicht um das Können, sondern um den Weg. Extremsituationen sind besondere Augenblicke, in denen deutlich wird, woran im Lauf der Jahre noch zu arbeiten ist.

Schließlich heißt es im Text, wenn der Obere trotz der Bedenken des Bruders an seinem Auftrag festhält, dann »sei der Bruder überzeugt, dass es so für ihn gut ist« (RB 68,4). Benedikt sagt nicht, dass der Obere dem Bruder sagen soll, dass es für ihn gut sei; er soll auch nicht sagen, dass es der Wille Gottes sei, obwohl die Benediktsregel und die monastische Tradition diese Argumente für die Gehorsamsforderung benutzen (vgl. RB 5).[209] Stattdessen spricht Benedikt den Bruder durch den Text der Regel an und sagt ihm, dass ein solcher Auftrag dann für ihn gut sei. Benedikt weist hier wohl auf die allgemeine Erfahrung hin, dass es gut für einen Menschen ist, in einer Extremsituation »springen« zu müssen. Das heißt, dass man nur dann wirklich weiterkommt, wenn man bereit ist, auch einmal über seinen Schatten, seine Ängste oder »ins kalte Wasser« zu springen. Nur auf diese Weise haben wohl viele Menschen in ihrem Leben entscheidende Erfahrungen gemacht, die sie später nicht mehr missen wollten.[210] Wichtig ist, dass man sich selbst sagt, dass es wohl für irgendetwas gut sein wird – wie man manchmal zu sagen pflegt. Hinter dieser etwas lockeren Formulierung kann auch eine tiefe Glaubenshaltung stecken, dass man sich nämlich in solchen Situationen von Gott geführt weiß. Darauf weist Benedikt dann in der abschließenden Bemerkung hin: »... dass es so für ihn gut ist; und im Vertrauen auf Gottes Hilfe gehorche er aus Liebe« (RB 68,4f).

Der Bruder ist auf dem Weg des geistlichen Kampfes. Er kann darauf vertrauen, dass Gott der eigentliche Kämpfer ist, auf den er sich verlassen kann.[211] Das Motiv des Gehorchens ist dann »aus Liebe«, wie es im Text heißt, was aber wohl nicht aus Liebe zum Oberen meint – das vielleicht auch, wenn sie vorhanden ist –, sondern sicherlich die Liebe zu Christus. »Der Liebe zu Christus nichts vorziehen« (RB 4,21), lautet ein zentrales Wort der Benediktsregel. Der Mönch soll erkennen, dass diese Situation eine Herausforderung von Christus her für ihn ist, eine Aufforderung, in der Liebe zu wachsen. Das wird immer dann möglich sein, wenn innere Widerstände beseitigt werden und der Weg in die Weite des Herzens sich öffnet. Dabei ist noch zu bedenken, dass der Satz: »der Liebe zu Christus nichts vorziehen« möglicherweise auch meint, »der Liebe Christi nichts vorziehen«, und zwar in dem Sinn, dass die Liebe, die uns von Christus her zufließt, das Wichtigste im Leben ist, dem nichts anderes vorgezogen werden soll.[212] Dann könnte man die obige Bemerkung, der Mönch solle »aus Liebe« gehorchen, auch so verstehen, dass er aus der Kraft der Liebe, die ihm aus dem Verbindung mit Christus zufließt, diesen Gehorsam leisten und diese Aufgabe erfüllen kann.

Man darf jedoch auch vermuten, dass der Obere, so wie Benedikt ihn sonst sieht und zeichnet, ein offenes Auge dafür haben wird, wie es dem Bruder mit seinem Gehorsam ergeht, sodass er notfalls helfen oder seinen Auftrag doch abändern kann. Die Regel ist jedoch, dass der Bruder zunächst die Chance nutzt, um an dieser Situation zu wachsen.

Die Benediktsregel kommt noch in anderem Zusammenhang auf dieses Thema zu sprechen, wenn es nämlich um die sogenannte vierte Stufe der Demut geht (RB 7,35–43). Hier scheint der Fall vorzuliegen, dass ein Mönch im Gehorsam an seine Grenze kommt. Benedikt denkt aber wohl auch an solche Situationen, in denen ein Mönch von allen Seiten, vom Oberen, von seinen Brüdern und von der Situation her in die Enge getrieben wird und nicht mehr ein noch aus weiß. Alles ist dann »hart und widrig« (RB 7,35). Er fragt an dieser Stelle nicht nach den Gründen, sondern stellt lediglich fest, dass es solche Situationen gibt. Vielleicht haben beide Seiten schon versucht, die Situation zu verbessern, aber nun ist alles festgefahren. Benedikt rät den Mönchen dann, diese Situation einfach auszuhalten, »ohne müde zu werden oder davonzulaufen, sagt doch die Schrift: ›Wer bis zum Ende standhaft bleibt, der wird gerettet‹« (RB 7,36). Mit dem Appell zum Durchhalten verbindet er die Hoffnung auf Rettung, und diese ergibt sich nicht durch die Flucht aus der Situation, sondern im Durchhalten. Es geht hier also um äußerste Herausforderung, eine Herausforderung für den Glauben und seine Tragkraft.

Benedikt fügt noch einen weiteren Aspekt hinzu: »Dein Herz sei stark und halte *den Herrn* aus.« Er deutet diese extreme Situation also als eine Gottesbegegnung. Der Mönch soll wissen, dass er in einer solchen Situation nicht nur seinen Oberen oder seine Brüder oder eine ausweglose Situation aushalten muss, sondern dass er hier an Gott selbst geraten ist und es ganz persönlich mit seinem Gott zu tun bekommt, ähnlich wie Jakob beim nächtlichen Kampf mit dem Engel (vgl. Genesis 32,25-32).[213] Vielleicht meint Benedikt hier nicht nur, dass der Mönch sich nun einfach unter die Hand Gottes ducken muss, sondern dass er sich mit Gott, der ihn in diese Situation geraten ließ, auch streiten darf wie Hiob. Dieser hatte endlos lange Kämpfe mit Gott gefochten, bis ihm endlich die Größe und das gewaltige Geheimnis Gottes aufgeht und er demütig bekennt: »Vom Hörensagen nur hatte ich von dir vernommen; jetzt aber hat mein Auge dich geschaut. Darum widerrufe ich und atme auf, in Staub und Asche« (Hiob 42,5f). Hier gab es offensichtlich einen Läuterungsprozess, eine Läuterung des Gottesbildes und der Gottesbeziehung, der eine Läuterung im Herzen Hiobs vorausging, weil er Gott ausgehalten und sich mit ihm auseinandergesetzt hatte.[214]

Solch einen Prozess deutet Benedikt an, wenn er Psalm 66,10 zitiert: »Gott, du hast uns geprüft und uns im Feuer geläutert, wie man Silber im Feuer läutert.« Ein solcher Läuterungsprozess dauert lange, und man braucht Geduld, bis reines Silber entsteht. Wiederum ist es der Herr selbst, der hier Hand anlegt und der nicht nur herausfordert, sondern auch die Kraft zum Durchhalten schenkt, wie Benedikt sagt, wenn er anschließend Römer 8,27 zitiert: »All das überwinden wir durch den, der uns geliebt hat.«

Was gedanklich dahintersteckt: Letztlich steht nicht eine göttliche Bosheit hinter dieser krisenhaften Situation, sondern der Herr selbst, der liebt und deshalb den Menschen zu einer neuen Reife führen will. Die Krise ist eine Durchgangsstufe, die durchlitten werden muss und in der der Mensch – im Wissen um den tieferen Sinn – »gleichsam bewusst die Geduld umarmt« (RB 7,35). Deshalb ist diese Situation eine Stufe auf dem Weg zur Demut, auf dem Weg zum geistlichen Ziel. Das bedeutet, dass diese Stufe niemandem erspart bleibt, der diesen Weg gehen will. Deshalb können und müssen solche Situationen nicht nur einfache Mönche oder sogenannte »Untergebene« in Klöstern treffen, sondern auch die Oberen selbst. Ich erinnere mich an eine Reihe von Situationen während meiner Amtszeit als Oberer, in denen ich immer wieder diese vierte Stufe der Demut meditiert habe. Besonders hart kam es mich dann immer an, dass der Text mir sagte, ich müsse nicht nur Menschen oder schwierige Situationen aushalten, sondern es ginge letztlich darum, mich in dieser Situation mit meinem Gott auseinanderzusetzen und zu ihm eine neue und tiefere Beziehung zu finden.

Was hier einem Mönch auf dem klösterlichen Weg von Demut und Gehorsam widerfahren kann, kennen die meisten Menschen wohl aus ihrem eigenen Lebensbereich, wenn sie in ähnliche Krisensituationen stürzen, in denen alles Wehren nichts hilft, sondern die Situation einfach durchgestanden werden muss – vielleicht über Wochen und Monate oder sogar Jahre, zum Beispiel eine schwere Erkrankung, konfliktgeladene Situationen in Familie und im Arbeitsbereich, ganz zu schweigen von den Umständen, unter denen Menschen leiden, die in Kriegs- und Armutszonen wohnen. Vieles lässt sich lösen und erleichtern, vieles muss aber einfach durchgetragen werden. Man kann daran zerbrechen oder wachsen. In vielen Gesprächen sagten mir Menschen: »Es war schrecklich, aber ich habe es durchgestanden und bin daran gewachsen. Aber ich möchte es nicht noch einmal durchmachen müssen.« Es ist nichts, was man sich wünscht, aber es ist gut zu wissen, dass in der Hitze solcher Gefechte auch Gold oder Silber entstehen kann, für das man hinterher dankbar ist.

Abschließend noch eine Erfahrung als Illustration: Einer unserer afrikanischen Mitbrüder hat in Kenia in einem Waldstück hinter dem Kloster eine Art Exerzitienweg gestaltet, bei dem afrikanische Tradition und biblische Botschaft sich in Wort und Bild gegenseitig ergänzen. Es ist ein tiefsinniger und faszinierender Meditationsweg. Zu Beginn dieses Weges findet sich ein fast lebensgroßes Bild, auf eine Wand aus Kacheln gemalt, auf dem ein Mann vor einem riesigen Felsbrocken kniet und heftig auf ihn einschlägt. Darüber steht: »Hit the Rock – Schlag den Fels.« Ich fragte den Mitbruder, was das bedeute. Er sagte, man solle auf den Felsen schlagen, der einem im Weg liegt. Ich verstand immer noch nicht und fragte weiter. Da sagte er: »Den Fels schlagen, bis er zurückschlägt, bis er antwortet.« Er wunderte sich, dass ich immer noch nicht verstand, aber er schwieg. Ich wollte das Bild fotografieren. In diesem Augenblick fiel Sonnenlicht auf die Kacheln und wurde reflektiert. Als ich das Foto anschaute, sah ich, dass der Lichtreflex genau dort war, wo die Hände auf den Felsen schlugen. Es sah aus, als schlüge Feuer aus dem Felsen und loderte geradezu wie eine Esse, in der man Eisen schmiedet. Jetzt hatte ich verstanden.

Später erzählte mir der Mitbruder, dass er auf die Idee für diesen Exerzitienweg gekommen sei, nachdem er über lange Zeit in einer äußerlich und innerlich ausweglosen Situation hatte leben müssen, in der er nur mit seinem Gott ausharren und auf Befreiung warten konnte. Heute kommen Menschen in Scharen aus dem In- und Ausland zu diesem Meditationsweg. Der Fels begann zu leuchten.[215]

Der Bruder als geistlicher Weg

Es ist überraschend, welch großes Gewicht die Wüstenväter auf ein gutes Verhältnis zum Bruder legten. Man könnte denken, dass sie keine besonderen Probleme miteinander hatten, da sie ja einsiedlerisch lebten und sich notfalls auch aus dem Weg gehen konnten, wenn sie sich nicht mochten oder vertrugen. Aber das Gegenteil ist der Fall. Man lebte ja nicht ganz allein, gelegentlich zu zweit oder dritt in der gleichen Behausung und gleichzeitig in einer Gegend, in der auch viele andere Einsiedler lebten, die man immer wieder sah und traf. Das genügte, dass sich auch allerhand Konflikte und Lieblosigkeiten entwickeln konnten. Die Sammlungen der Apophthegmata, der Sprüche der Wüstenväter, erzählen viele Geschichten über Streit, Groll, Verleumdung und so weiter. Zugleich war den Mönchen aber auch klar, dass man am Umgang mit den anderen ablesen konnte, wo einer innerlich stand und mit welchen Lastern und Verhaltensmustern er sich noch auseinandersetzen musste.

Der Bruder wurde gleichsam zum Spiegel und zur Herausforderung, innerlich an sich zu arbeiten und die Seele immer mehr zu reinigen. So wurde der Umgang mit den anderen zum geistlichen Weg, sowohl in der Wüste wie auch in anderen klösterlichen Gemeinschaften.

Die Bruderliebe als Weg und Fundament

In der Benediktsregel spielen der Abt und der Gehorsam ihm gegenüber eine zentrale Rolle. In den letzten Kapiteln der Regel, die offensichtlich nachträglich angefügt wurden, geht es jedoch vor allem um die Beziehungen der Brüder untereinander. Es scheint, als habe Benedikt im Lauf seines Lebens erkannt, wie grundlegend der Umgang der Brüder miteinander für ihren geistlichen Weg ist, und als habe er deshalb nachträglich noch einige Kapitel hinzugefügt. So heißt es zum Beispiel in Kapitel 71,1: »Das Gut des Gehorsams sollen alle nicht nur dem Abt erweisen. Die Brüder müssen ebenso *einander* gehorchen; sie wissen doch, dass sie auf diesem Weg des Gehorsams zu Gott gelangen.« Der gegenseitige Gehorsam ist ein Weg zu Gott. Anschließend weist Benedikt noch darauf hin, dass vor allem die Jüngeren den Älteren gehorchen sollen. In Kapitel 72,6 steht sogar die Aufforderung, dass die Brüder im gegenseitigen Gehorsam »miteinander wetteifern« sollen. Hier ist nicht mehr von den Älteren und den Jüngeren die Rede.[216] Der Zusammenhang deutet eher darauf hin, dass Benedikt den Brüdern ganz allgemein und grundsätzlich sagen will, wie wichtig es ist, dass sie aufeinander hören und füreinander da sind, wenn der eine den anderen braucht, und dass das nicht zögerlich, sondern mit großer Bereitschaft und Dienstwilligkeit geschehen soll.[217] Dabei setzt Benedikt sicherlich nicht voraus, dass die Brüder das immer können, sonst hätte er es nicht so deutlich gewünscht. Er weiß, dass in den brüderlichen Beziehungen immer auch Egoismus, Abneigung und Missverständnisse vorhanden sind. Dennoch weist Benedikt ganz ausdrücklich darauf hin, wie grundlegend das brüderliche Miteinander ist und dass die Mönche daran arbeiten müssen, damit ihr Miteinander wirklich ein Weg zu Gott wird.

Bemerkenswert ist in diesem Zusammenhang eine Stelle aus dem Prolog der Benediktsregel. Der Leser wird gefragt, ob er wirklich den Ruf des Herrn hören und ihm folgen will (vgl. RB Prolog 14f). Wenn er diese Frage bejahen kann, heißt es unmittelbar danach, »... dann bewahre deine Zunge vor Bösem und deine Lippen vor falscher Rede! Meide das Böse und tu das Gute; suche Frieden und jage ihm nach!« (RB Prolog 17). Nach diesem Halbsatz, der ein Zitat aus Psalm 34 ist, folgt also als erste Konsequenz aus der Entscheidung für den geistlichen Weg nicht die Aufforderung zu einem intensiven Gebetsleben oder zu besonderen asketischen Übungen, sondern ein guter Umgang mit seinen Mitmenschen. Im darauf Folgenden wird nochmals die Frage nach dem Weg gestellt, der zu gehen ist, und mit den Worten aus Psalm 15 wird danach gefragt, wer denn der sei, der einmal auf dem heiligen Berg und im Zelt des Herrn wohnen darf. Die Antwort lautet: »Der makellos lebt und das Rechte tut; der von Herzen die Wahrheit sagt und mit seiner Zunge nicht verleumdet; der seinem Freund nichts Böses antut und seinen Nächsten nicht schmäht« (Psalm 15,2f). Wieder wird deutlich, dass es der gute Umgang mit den Mitmenschen ist, der anzeigt, dass jemand wirklich auf dem rechten Weg ist.

Christopher Jamison, ein englischer Benediktiner, hat in seinem Kloster fünf Männer aufgenommen, die bis dahin nicht sehr geistlich gelebt hatten, aber persönlich auf der Suche waren. Vierzig Tage lang begleitete er sie, wobei Teile dieses vierzigtägigen Weges live von BBC übertragen wurden, quasi als »Doku-Soap«. Diesen vierzigtägigen Prozess bezeichnete Christopher Jamison als Weg zum inneren Heiligtum und hatte ihn für die Männer auch als solchen gestaltet. Den oben genannten Text aus dem Prolog nahm er dabei als Ausgangspunkt, um den benediktinischen Weg zu beschreiben. Dazu sagt er: »Der Ausgangspunkt für unseren Zugang zu einem heiligen Ort ist also die Qualität unserer tagtäglichen Begegnungen mit anderen Menschen. Wer seine Mitmenschen schlecht behandelt, wird den Zugang zu einem guten Ort nicht finden. Der Weg beginnt damit, dass wir das Heilige in unserem Alltag erkennen.«[218] Einen guten Umgang mit den Mitmenschen zu erlernen, ist der erste Schritt zu einem geistlichen Leben. Wer ein schlechtes Verhältnis zu seinen Mitmenschen hat, kann kein gutes Verhältnis zu Gott haben, und die Tür zum Heiligtum öffnet sich nicht.

Was Christopher Jamison den fünf Männern auf ihrer Suche sagte, hören wir in ähnlicher Weise aus dem Mund eines Wüstenvaters: »›Es ist unmöglich, ein Haus von oben nach unten zu bauen, sondern vom Grund aus muss es in die Höhe.‹ Sie fragten ihn: ›Was ist der Sinn dieses Wortes?‹ Er antwortete ihnen: ›Der Grundstein ist der Nächste, dass du ihn gewinnst. Das muss am Anfang stehen, davon hängen alle anderen Weisungen des Herrn ab.«"[219] Grundstein und Fundament für die Entfaltung des geistlichen Lebens ist ein »gewinnender«, liebevoller Umgang mit den anderen Menschen. Und ein Wort, das von Antonius dem Einsiedler stammt, lautet ähnlich: »Vom Nächsten her kommen uns Leben und Tod. Gewinnen wir nämlich den Bruder, so gewinnen wir Gott. Geben wir hingegen dem Bruder Ärgernis, so sündigen wir gegen Christus.«[220] Leben und Tod, das Gelingen des geistlichen Lebens, hängen von einem guten Verhältnis zum Bruder ab. Weg zu Gott, Begegnung mit Gott ist selbst für den Einsiedler untrennbar mit dem Verhältnis zum Mitmenschen verbunden. Das wird auch im vierten Kapitel der Benediktsregel deutlich, in dem die 74 »Werkzeuge der geistlichen Kunst« aufgezählt werden. Neben vielen typisch geistlichen Instrumenten wie etwa Beten, Schriftlesung, Schweigen, Nachtwachen, Fasten wird eine große Zahl solcher Instrumente aufgezählt, die das brüderliche Verhältnis betreffen, wie zum Beispiel gegenseitige Liebe, Hilfsbereitschaft, aber auch Vermeiden von Streit, Neid, Verleumdung und auch Totschlag. Diese Instrumente, die sich mit dem brüderlichen Umgang befassen, machen sogar gut die Hälfte der 74 Instrumente aus. Mit ihnen muss der Mönch sich auseinandersetzen, damit er Fortschritte auf dem geistlichen Weg machen kann.

Wenn man das geistliche Leben nur am Fortschritt im Beten oder bei besonderen asketischen Übungen bemisst, kann man sich leicht täuschen. Der Umgang mit den Menschen, mit denen man lebt, ist ein wesentlich eindeutigeres Kriterium für den geistlichen Zustand eines Menschen. Darauf wird in der Tradition immer wieder hingewiesen. So sagt etwa Cassian: »Der Gewinn des Fastens ist nämlich nicht so groß, wie Abstand zu nehmen vom Zorn, und bei der Lesung wird keineswegs so große Frucht geerntet, wie Schaden genommen wird durch die Verachtung des Bruders.« Die Liebe zählt mehr als asketische Übungen, und es wird »gewiss nichts nützen, alles getan zu haben, wenn *dieses eine Fundament*, das wir genannt haben (nämlich die Liebe), fehlt«.[221] Was zählt, ist die Liebe, und alles sonstige geistliche

Bemühen ist nur insofern von Bedeutung, wie es den Menschen für die Liebe öffnet und ihn in der Liebe wachsen lässt. Damit wendet sich Cassian ausdrücklich gegen jene, die den geistlichen Fortschritt am Beten oder an asketischen Übungen messen wollen, wobei selbst der Fortschritt im Beten oftmals davon abhängt, ob auch in den anderen Bereichen des Lebens genug geistliche Dynamik am Werk ist.[222]

Man kann Probleme mit seinen Mitmenschen auch nicht dadurch lösen, dass man ihnen aus dem Weg geht und sich ganz dem Gebet widmet. Auch dazu eine Geschichte der Wüstenväter. Sie erzählt von einem Bruder, der als Hesychast in einem Kloster leben wollte, das heißt als einer, der die Herzensruhe – *hesychia* – und das innere Gebet sucht. Er war aber ein zorniger Mensch und hatte sich immer wieder über seine Brüder aufgeregt. Deshalb beschloss er, das Kloster zu verlassen und allein in der Wüste zu leben. Er glaubte, dass dann der Zorn wohl kein Problem mehr sei. Als er nun in der Wüste angekommen war, schöpfte er dort eines Tages Wasser. Da fiel ihm der Krug um, und das Wasser lief aus. Er füllte ihn nochmals, aber er fiel wiederum um, auch ein drittes Mal. Da packte ihn der Zorn, und er zerschlug den Krug. Da gingen ihm die Augen auf: Der Zorn war in ihm selbst. Es nützte nichts, vor den Brüdern zu fliehen. Er musste sich mit seinem Zorn auseinandersetzen. Deshalb kehrte er reumütig ins Kloster zurück.[223] Das einsame Beten in der Wüste genügte nicht. Man muss seine Seele vom Zorn – und vermutlich von vielen anderen Dingen – reinigen, damit das Herz freier wird für das Gebet.

Für diese Mönche gibt es keinen geistlichen Weg, keinen Gebetsweg, der sich am Mitmenschen »vorbeimogelt«. Wenn es dennoch einer versucht, wird er keinen Erfolg haben.[224] Der Weg führt auch deshalb immer über den Bruder, weil man oft erst im Umgang mit den anderen seine eigenen Unzulänglichkeiten entdeckt, die man dann bearbeiten kann, um freier zu werden für den Weg zu Gott.

Evagrius bringt dieses Thema auf den Punkt, wenn er sagt: »Selig der Mönch, der alle Menschen als ›Gott‹ nach Gott betrachtet.«[225] Das ist ein gewaltiges Wort. Jeder Mensch soll wie Gott betrachtet werden, zwar nach Gott, weniger groß als Gott, aber auf jeden Fall mit göttlicher Würde. Keiner kann Gott erkennen, dem nicht aufgegangen ist, dass Gott in jedem Menschen wohnt und dass er ihm dort begegnen muss.

Und was bedeutet das für unser konkretes Verhalten? Zu wissen, dass jeder Mensch göttliche Würde hat, ist eines; sich entsprechend zu verhalten, ist ein anderes. Offensichtlich öffnet sich hier für den Mönch, aber auch für jeden anderen Menschen ein weites Lern- und Übungsfeld, um dieser Einsicht auch im Tun gerecht zu werden. Dazu sollen in den folgenden Abschnitten konkrete Erfahrungen aus der Mönchstradition dargelegt werden.

Feinde lieben

Nicht die Nächstenliebe ist das Neue am Christentum, sondern die Feindesliebe: »Ich aber sage euch: Liebt eure Feinde und betet für die, die euch verfolgen, damit ihr Söhne eures Vaters im Himmel werdet; denn er lässt seine Sonne aufgehen über Bösen und Guten, und er lässt regnen über Gerechte und Ungerechte« (Matthäus 5,44f). Es geht nicht einfach darum, dass man Gutes tut, sondern dass man *allen* Menschen *gut ist*, auch denen, die einem feindlich gesinnt sind, die uns nicht mögen und die auch wir nicht mögen. Jesus weist auf den Vater hin, der seine Sonne unterschiedslos auf Gute und Böse scheinen lässt. Feindesliebe erscheint hier als ein geradezu göttliches Verhalten. Das verleiht der Forderung zur Feindesliebe noch zusätzlich Gewicht.

Feindschaft gab es auch im Kloster Benedikts, jedenfalls setzt er das voraus, wenn er von den »geistlichen Werkzeugen« spricht: »Die Feinde lieben« und »in der Liebe Christi für die Feinde beten« (RB 4,31.72) sind zwei dieser Werkzeuge. Er weiß, dass es im Kloster solche Feindschaften geben kann, und mahnt, dass man sich nach einem Streit noch vor Sonnenuntergang versöhnen soll (vgl. RB 4,73), was nicht als theoretischer Hinweis gedacht ist, sondern wohl häufig notwendig war. Außerdem ist im gleichen Kapitel davon die Rede, dass man nicht rachsüchtig sein, nicht Böses mit Bösem vergelten und andere, die einen verfluchen, nicht wieder verfluchen soll (vgl. RB 4,23.29.32.68). Diese Mahnungen sind wohl die Reaktion auf aktuelle Situationen in der klösterlichen Gemeinschaft – damals und heute.

Das bedeutet, dass auch im Kloster Feindesliebe keine Selbstverständlichkeit ist, so wenig wie Liebe überhaupt keine Selbstverständlichkeit ist. Feindesliebe ist eine Herausforderung, sie gehört zu den Aufgaben des geistlichen Kampfes und muss mühsam erlernt werden. Aber wie lernt man das? Denn es einfach zu fordern genügt ja nicht.

Benedikt gibt indirekt einige Fingerzeige, die bei diesem Thema weiterführen können. Hier geht es jetzt nicht um Feindschaft oder gar Todfeindschaft im strengen Sinn, sondern um Beziehungen, die schwierig sind, wo Unrecht geschieht oder Menschen verletzt und lieblos behandelt werden, woraus dann feindselige und ablehnende Gefühle entstehen. Gemeint sind also Situationen, in denen Liebe alles andere als selbstverständlich ist, wo sie aber lösend und heilend wirken könnte.

Ein wichtiger Hinweis findet sich im Kapitel über die Wahl des Abtes, in dem Benedikt ausführlich darlegt, wie der Abt mit den Brüdern umgehen soll, vor allem, wenn er zurechtweisen muss. Hier steht der lapidare Satz: »Er hasse die Fehler, er liebe die Brüder« – »*oderit vitia, diligat fratres*« (RB 64,11). Während er die Fehler, die schlechten Verhaltensweisen (*vitia*) eines Bruders »hasst«, ablehnt, kritisieren muss, soll er gleichzeitig den Bruder selbst lieben. Auch der, der sich verfehlt, muss geliebt werden, obwohl der Fehler in keiner Weise gutgeheißen werden kann. Das zu befolgen, bedeutet oft ein emotionales Kunststück: Wie kritisiert man einen Menschen und bewahrt doch die Liebe und den Respekt vor der Würde des anderen?

Der Ausspruch Benedikts an dieser Stelle stammt eigentlich vom Kirchenvater Augustinus, der dieses Wort häufiger verwendet und auch praktische Hinweise dazu gibt: »Wenn du urteilst, liebe den Menschen, hasse den Fehler. Liebe nicht den Fehler wegen des Menschen, hasse nicht den Menschen wegen des Fehlers. Der Mensch ist dein Nächster. Der Fehler ist der Feind deines Nächsten.«[226] Augustinus weist hier auf zwei Fehlhaltungen hin: Man solle nicht einen Fehler verharmlosen oder »lieben«, weil man diesen Menschen liebt, aber man solle auch nicht einen Menschen hassen, weil man seinen Fehler »hassen«, ablehnen muss. Das heißt, man muss unbedingt den Menschen und seinen Fehler getrennt betrachten. Der Mensch ist immer mein Nächster, der zu lieben ist. Aber der Fehler ist sogar der Feind des Nächsten. Das klingt so, als wolle Augustinus sagen, man müsse mit einem Menschen wegen seines Fehlers Mitleid haben, weil dessen eigenes Leben dadurch beschädigt wird. Augustinus ist offensichtlich bemüht, eine differenzierte Sicht auf eine emotional schwierige Situation zu werfen und den Blick dafür zu schärfen, wie man den Fehler, das Problem und den Menschen unterscheiden und sie auch emotional auseinanderhalten kann. Das ist ebenfalls ein wichtiges Anliegen moderner Gesprächsführung: Die Würde des Menschen stets im Auge zu behalten, was auch immer an Ungutem im Gespräch angeschaut werden muss. Es gehört viel innere Arbeit dazu, vor allem in problembeladenen Situationen den eigenen Blickwinkel und die eigenen Gefühle in rechter Weise zu sortieren.

In seiner Regel gibt Benedikt indirekt noch einen anderen Hinweis zu diesem Thema, und zwar in einem Zusammenhang, in dem man einen solchen zunächst nicht vermuten würde, nämlich im Kapitel über die Aufnahme von Gästen im Kloster. Zunächst heißt es dort, dass alle Gäste wie Christus selbst aufgenommen werden sollen. Dann wird ein konkreter Ritus beschrieben: Bei der Begrüßung verneige man sich vor dem Gast und »werfe sich ganz zu Boden und verehre so in ihnen Christus, der auch wirklich aufgenommen wird« (RB 53,7). Das Sich-Niederwerfen ist eine Geste der Ehrfurcht und der Anbetung. Tatsächlich heißt es im lateinischen Text auch wörtlich, dass Christus in ihnen *angebetet* werden soll (*Christus in eis adoretur*).

Vielen Übersetzern der Benediktsregel ist dieser Ausdruck zu stark, und sie wählen stattdessen etwas verharmlosend das Wort »verehren«. Dennoch passt die wörtliche Übersetzung besser zu der starken Geste des Sich-Niederwerfens. Bezeichnend ist auch der kleine Nachsatz: »... der auch wirklich aufgenommen wird.« Das ist also nicht nur ein frommer Spruch, den man eben so sagt, sondern es ist *wirklich* so. Das sollte man ganz ernst nehmen, bis in die körperliche Geste der Anbetung hinein.

Deshalb nutzen wir diesen Text über die Aufnahme der Gäste immer wieder, um die Teilnehmer in unseren Kursen erfahren zu lassen, was geschieht, wenn ich mich wirklich vor einem Menschen verneige, um in ihm Christus anzubeten. Wir machen das auf folgende Weise: Zwei Teilnehmer stehen sich jeweils gegenüber. Zunächst gibt es für alle eine kurze meditative Einstimmung, um die innere Aufmerksamkeit wachzurufen und sich seiner eigenen göttlichen Würde zu erinnern. Dann verneigen sich die beiden Teilnehmer, die sich gegenüberstehen, abwechselnd mehrmals tief voreinander beziehungsweise vor Christus, der im anderen, in der anderen gegenwärtig ist. Es herrscht dann oft eine tiefe Sammlung im Raum. Über diese leibhafte Geste verstehen die Teilnehmen spontan, worum es geht. Es ist eben ein großer Unterschied, ob ich nur an die göttliche Würde des anderen Menschen denke oder ob ich mich körperlich tief vor ihm verneige.[227] Der andere Mensch, ob man ihn nun näher kennt oder nicht, wird ganz neu und tiefer wahrgenommen. Und mancher ist überrascht, was in ihm selbst vor sich geht, wenn der oder die andere sich vor ihm verneigt.

Nach dieser Einübung entsteht meist eine lebhafte Diskussion. Sehr schnell kommt das Gespräch dann auf Menschen, mit denen man es schwer hat, und was wohl geschieht, wenn man sich – etwa in einer Imagination – vor ihnen verneigt oder ihnen »im Geist der Anbetung« begegnet. Manche probieren das sofort aus. Eine Ordensfrau erzählte uns beispielsweise am nächsten Tag, sie habe einen dynamischen Abend gehabt, denn sie habe sich auf ihrem Zimmer immer wieder vor ihrer – imaginierten – Oberin verneigt, mit der sie einige Probleme habe. Je häufiger sie sich aber verneigt habe, desto mehr hätten sich ihre Spannung und ihre Aggression gelegt und sie glaube, jetzt ihrer Oberin anders begegnen zu können. Ein Mann erzählte, dass er wochenlang immer wieder diese Übung vollzogen habe, wobei er sich als Gegenüber seinen Chef vorstellte. Erst nach etlichen Wochen habe sich dann endlich der innere Knoten langsam gelöst und er könne jetzt in ganz neuer Weise mit ihm über kontroverse Fragen reden. Es braucht seine Zeit, bis ein solcher Reinigungsprozess Früchte tragen kann.

In diesem Sinn wird Benedikt in seiner Regel nochmals sehr deutlich: »Vor allem bei der Aufnahme von Armen und Fremden zeige man Eifer und Sorge, denn besonders in ihnen wird Christus aufgenommen. Das Auftreten der Reichen verschafft sich ja von selbst Beachtung« (RB 53,15). Hier wird klar, dass Benedikt vor allem von denen spricht, für die es nicht selbstverständlich ist, dass sie mit Würde und Ehrfurcht empfangen werden, während das bei der Ankunft von Reichen, von großen Persönlichkeiten oder wohl auch von lieben Freunden selbstverständliche Sitte ist. In damaliger Zeit haben häufig Arme und Pilger, also Fremde im Kloster angeklopft, um Herberge zu finden. Benedikt geht es darum, zuerst einmal Christus ist den Blick zu nehmen, wer immer auch mir begegnet, mag er noch so fremd oder befremdlich für mich sein. Damit sind wir wieder beim Thema der »Feindesliebe«, also der Begegnung mit Menschen, die man spontan eher ablehnt als liebt.

Eine ähnliche Erfahrung kann man mit einem anderen Wort aus der Benediktsregel machen, wo es heißt: »In der Liebe Christi für die Feinde beten« (RB 4,72). Ein Oberer, der mit einem Bruder ein sehr schwieriges Verhältnis hatte, nahm diesen Satz der Benediktsregel als Aufforderung, intensiv für diesen Bruder zu beten. Zu seiner Überraschung und Beschämung stellte er fest, dass sich alles in ihm sträubte, für diesen Bruder zu beten; zu heftig war die – wohl gegenseitige – Ablehnung und Verhärtung. Er versuchte es immer wieder, und es dauerte etliche Tage, bis es ihm gelang und er ihm tatsächlich von Herzen Segen wünschen konnte. Zugleich spürte er eine große innere Befreiung, als die Last dieser »Feindschaft« sich langsam zu lösen begann.[228] Damit waren die beiderseitigen Probleme noch nicht gelöst, aber der Blick und die Emotionen hatten sich grundlegend verändert und schafften eine neue Ausgangssituation. Zuerst hatte aber der Obere selbst durch einen schmerzlichen Prozess gehen müssen.

Beim Umgang mit diesen Texten der Benediktsregel soll also nicht ein »Trick« vorgestellt werden, der zu einer schnellen Lösung führt, sondern hier öffnet sich ein Weg, auf dem sich allmählich etwas verändern und sogar so etwas wie »Feindesliebe« möglich werden kann. In diesem Prozess bin dann ich selbst es, der sich zuerst ändern muss, damit mehr Liebe möglich wird. In diesem Sinn sagt Benedikt über den Abt: »Wenn er mit seinen Ermahnungen anderen zur Besserung verhilft, wird er selbst von seinen Fehlern geläutert« (RB 2,40). Der Abt muss selbst viel an seinen Schwächen und Fehlern arbeiten und sich innerlich läutern, damit er fähig wird, »den Bruder zu lieben, den Fehler zu hassen« beziehungsweise einen Bruder »klug und liebevoll« von seinen Fehlern zu heilen.[229] Nicht nur in Bezug auf diesen Aspekt, sondern im Allgemeinen vertritt Benedikt die Ansicht, man solle nicht warten, bis der andere sich ändert, sondern selbst den ersten Schritt tun: »Sie sollen einander in gegenseitiger Achtung zuvorkommen« (RB 72,4), sagt er seinen Mönchen, was meint, dem anderen zuvorkommen, wenn es um den Respekt vor der Würde, vor der göttlichen Würde jedes Menschen geht. Es gibt keinen Grund, einem anderen diese Würde vorzuenthalten. »Alle Menschen ehren« (RB 4,8) heißt deshalb ein lapidarer Satz des heiligen Benedikt, hinter dem sich aber intensive geistliche Kämpfe verbergen können.

Trotzdem ist es ein Faktum, dass man nicht alle Menschen in gleicher Weise lieben kann, wie schon Evagrius seinen Brüdern in der ägyptischen Wüste sagt: »Es ist zwar nicht möglich, alle Brüder in gleicher Weise zu lieben, aber es ist sehr wohl möglich, frei von Groll und Hass allen leidenschaftslos zu begegnen.«[230] Damit es aber »sehr wohl möglich« wird, jedem Menschen ohne Groll und Hass, mit Respekt vor seiner göttlichen Würde zu begegnen, sind sicherlich viele Schritte auf dem geistlichen Weg zu erkunden und zu erlernen.

Vom Zorn zur Sanftmut

Ärger, Zorn und Groll gibt es überall dort, wo Menschen zusammenleben. Zorn ist einer der »Gattungsgedanken« im System der »acht Gedanken« des Evagrius[231], was bedeutet, dass der Zorn im geistlichen Kampf eine wichtige Rolle spielt. Benedikt sagt zum Umgang mit dem Zorn kurz und bündig: »Den Zorn nicht zur Tat werden lassen« (RB 4,22). Man hätte auch erwarten können, dass er sagt: »Nicht zornig sein«, das heißt, dass ein Mönch den Zorn auf jeden Fall vermeiden solle. Das wäre Benedikt aber nicht in den Sinn gekommen, denn er weiß – wohl auch aus eigener Erfahrung –, dass Zorn nicht zu vermeiden ist. Die Frage ist nur, wie man damit umgeht. Falsch wäre nach Benedikt, den Zorn einfach laufen und sich austoben zu lassen. Stattdessen mahnt er, ihn nicht zur Tat werden zu lassen. Aber wie kann man vermeiden, dass die Kraft des Zorns sich destruktiv auswirkt?

Evagrius lehrt, dass Zorn eine Grundkraft im Menschen ist, die in sich weder gut noch böse ist. Wir würden heute sagen, es ist die Kraft der Aggression. Sie sorgt für Dynamik im Leben des Menschen, sie schenkt ihm Mut und Ausdauer im geistlichen Kampf. Sie soll also im Kampf gegen das Böse eingesetzt, jedoch nie gegen einen Menschen gerichtet werden, was gegen die Natur und die eigentliche Bestimmung des Zornes wäre. Menschen gegenüber soll sich die Kraft des Zornes in Sanftmut wandeln, die für Evagrius mit der Liebe identisch ist.[232]

Um einen Menschen zu beschreiben, der sich dem Zorn ergibt, hat Evagrius deutliche Worte. Der Zorn macht den Menschen gleichsam zum Tier, er »vertiert die Seele«. Und: »Ein wütender Mönch ist eine einsame Wildsau. Kaum hat sie jemand erblickt, fletscht sie die Zähne.«[233] Ein zorniger Mensch ist wie ein Schiff, das auf hoher See fährt und den Dämon des Zorns als Steuermann hat.[234] Zorn ist gefährlich und unkontrollierbar.

Es geht nun darum, mit dieser gefährlichen Kraft gut umzugehen. Falsch wäre auf jeden Fall, den Zorn zu verdrängen oder innerlich grollend einem anderen eine Verletzung weiter nachzutragen. »Wer nachtragend ist in seiner Seele, gleicht dem, der Feuer im Stroh versteckt.«[235] Groll, der gepflegt und innerlich mitgetragen wird, kann sich jederzeit neu entzünden wie Feuer im Stroh.

Die Nonne Synkletika weist ihre Schwestern darauf hin, wie verderblich der innere Groll auf lange Sicht ist. Denn große Fehler wie Mord, Diebstahl und Unzucht bemerkt man sofort und kann etwas dagegen tun, und großer Zorn ist oft schnell verraucht. Aber das leise innere Grollen, das im Herzen mitgeht, wird nicht als gefährlich betrachtet und leicht übersehen, doch auf Dauer vergiftet es die Seele und bewirkt indirekt viele schlechte Verhaltensweisen gegenüber anderen Menschen wie zum Beispiel üble Nachrede.[236]

Was ist nun aber konkret zu tun? Heute rät man Menschen oft, ihren Zorn zu bewältigen, indem sie ihn abreagieren, beispielsweise durch Holzhacken, Laufen, Schreien und so weiter. Das kann helfen, die Wut nicht am Mitmenschen auszulassen und dann vielleicht später »abreagiert« und in Ruhe das Gespräch wieder aufnehmen zu können. Evagrius und das frühe Mönchtum kennen keine solch »explosiven« Methoden, sondern lediglich das heftige, auch zornige Schleudern eines Wortes gegen den Dämon, so wie auch Jesus dem Seesturm sein »Schweig, sei still!« (Markus 4,39) entgegengeschleudert hat.[237] Es wäre einen Versuch wert, dem eigenen Sturm des Zornes ein »Schweig, sei still!« entgegenschleudern, um vom eigenen Zorn ein wenig Abstand zu bekommen.

Wahrscheinlich haben die Mönche deshalb keine heftigen Methoden zum Abreagieren des Zornes entwickelt, weil sie ihn nicht loswerden, sondern verwandeln oder umlenken wollten – nach der Lehre des Evagrius in Sanftmut beziehungsweise Liebe. Das kann für uns etwas fremd und unrealistisch klingen. Und doch wissen wir um den Zusammenhang von Zorn und Liebe, wenn wir zum Beispiel von Hassliebe sprechen. Große Liebe kann durch ein negatives Ereignis spontan in Hass umschlagen. So heiß die Liebe war, so heftig wird der Hass. Es ist die gleiche Kraft in einem anderen Gewand oder mit anderem Vorzeichen.

Wir kennen auch das Gegenteil, dass Ärger spontan in Mitleid umschlagen kann: Ich warte auf einen Freund, der schon wieder – wie so oft – zu spät kommt. Ich ärgere mich immer mehr und bin entschlossen, ihm heute richtig die Meinung zu sagen. Wenn er dann plötzlich auftaucht und ich sehe, dass er verletzt ist, weil er unterwegs einen Unfall hatte, schlägt mein Ärger sofort in Mitleid um, und ich schäme mich, so einen Zorn auf ihn gehabt zu haben.[238] Die neue Information, der andere Blick auf den Freund hat sofort mein Gefühl für ihn verändert. Ich kann sanft reagieren, ohne mich anstrengen zu müssen.

Manchmal gelingt es auch, dass jemand, der noch nicht ganz in seinem Zorn aufgegangen ist und ein wenig Distanz zu diesem Gefühl finden kann, sich sagt, vielleicht auch laut vor sich hinsagt, dass dieser Zorn auch die Kraft sei, mit der man lieben kann. Diese Neubenennung der Emotion kann den Zorn langsam umwandeln. Dann gelingt es, das Problem in Ruhe anzugehen beziehungsweise dem Menschen, um den es geht, in Ruhe zu begegnen. Wenn dies einem Menschen möglich ist, hat er verstanden und erfahren, dass der Zorn kein blinder Mechanismus sein muss, sondern dass man mit dieser Kraft auch bewusst und vernünftig umgehen und sie in Richtung Liebe umlenken kann.

Evagrius und die Mönche der ägyptischen Wüste kennen verschiedene Strategien, mit dem Zorn umzugehen. Für sie ist es wichtig, dass der wütende Mensch rechtzeitig das Aufsteigen des Zorns erkennt. Vom Altvater Isidor heißt es, er sei einmal auf dem Markt gewesen, um kleine Sachen, die er hergestellt hatte, zu verkaufen. Als es Streit gab und der Zorn in ihm aufstieg, ließ er alles stehen und liegen und ging weg, bevor er im Zorn explodierte.[239] Aus Sicht heutiger Psychologie würde man sagen, er sei aus dem gefährlichen Kraftfeld ausgestiegen und habe dann gut mit dieser Emotion umgehen können.

Von diesem Abba Isidor sind mehrere Geschichten und Sprüche zum Zorn überliefert. Anscheinend hatte er viel damit zu kämpfen und gelernt, damit zurechtzukommen. Als ein Bruder ihn fragte, warum die Dämonen ihn so fürchten, was wohl bedeutet, dass er schon eine große geistliche Reife erlangt hatte, da antwortete er: »Seitdem ich Mönch geworden bin, mühe ich mich ab, es nicht zuzulassen, dass der Zorn bis zur Kehle heraufkomme.«[240] Die Folge ist, dass sich in ihm eine große Langmut, eine liebevolle Geduld entwickelt hat, von der Evagrius sagt, dass sie aus der Kraft des Zornes gespeist wird.[241] Die gebändigte Kraft des Zornes hilft ihm, dass seine Geduld nicht kurzlebig, sondern wirklich langmütig, lang andauernd ist. Dafür ist Isidor in der Wüste bekannt, und deshalb schickte man oft einen Bruder, mit dem andere nicht mehr zusammenleben können, zu Isidor. »Er nahm ihn auf und rettete ihn kraft seiner Langmut.«[242] Langmut ist ein Segen für die Mitmenschen, wie Evagrius sagt: »Ein langmütiger Mönch ist eine zur Ruhe gekommene Quelle, die freundlich einem jeden einen Trunk darreicht.«[243] Isidor kennt noch im Alter die Kraft des Zornes, aber er hat gelernt, sie nicht ganz bis zur Kehle hochsteigen zu lassen und die Kraft vorher umzuleiten.

Wie dies möglich ist, habe ich einmal ganz konkret erfahren. In einer Besprechung sagte plötzlich einer der Teilnehmer: »Ich merke, wie der Zorn in mir hochsteigt, er ist schon hier«, und zeigte auf seine Brust. »Reden wir lieber morgen weiter!«, wünschte er sich. Die anderen Teilnehmer waren – im eigenen Interesse – sofort einverstanden. Der Zorn hat sich dann schnell gelegt, wohl schon durch das Aussprechen und dann auch durch das Heraustreten aus der Situation. Am nächsten Tag konnte eine gute gemeinsame Entscheidung getroffen werden. Wichtig ist also, dass der Zorn frühzeitig wahrgenommen wird und noch rechtzeitig umgelenkt werden kann, bevor er den Menschen ganz in Besitz nimmt.

Ein häufig erwähntes Mittel im Umgang mit dem Zorn wie auch als Heilmittel gegen die Traurigkeit[244] ist das Psalmensingen. »Wenn einer Psalmen singt, beruhigt sich sein Zorn«[245], sagt Evagrius. Wer den Mut hat, trotz seines Ärgers mit dem Psalmensingen zu beginnen, kann dadurch seine Wut besänftigen. Schon die Worte des Psalms können helfen, von den zornigen zu heilsameren Gedanken überzuwechseln. Auch der Gesang selbst besitzt die Fähigkeit, die seelischen Kräfte wieder in Harmonie zu bringen, was schon die griechischen Philosophen wussten und die frühen Mönche für ihren geistlichen Weg fruchtbar machten.[246] Dazu kommt, wie oben schon erwähnt, dass das Psalmensingen von den Gesten des Niederfallens und Aufstehens begleitet war, was auch den körperlich-seelischen Druck des Zorns abmildern und die Emotionen wieder ins Gleichgewicht bringen kann.

Eine Reihe von Heilmitteln, die Evagrius zur Bewältigung des Zornes anrät, setzen voraus, dass die Kraft des Zornes in Richtung Sanftmut und Liebe gelenkt werden kann, und zwar nicht nur durch ein inneres geistiges Bemühen, sondern durch ein konkretes äußeres Tun. So sagt er kurz und bündig: »Wut und Hass vermehren den Jähzorn, Barmherzigkeit und Sanftmut vermindern selbst den vorhandenen.«[247] Der Wut freien Lauf zu lassen vermehrt und verfestigt den Jähzorn. Gutes zu tun, barmherzig zu sein und sanft zu reagieren vermindert dagegen den Zorn. Das haben viele vielleicht schon am eigenen Leib erfahren: Wenn es uns beispielsweise gelingt, die Tür im Zorn nicht zuzuhauen, sondern behutsam die Klinke in die Hand zu nehmen und sie leise zu schließen, kann sich Wut sehr schnell in Sanftmut und freundliche Offenheit wandeln. Etwas Sanftes zu tun besänftigt. Eine äußere Handlung, die man bewusst vollzieht, kann sich heilsam auf das Innenleben auswirken. So ist wohl auch der Rat des Evagrius gemeint, wenn er sagt, man solle sich, wenn der Zorn einen plagt, um Arme kümmern und Almosen geben, sich also bewusst vom Objekt seines Ärgers abwenden und ganz konkret einem Menschen etwas Gutes tun. Im wohlwollenden Umgang mit Armen oder Kranken kann sich Zorn bald in Sanftmut und Zuwendung wandeln, was dann auch dem ursprünglichen »Feind« zugutekommen kann. Evagrius geht sogar noch einen Schritt weiter, wenn er fordert, man solle dem, der einen erzürnt hat, etwas schenken, ihn zum Essen einladen oder ihn besuchen.[248] Äußerlich mit konkreten Schritten auf den »Feind« zuzugehen öffnet den Raum für eine neue Beziehung, kann den Bann des Zorns im Inneren aufbrechen und zu Verzeihen und Versöhnen führen.[249]

Wenn man im Zorn nur den Zorn sieht und fühlt, wird man sich immer mehr darin verstricken und nur schwer einen Ausweg daraus finden. Wenn man jedoch weiß, dass die Kraft des Zorns sich in Liebe wandeln kann, wird man viele Gelegenheiten entdecken, die hilfreich sein können, wenigstens anfanghaft – vielleicht durch eine körperliche Geste – ein Tor für Liebe und Zuwendung zum anderen Menschen zu öffnen. Daraus kann sich dann ein vielleicht lang andauernder, aber fruchtbarer Prozess entwickeln. Liebe ist nicht nur das ferne Ziel des geistlichen Weges. Die praktisch gelebte Liebe in kleinen Schritten ist auch ein notwendiges Mittel auf dem Weg zur großen Liebe und zur konstruktiven Bewältigung des Zornes.

Wenn die Seele durch zornige Gedanken »der Freiheit der Liebe ... beraubt« ist, dann soll sie – nach der Weisung des Evagrius – 1 Korinther 13,1–8 rezitieren.[250] Normalerweise gibt Evagrius nur einen oder zwei biblische Verse als Heilmittel an, das man einem emotionsgeladenen »Gedanken« entgegensetzen kann. Hier lässt er den Zornigen das ganze Hohelied der Liebe aus dem Ersten Korintherbrief rezitieren, wo in einer langen Liste die Eigenschaften selbstloser Liebe aufgezählt werden. Hier heißt es unter anderem auch, dass es nutzlos sei, sein Vermögen zu verschenken, wenn man keine Liebe habe. Man kann sich vorstellen, was in einem Zornigen vor sich geht, wenn er den Mut und den Humor findet, wieder und wieder diesen langen Liebestext für sich zu rezitieren. Sofern dieser Mensch wirklich die Bibel ernst nimmt, wird der Text mit seinem Zorn ringen, bis er sich in Liebe und Sanftmut verwandelt.

Wenn es gelingt, den Zorn zu besänftigen, gelangt man nach und nach in den Zustand der *aorgesía*, der Zornlosigkeit, beziehungsweise der *ataraxía*, der Unerschütterlichkeit des Zorns. Dann kann die Seele selbst bei heftigen Kämpfen und Versuchungen Ruhe bewahren. Diese Unerschütterlichkeit des Zornes setzt Evagrius identisch mit Sanftmut, die sich konkret als Liebe manifestiert.[251] Diese Sanftmut ist keine schwächliche Haltung, sondern »die Tugend der Starken«[252], die zugleich »sanft und kämpferisch«[253] ist, weil in ihr die Kraft des Zornes gegenwärtig ist und sie sich vor allem auch in schwierigen Situationen im geistlichen Kampf bewähren muss und kann. Sie ist sanft und mitfühlend gegen Menschen, aber unerschrocken und kämpferisch gegen die Feinde in der eigenen Seele. Hier kann man sich an den gewaltfreien Widerstand eines Mahatma Gandhi oder eines Martin Luther King erinnern, die unbeugsam ihr Ziel verfolgten und gleichzeitig nicht bereit waren, irgendwelche Formen von Gewalt anzuwenden. Martin Luther King soll gesagt haben: »Macht mit uns, was ihr wollt, wir werden euch trotzdem lieben!« Hinter einer solchen Haltung steckt ein großes Maß an Arbeit an sich selbst.

Dieser Weg vom Zorn zu Sanftmut und Liebe ist eine unschätzbare Bereicherung für eine brüderlich-schwesterliche Gemeinschaft. Evagrius denkt jedoch dabei nicht nur an das menschliche Miteinander, sondern auch an eine Haltung im eigenen Inneren. Dieser Prozess ist eine entscheidende Voraussetzung für die Entfaltung des kontemplativen Lebens. In Evagrius' Worten: »Das Gebet ist ein Spross der Sanftmut und der Zornlosigkeit.«[254] Das kontemplative Beten kann sich nur in einem befriedeten Herzen entfalten. Zorn und Rachsucht verdunkeln den Geist und das Herz, was ein solches Beten unmöglich macht.[255] Evagrius erläutert dazu: »Was auch immer du tust, um dich an deinem Bruder, der dir Unrecht getan hat, zu rächen, all dies wird dir zur Zeit des Gebetes zu einem Stein des Anstoßes werden!«[256] Zudem ist er der Überzeugung, dass das Gesicht des Bruders, dem man zürnt, während des Gebetes vor dem inneren Auge auftauchen und das Beten unmöglich machen wird[257] – eine Erfahrung, die viele Menschen schon einmal gemacht haben: Unbearbeiteter Ärger, der in der eigenen Seele, im Herzen schlummert, steigt in einem auf, sobald man sich Zeit nimmt, um zu schweigen oder zu meditieren. Zornige Selbstgespräche werden das Gebet beziehungsweise das Schweigen dann verdrängen. Zorn ist daher für die Dämonen das beste Mittel, um das Gebet zu behindern. Deshalb stimulieren nach der Lehre des Evagrius die Dämonen vor allem bei den im Gebet schon Fortgeschrittenen den Zorn, damit sie keine weiteren Fortschritte darin machen.[258] Da Zornlosigkeit und Sanftmut die unabdingbaren Voraussetzungen für die Entfaltung des kontemplativen Betens sind, kann durch aufwallenden Zorn diese Voraussetzung zunichtegemacht werden. Deshalb haben »die Zornessünden die verheerendsten Folgen: sie blenden jene ›Augen‹ des Intellektes, mit denen (der Mensch) Gott und seine Schöpfung erkennend schaut«.[259] Der Zorn ist vor allem eine Versuchung der Alten und im kontemplativen Leben Fortgeschrittenen, während die Jungen vor allem im Bereich des Magens versucht werden, wie Evagrius sagt.[260] Hieraus erklärt sich wohl auch die Tatsache, dass Menschen, die offensichtlich im geistlichen Leben schon viele Fortschritte gemacht haben, manchmal recht zornig und giftig sein können. Aber das Gift schlägt dann schnell auf sie selbst zurück und hindert sie am wahren Beten. So bleibt der Zorn bis ins hohe Alter eine Herausforderung im geistlichen Kampf, sowohl auf dem Weg des gemeinschaftlichen wie auch des kontemplativen Lebens.

Sich gegenseitig dienen

Die gegenseitige Achtung, die zuvorkommende Art, die Benedikt von seinen Mönchen erwartet, drückt sich in besonderer Weise in der Bereitschaft zum Dienen aus. »Die Brüder sollen einander dienen. Keiner werde vom Küchendienst ausgenommen, es sei denn, er wäre krank oder durch eine dringende Angelegenheit beansprucht« (RB 35,1). Die meisten Dienste im Kloster werden je nach den Fähigkeiten der Brüder verteilt. Es gibt aber einige, in die alle eingebunden werden sollen, zum Beispiel der Küchendienst. Zur Zeit Benedikts umfasste das sowohl das Kochen wie auch das Auftragen bei Tisch. Heute reduziert sich dieser Dienst meistens auf den Tischdienst, also das Auftragen und Abtragen der Speisen und des Geschirrs sowie das Bedienen während des Essens. In diesen Dienst werden normalerweise alle, die dazu gesundheitlich in der Lage sind, wochenweise eingeteilt. Selbst der Abt bedient seine Brüder wenigstens einmal im Jahr, und zwar in den heiligen Tagen vor Ostern, im Zeichen und in Erinnerung an die Fußwaschung, die Jesus bei seinen Jüngern vornahm. Der Tischdienst ist der Ort, an dem jeder Bruder erfährt, was es heißt zu dienen, und er auch erfahren darf, dass andere ihn bedienen. Diese Gegenseitigkeit ist ein wichtiges Prinzip für den Aufbau einer Gemeinschaft.[261] In der Praxis muss immer wieder sichtbar und spürbar werden, dass nicht die einen auf Kosten der anderen leben, sondern jeder seinen Beitrag leistet.

Dieser Dienst soll aber eine besondere Qualität haben. Benedikt sagt, die Brüder »sollen einander in Liebe dienen« (RB 35,6). Man kann einen Dienst auf sehr verschiedene Weise tun, angefangen vom herzlosen »Dienst nach Vorschrift« bis zum aufdringlichen Sich-Anbiedern oder einer Dienstbereitschaft mit allerlei Hintergedanken.[262] »In Liebe dienen« begnügt sich nicht damit, dass der Dienst getan, vielleicht sogar technisch gut getan wird. Es ist entscheidend, dass der Mensch selbst dabei in den Blick kommt, dem man einen Dienst erweist. Das wird noch dadurch unterstrichen, dass zum wöchentlichen Tisch- und Küchendienst auch die Fußwaschung gehört, das heißt, am Ende der Woche sollen jene, die Dienst taten, allen Brüdern die Füße waschen (vgl. RB 35,9). Eigentlich kann sich jeder selbst seine Füße waschen und tut es wohl auch immer wieder. Hier wird aber deutlich, dass diese Fußwaschung eine tiefere Bedeutung hat. Sie ist nach dem Beispiel Jesu (vgl. Johannes 13,1–17) ein Ausdruck selbstloser Liebe und Hingabe. Dabei ist noch zu bedenken, dass es sich bei einem solchen Dienst – aus der Sicht der damaligen Zeit – um Sklavendienste handelte. Wenn Benedikt betont, dass *keiner* vom wöchentlichen Dienst ausgenommen werden darf, dann bedeutet das, dass hier alle gleich behandelt werden. Es darf kein Unterschied zwischen ehemaligen Sklaven und Freien gemacht werden, wie Benedikt in Kapitel 2,18 betont.[263] An diesem Punkt war das frühe Mönchtum bahnbrechend, weil es unterschiedslos alle, auch die Brüder von vornehmer Herkunft, zu handwerklicher Arbeit und alltäglichen Diensten heranzog.[264] Wenn nun beispielsweise ein Bruder von seiner Kindheit an gewohnt war, bedient zu werden, konnte es für ihn sehr schwer sein, dass er nun einem anderen, vielleicht einem ehemaligen Sklaven oder einem Bruder, der ihm unsympathisch war, sogar die Füße waschen sollte. Dann war es ihm nicht ohne Weiteres möglich, seinen Dienst *in Liebe* zu tun. Vielleicht musste er erst einmal so recht und schlecht seine Pflicht tun, bis er allmählich in den Geist des Dienens hineinwachsen konnte. Das steckt wohl auch hinter der Anmerkung Benedikts, dass dieses gegenseitige Dienen die Liebe wachsen lässt (vgl. RB 35,2). Liebe, vor allem selbstlose Liebe, wird nicht einfach vorausgesetzt. Vielleicht ist sie nur anfanghaft vorhanden, vielleicht nur als guter Wille. Wenn einer diese Dienste aber immer wieder tut und sie auch immer wieder an sich geschehen lässt, dann wächst die gegenseitige Liebe und Wertschätzung. Einfach seinen Dienst zu tun, sich immer wieder auf diese Dienste einzulassen wird so zu einem geistlichen Lernprozess in der Gemeinschaft, der sicher viele innere Kämpfe kostet, im Lauf der Zeit aber seine Früchte trägt.

Mit der Fußwaschung ist der Wochendienst aber noch nicht beendet. Es sollen auch die Tücher gewaschen werden, die zum Waschen der Füße und Hände benützt worden sind, und alle anderen benutzten Geräte sollen sauber und in ordentlichem Zustand dem Cellerar übergeben werden, damit sie für den Dienst in der kommenden Woche bereitstehen. Die Sorgfalt im Umgang mit den Brüdern findet ihre Fortsetzung im achtsamen Umgang mit Töpfen, Schüsseln und Handtüchern. *Alles* soll »wie heiliges Altargerät« (RB 31,10) behandelt werden, sagt Benedikt auch dem Cellerar, dem Verwalter im Kloster.[265] »In Liebe dienen« heißt also auch, achtsam mit den Dingen umzugehen, die zum Dienst genutzt werden. Dienen und dienende Sorgfalt sollen so zur Grundhaltung werden, die das ganze Leben prägt, auch den Umgang mit ganz banalen alltäglichen Dingen.

Im Umfeld des gegenseitigen Dienens bei Tisch scheinen sich die geistlichen Herausforderungen in besonderer Weise zu verdichten. Wohl auch deshalb hat Benedikt angeordnet, dass die Wochendiener zu Beginn und am Ende ihres Dienstes öffentlich einen Segen erhalten und über sie gebetet wird (vgl. RB 35,15–18), ein Brauch, der sich in den meisten Klöstern bis heute erhalten hat. Bei keiner anderen Arbeit im Kloster ist in dieser Weise Gebet und Segen vorgesehen. Offensichtlich rührt dieser Dienst an ein Kernstück des geistlichen Weges, das die Brüder ständig herausfordert und zu dem es auch das Gebet aller braucht.

Die wöchentliche Fußwaschung ist heutzutage nicht mehr üblich. Soll man das bedauern oder gäbe es neue Ansätze dazu? In der Fußwaschung könnte sich das Thema des gegenseitigen Dienens und der Wertschätzung – über alle Verschiedenheiten und Spannungen hinweg – in besonderer Weise konkretisieren. Über viele Jahre hinweg habe ich als Oberer am Gründonnerstag die Fußwaschung vorgenommen. Das war für mich immer eine besonders dichte Situation: zwölf Mal vor einem meiner Brüder oder vor einem Gast in die Knie gehen, seine Füße waschen, sie abtrocknen und behutsam wieder auf den Boden stellen. Ich weiß nicht, was da alles in mir und in den anderen vor sich ging. Ich hatte nur immer den Eindruck, dass hier auf einer ganz tiefen Ebene Beziehung geschehen ist, ob man sich nun gut kannte oder nicht. Es ging mir auch einige Male durch den Kopf, was geschehen würde, wenn wir das in der Gemeinschaft zu anderen Gelegenheiten häufiger täten oder wenn ich mit einem Bruder einen hartnäckigen Konflikt habe und wir uns darauf einigen könnten –

oder wenn es als Wochendienst einfach »dran« wäre –, uns *gegenseitig* die Füße zu waschen, und zwar in einem Zustand, in dem die Füße das Waschen tatsächlich nötig hätten. Was würde geschehen, wenn wir das einfach täten, ohne ein Wort zu sprechen, nur in der Kraft des leibhaften Symbols? Das würde wohl noch nicht das Problem lösen, aber die Beziehung und die Wahrnehmung verändern. Warum sollte sich so etwas nicht entwickeln lassen?

Bei Kursen in unserem Gästehaus wird gelegentlich der Ritus der Fußwaschung praktiziert, zum Beispiel in Vorbereitung auf die Liturgie des Gründonnerstags oder bei einem Familienkurs, wo die beiden Ehepartner sich gegenseitig die Füße waschen, nach einer entsprechenden Einführung und ohne beim Waschen ein Wort zu sprechen. Die Teilnehmer sind immer sehr angetan von diesem schlichten Tun, das Leib und Seele in ganz neuer Weise berührt. Eine solche Praxis ist aber nicht auf das Kloster beschränkt. Auch zu Hause kann eine solche Geste zwischen Partnern, Familienmitgliedern, Freunden ein Symbol für tiefen Respekt und tiefe Liebe sein. Das auszudrücken geht uns oft in den Mühen des Alltags und auch der Alltäglichkeit unseres Lebens verloren. Es kann eine Möglichkeit sein, einmal bewusst innezuhalten und den Menschen, die uns wichtig sind, wenn nicht in Worten, dann in Gesten diesen Respekt und diese Liebe zu zeigen.

Inzwischen scheint sich auch ein Ritus des Händewaschens zu entwickeln. Kürzlich ging eine Nachricht durch die Medien, dass in einer benediktinischen Gemeinschaft die Gäste mit dem Ritus des Händewaschens begrüßt werden: Man gießt ihnen Wasser über die Hände und fängt es in einer Schüssel auf. Dieser Brauch war schon zu Zeiten Benedikts Usus: Man goss den ankommenden Gästen Wasser über die Hände und wusch ihnen dann die Füße (vgl. RB 53,12f). Das Waschen der Hände ist etwas einfacher und unkomplizierter als das Waschen der Füße. Dieser Brauch scheint sich jetzt auszubreiten und wird gelegentlich auch außerhalb des Klosters bei Versammlungen und Sitzungen praktiziert. Die gute Wirkung des Brauches hat sogar dazu geführt, dass man das Händewaschen bei der UNESCO als Weltkulturerbe beantragt hat.²⁶⁶ Ob dieser Brauch Weltkulturerbe werden soll oder nicht, kann dahingestellt bleiben. Der Ritus selbst ist bedenkenswert. Wenn den Teilnehmern einer Sitzung beispielsweise vom Leiter oder Vorgesetzten ein kleiner Dienst erwiesen wird, der früher einmal Sklavendienst war, dann lässt das die Wertschätzung der Teilnehmer auch leibhaft spüren und kann gerade bei schwierigen Treffen verhärtete Verhaltensmuster lockern und zu einer Reinigung der Beziehungen beitragen. Zudem kann einem Leiter oder Vorgesetzten in der Geste des Händewaschens bis in den Leib hinein bewusst werden, dass sein Amt in erster Linie ein Dienst ist. Schaden kann das nicht! Solche Praktiken klingen sanft und einfach, könnten aber wohl wirksame Waffen im geistlichen Kampf sein, weil sie festgefahrene Muster und Verhaltensweisen lockern und für selbstlose Liebe öffnen können.

Die vollkommene Liebe als Frucht des Weges

Am Ende des Prologs zu seiner Regel spricht Benedikt von der Weite des Herzens und vom unaussprechlichen Glück der Liebe, wohin der Mönchsweg, der geistliche Kampf, führen möchte (vgl. RB Prolog 49). Am Ende des siebten Kapitels sagt Benedikt, dass der Demutsweg zur vollendeten Gottesliebe führe, einer Liebe, die keine Angst mehr kennt und aus der heraus das Gute wie von selbst, wie aus guter Gewohnheit getan wird (vgl. RB 7,67-70), ohne aber im Einzelnen auszuführen, was das konkret bedeuten kann.²⁶⁷ Im 72. Kapitel seiner Regel greift Benedikt dies noch einmal auf und gibt nun konkrete Hinweise, wie sich diese vollkommene Liebe, die im Herzen aufgebrochen ist, in der Praxis auswirkt. Dieses 72. Kapitel wird oft als eine Art Zusammenfassung der Regel bezeichnet, als »letzte Worte Benedikts. Es fasst die Anliegen der ganzen Regel zusammen und formuliert sie in einprägsamen Leitsätzen«.²⁶⁸ Aquinata Böckmann formuliert noch deutlicher, wenn sie sagt, »dass dieses Kapitel der Höhepunkt der Regel Benedikts, sozusagen sein Testament ist, uns die Tiefendimension seiner Regel erschließt und einen Blick in sein innerstes Anliegen gibt«.[269] Hier zeigt sich konkret, wie das Ziel der großen Liebe im Alltäglichen aussehen kann. Es lohnt sich, diesen Text genauer anzuschauen. Zunächst ist davon die Rede, dass es einen bösen Eifer gibt, der von Gott trennt und ins Verderben führt, und dass es einen guten Eifer gibt, der zu Gott führt. Dann heißt es weiter: »Diesen (guten) Eifer sollen also die Mönche mit glühender Liebe in die Tat umsetzen, das bedeutet:

- Sie sollen einander in gegenseitiger Achtung zuvorkommen;
- ihre körperlichen und charakterlichen Schwächen sollen sie mit unerschöpflicher Geduld ertragen;
- im gegenseitigen Gehorsam sollen sie miteinander wetteifern;
- keiner achte auf das eigene Wohl, sondern mehr auf das des anderen;
- die Bruderliebe sollen sie einander selbstlos erweisen;
- in Liebe sollen sie Gott fürchten;
- ihrem Abt seien sie in aufrichtiger und demütiger Liebe zugetan.
- Christus sollen sie überhaupt nichts vorziehen.
- Er führe uns gemeinsam zum ewigen Leben.«

Dieser gute Eifer wird hier gleichgesetzt mit »glühender Liebe«, wörtlich heißt es sogar *ferventissimo amore*, also »mit glühendster Liebe« – Liebe im Superlativ. Gemeint ist hier also nicht das Strohfeuer des Anfangseifers, das bald wieder verpuffen kann, sondern die Liebe, die einer inneren Glut gleicht, die nicht so schnell gelöscht werden kann, weil sie aus der großen Liebe gespeist wird. Eine »überaus glühende, eine glühendste Liebe« kann man weder fordern noch sich vornehmen; solch eine Glut der Liebe muss sich in einem langen Prozess entfaltet haben. Sie ist dann einfach da und wirkt. Auf diesem Hintergrund lassen sich die folgenden Hinweise für den Umgang miteinander tiefer verstehen:

- Sie sollen einander in gegenseitiger Achtung zuvorkommen;
- ihre körperlichen und charakterlichen Schwächen sollen sie mit unerschöpflicher Geduld ertragen;
- im gegenseitigen Gehorsam sollen sie miteinander wetteifern;
- keiner achte auf das eigene Wohl, sondern mehr auf das des anderen.

Hier sind Menschen davon begeistert, füreinander da zu sein und einander zu dienen; sie sind mehr daran interessiert, dass es den anderen gut geht, als dass sie für sich selbst sorgen. Sogar die schwierigen Charaktere, über die man sich am liebsten aufregen möchte, werden »mit unerschöpflicher Geduld« ertragen; wörtlich steht hier *patientissime*, also geduldigst werden sie ertragen – wieder ein Superlativ.

Man kann sich wohl nicht vorstellen, dass es eine Gemeinschaft gibt, in der Menschen so vollendet miteinander umgehen. Ist Benedikt naiv? Fängt er am Ende an, einer Utopie nachzujagen? Wohl kaum! Wenn er sagt, seine Mönche *sollten so sein*, dann kann das in diesem Zusammenhang nicht als eine moralische Forderung verstanden werden, die jeder jederzeit einhalten muss. Es ist wohl wie bei der Bergpredigt Jesu: Es wird ein Ziel formuliert, das vor Augen gestellt wird und das zeigt, wie Menschen werden können, wenn das Reich Gottes in ihnen durchzubrechen beginnt.

Wenn ich solch einen Text bei einem Kurs erwähne, kommen sofort Einwände: »Muss man sich denn alles gefallen lassen?«, »Muss man nicht auch für sich selbst sorgen? Selbstliebe ist doch auch notwendig!« Das alles ist ganz selbstverständlich und wurde in vergangenen Zeiten wohl viel zu wenig beachtet. Gibt es aber nicht noch weitere Schritte der inneren Entwicklung, die eine solche Selbstlosigkeit möglich und sogar notwendig machen? Georg Holzherr bringt in seinem Kommentar zu diesem Regeltext ein längeres Zitat von Johannes Cassian, in dem dieser darlegt, dass die hier erwähnten Haltungen eher Zeichen von Stärke als von Schwäche sind: »Wer seinen Willen dem eines Bruders unterwirft, ist im Allgemeinen stärker als der Partner, der hartnäckig an seinen Behauptungen festhält und sie verteidigt. Wer den anderen aushält und erträgt, zeigt sich stark; wer dagegen schwach, fast krankhaft veranlagt ist, den muss man vorsichtig und sanft behandeln; manchmal muss man dem anderen um seiner Ruhe, seines Friedens und Heils willen auch in notwendigen Dingen nachgeben. Niemand soll dann glauben, er habe etwas an Vollkommenheit verloren, weil er wider Willen einen Kompromiss eingegangen ist; vielmehr soll einer wissen, dass er die Gaben der Geduld und der Langmut erlangt hat ... Niemals nämlich erträgt der Schwache einen Starken. – Im Übrigen ist auch festzuhalten, dass die Schwachen von Natur aus immer rasch bereit sind, andere zu beleidigen oder einen Konflikt auszulösen, selber aber nicht einmal den Schatten eines Unrechts tolerieren können.«[270] Und wenn es stimmt, dass das Kapitel 72 zeigt, wie sich die Große Liebe, von der am Ende des siebten Regelkapitels die Rede war, im Alltäglichen auswirkt, dann spricht Benedikt hier von den Früchten, die reifen können, wenn der Mensch den Weg der Reinigung gegangen ist. Er sagt hier also nicht, wie seine Mönche auf jeden Fall *sein sollen*, sondern wie sie *werden sollen* beziehungsweise werden können, wenn sie sich auf den Weg des geistlichen Kampfes einlassen.

Das zeigt sich auch im nächsten Punkt, den Benedikt aufführt: »Die Bruderliebe sollen sie einander selbstlos erweisen.« Im lateinischen Text steht hier das Wort *castus*, was so viel wie »keusch« heißt, hier aber wohl mit »selbstlos« übersetzt werden muss. Im Blick auf ähnliche Verwendung des Wortes an anderer Stelle der Regel (vgl. RB 64,6) und in der Literatur der Kirchenväter bezieht sich der Ausdruck nicht auf sexuelle Keuschheit, sondern meint den selbstlosen Umgang mit anderen Menschen, ohne Hintergedanken und selbstsüchtige Absichten.[271] Man muss wohl viel an sich, seinen Projektionen, Motivationen und Abhängigkeiten gearbeitet haben, bis man so mit sich selbst in Frieden gekommen ist, dass man seine Mitmenschen *selbstlos* lieben kann, das heißt, ihn weder in eigener Absicht auszunutzen oder ihm zu nahe zu treten, noch ihn abzulehnen und zu entwerten.

Dasselbe gilt für das Verhältnis zum Oberen: »Ihrem Abt seien sie in aufrichtiger und demütiger Liebe zugetan.« Da liebt einer seinen Oberen ohne Vaterprojektionen: weder hängt er sich erwartungsvoll an ihn, noch lehnt er ihn enttäuscht und aggressiv ab. Die Liebe, der gute Umgang mit dem Oberen, ist *aufrichtig* und ehrlich. In dieser Aufrichtigkeit sagt einer, was er wirklich denkt, wohl auch, wenn ihm etwas nicht passt (vgl. RB 68), und der Obere weiß dann genau, wo er mit seinem Bruder »dran« ist. Diese Liebe ist *demütig*, das heißt, sie weiß, dass der Obere der Obere ist, und kann ihn in dieser Position respektieren, ohne Neid und Kompetenzstreit. Auch hier muss man im geistlichen Kampf viele seiner inneren Verhaltensmuster bearbeitet haben und innerlich frei geworden sein, um in dieser reifen Weise mit seinem Oberen, seinem Vater umgehen zu können. Bezeichnend ist auch, dass Benedikt erst hier am Ende des inneren Weges zum ersten Mal davon spricht, dass die Brüder ihren Abt lieben sollen. Vorher hatte er nur dem Abt gesagt, er solle sich so verhalten, dass er von den Brüdern eher geliebt als gefürchtet werden könne (vgl. RB 64,15).

Schließlich bringt Benedikt noch zwei Hinweise, die sich nicht auf die Brüder, sondern auf Gott beziehungsweise Christus beziehen:

- in Liebe sollen sie Gott fürchten;
- Christus sollen sie überhaupt nichts vorziehen.

Zunächst überrascht es, dass die Brüder Gott *in Liebe fürchten* sollen, wo es doch in Kapitel 7,67 hieß, dass die aufbrechende Gottesliebe alle Furcht vertreibt. Die hier nun erwähnte Gottesfurcht (lateinisch: *timor Domini*) hat nichts mit der Angst vor Gott zu tun. Sie ist verwandt mit der Ehrfurcht vor Gott, die aus dem Erschaudern vor der Heiligkeit Gottes entsteht und in die Anbetung und Demut führt. Liebe, Gottesfurcht und Dienst sind beispielsweise in der Bibel eng miteinander verbunden (vgl. Deuteronomium 10,12–21), ebenso in der Benediktsregel und in der Tradition der Väter. Man spricht auch von der Furcht der Liebe, die sich »fürchtet«, die Liebe zu verletzen.[272] In der Beziehung zu Gott geht es nicht verharmlosend um einen »lieben« Gott, sondern um einen Gott, der Liebe ist, aber zugleich auch Heiligkeit; es geht um einen Gott, vor dessen Heiligkeit und Herrlichkeit der Mensch erschaudert, der ihm aber auch ganz nahekommen und ihn liebend an sein Herz drücken will. Es braucht lange, bis ein Mensch so weit gereinigt ist, dass er in eine solche Tiefe der Gottesbeziehung hineinwachsen kann. Dann kommt der Mönch schließlich an einen Punkt, wo er »Christus überhaupt nichts mehr vorzieht«. Wenn die Große Liebe durchgebrochen ist, wird sie das Ein und Alles. Dabei muss niemand fürchten, dass jetzt alles andere in der Welt unwichtig würde. Wenn Gott und Christus das »Ein und Alles« sind, wenn diese Liebe »glühendst« wird, dann fließt sie wie von selbst, »gleichsam natürlich und wie aus guter Gewohnheit« – wie Benedikt in Kapitel 7,68 sagt – auf die anderen Menschen über, auch auf die Schwierigen; und »aus dieser Liebe Christi heraus« kann einer sogar »für seine Feinde beten« (RB 4,72). Über diese Auswirkungen der Liebe hat Benedikt sich in den Versen vorher ausführlich geäußert.

Es fehlt noch ein letzter Vers: »Er führe uns gemeinsam zum ewigen Leben.« Nun wird also nicht mehr der Mönch zum Handeln aufgerufen, sondern darauf verwiesen, dass es Christus ist, der führt und wirkt. Ohne ihn kann der Mensch weder den Weg finden noch die Kraft zum Kämpfen und Weitergehen.[273] An dieser Stelle bittet Benedikt nicht mehr für die Brüder, sondern schließt sich selbst mit ein: »Christus möge *uns* zum ewigen Leben führen.«[274] Es wirkt geradezu rührend, wie er plötzlich selbst mit im Boot sitzt und Christus bittet, dass er sie alle gemeinsam ans Ziel führen möge. Gemeinsam sollen sie es erreichen, keiner soll zurückbleiben oder verlorengehen.

Bei der Lektüre dieser Stelle fällt mir immer wieder ein, dass manche sagen: »Wenn der oder die da in den Himmel kommt, dann will ich da lieber nicht sein.« Abgesehen davon, wie ernst oder wie wenig ernst so eine Aussage gemeint ist: Hier setzt Benedikt voraus, dass die Brüder wirklich gemeinsam den Weg gehen und auch gemeinsam das

Ziel erreichen wollen, dass sie also jetzt schon daran interessiert sind, für immer beisammenzubleiben, obwohl sie wissen, dass ihre aktuellen Beziehungen von vielen Schwierigkeiten und Konflikten geprägt sind. Es stellt sich hier nicht die Frage, wie man sich ein solches Miteinander im Himmel vorstellen kann, sondern ob man jetzt schon – über alle Schwierigkeiten und Konflikte hinweg – daran interessiert und bereit ist, den Weg gemeinsamer Liebe bis ins Ziel gehen zu wollen. Eine gute Gewissensfrage für eine Klostergemeinschaft, aber ebenso für eine Familie oder irgendeine andere Gemeinschaft.

Rückblickend auf dieses Kapitel ist noch Folgendes zu bedenken: Wenn Benedikt sagt, dass die Mönche all die genannten Anweisungen tun und sich entsprechend verhalten *sollen*, dann weiß er sicherlich, dass das alles erst möglich wird, wenn der Mönch von der großen Gottesliebe ergriffen wird. Dann macht ihm all dieses Sollen keine Mühe mehr, sondern fällt ihm als Frucht zu. Trotzdem meint er sicherlich, dass jeder Bruder, egal, an welcher Stelle seiner inneren Entwicklung er steht, jetzt schon wenigstens anfanghaft versuchen soll, seine Brüder selbstlos zu lieben und ihnen zu Diensten zu sein. Dazu zählt auch, schwierige Brüder zu ertragen und dem Oberen ehrlich und aufrichtig zu begegnen. Liebe wächst in kleinen Schritten. Und wenn sie nicht möglich ist, dann ist das eine nützliche Botschaft, die deutlich macht, wo eine »Baustelle der Liebe« weiterer Aufmerksamkeit bedarf. Im Tun wird deutlich, wo man steht und woran noch zu arbeiten ist, nicht in der Theorie. Benedikt kennt den Durchbruch der Gottesliebe, aus der heraus die Liebe zu den Menschen fließt, aber er kennt auch die kleinen Schritte der Liebe im Alltag, die heilend für eine Gemeinschaft wirken und zugleich das Aufbrechen der Großen Liebe vorbereiten.

Abschließend noch ein Bild: Wie ein Mönch aussehen kann, in dem diese Große Liebe aufgebrochen ist, beschreibt Basilius der Große, auf den sich Benedikt ausdrücklich beruft (vgl. RB 73,5). Dabei geht er von der Frage aus, welchen Nutzen alte Mönche für junge Mönche haben können. Die Antwort lautet: Wenn sie bei guter

Gesundheit sind, sollten sie bei allem, was sie tun, großen Eifer zeigen und ein Vorbild für die Jungen sein. Wenn sie aber krank und schwach geworden sind, dann können sie den Jungen vor allem dadurch eine Hilfe sein, dass »sie in einem solchen Zustand der Seele leben, dass aus ihrem Antlitz und aus jeder ihrer Bewegungen die Überzeugung leuchtet, dass sie unter Gottes Auge und in der Gegenwart des Herrn stehen«. Im Alter sollen diese Mönche an einen Punkt gekommen sein, wo sie so von Gott und seiner Liebe erfüllt sind, dass man es am Strahlen ihres Gesichtes und überhaupt in ihrem ganzen Verhalten wahrnehmen kann. Diese Alten können nichts mehr tun, aber sie können noch sein – in Liebe. Die Liebe hat sie als Menschen total verwandelt, und auch das ist ein Dienst an den jungen Mönchen, weil sie wahrnehmen können, wie man sich im Lauf eines langen Lebens wandeln kann.

Basilius fügt noch hinzu, diese Alten, die nichts mehr arbeiten können, könnten den Jungen auch noch dadurch behilflich sein, »indem sie die besonderen Eigenschaften der Liebe zeigen, die der Apostel aufzählt: ›Die Liebe ist langmütig, gütig ... sie erträgt alles; die Liebe hört niemals auf.‹ (1 Korinther 13,4–8)«. Im Original steht hier das wörtliche Zitat aus dem sogenannten Hohelied der Liebe des Ersten Korintherbriefs, in dem mehr als ein Dutzend Eigenschaften der Liebe aufgezählt sind. Dann schließt Basilius mit dem Satz: »Das alles kann auch im schwachen Körper getan werden.«[275] Die Alten strahlen nicht nur Liebe aus, sie gehen auch – soweit es ihre Kräfte zulassen – liebevoll mit den anderen um. Die Gottesliebe und die Gottesgegenwart, die sie erfüllt, wirkt weiter als Liebe zum Mitmenschen. Das ist die Sendung der Alten – und auch das gilt nicht nur für die alten Mönche, sondern für alle alten Menschen, die diese Wandlung ihrer eigenen Persönlichkeit durchgemacht haben. An ihnen lässt sich ablesen, was das Glück ist, dem junge Menschen so oft hinterherjagen: Es besteht nicht im »Haben« von irgendwelchen Besitztümern oder Statussymbolen noch im Erreichen irgendeines Karrierepunktes oder einer Erleuchtung, sondern in der Liebe zu allen Menschen und zum Leben selbst, mit dem man seinen Frieden machen konnte. Das ist hohe Lebenskunst. Ich erinnere mich an einen Novizen, der einmal zu mir kam und sagte, er habe sich lange mit einem unserer alten Brüder unterhalten. Er sei beeindruckt, wie viel Hartes dieser Bruder durchmachen musste und wie er doch – vielleicht gerade dadurch – ein reifer und liebenswerter Mensch geworden sei. »»Wenn man so im Kloster werden kann«, sagte der Novize, »dann lohnt es sich hierzubleiben.«

An dem oben erläuterten Text wird deutlich, was Aquinata Böckmann meint, wenn sie sagt, »dass dieses Kapitel (gemeint ist RB 72) der Höhepunkt der Regel Benedikts, sozusagen sein Testament ist, uns die Tiefendimension seiner Regel erschließt und einen Blick in sein innerstes Anliegen gibt«.[276] Und dieses innerste Anliegen und die Tiefendimension dieses Weges ist das Aufbrechen der Einheit von Gottes- und Nächstenliebe, das man vor allem bei den Alten beobachten kann. Es wäre ein Segen für unsere überalterten Klostergemeinschaften und auch für unsere überalterte Gesellschaft, wenn es immer mehr Menschen gäbe, die ein Leben lang den geistlichen Kampf wagten, um in diese befreiende Liebe hineinzuwachsen. So könnten die Alten eine befruchtende Kraft für die Klöster und auch für unsere Gesellschaft werden.

Eine abschließende Frage: Gibt es ein Paradies auf Erden?

In den obigen Kapiteln war viel vom Ziel die Rede, von der Weite des Herzens und von der großen Liebe, die erreicht werden, wenn die Sünden und Laster, die negativen Verhaltensmuster und Prägungen der Seele bereinigt sind und der Mönch in die Ruhe des Herzens gekommen ist, aus der dann das kontemplative Leben fließen kann. Jetzt stellt sich die Frage: Heißt das nun, dass ein Zustand erreicht werden kann, bei dem man sozusagen in der Weite des Herzens und in einem Zustand vollkommener Liebe und Kontemplation lebt – also sozusagen in einem geistlichen Paradies auf Erden? Doch so ist das Ganze wohl nicht gemeint. Vielleicht gibt es einige seltene Ausnahmen, aber für die große Mehrheit der geistlich Suchenden, auch für die noch so kontemplativ lebenden Mönche und Nonnen, ist das nicht der Normalfall.

So jedenfalls klingt es aus den literarischen Quellen der Tradition, auch bei Benedikt. Er sagt, dass der Weg am Anfang eng ist, aber das Herz im Fortschreiten des Weges allmählich weit wird und der Mensch in unaussprechlichem Glück der Liebe begeistert weitergehen kann (vgl. RB Prolog 47–49). Zu bedenken ist aber, dass er nur davon spricht, dass das *Herz* weit werde. »Nicht der Weg wird weit, sondern das Herz weitet sich. Das kann für uns bedeuten: nicht mein Alltag muss sich ändern, die Schwierigkeiten bleiben vielleicht die gleichen, aber mein Herz weitet sich, ich kann die Realität anders sehen und akzeptieren. Das weite Herz beinhaltet ... die personale Gegenwart und Wirksamkeit Gottes in uns.«[1] Der Weg kann also eng bleiben und das Herz trotzdem weiter werden. Viele Probleme und Herausforderungen können weiter andauern, doch das unaussprechliche Glück der Liebe kann sich trotzdem Schritt für Schritt entfalten. Das wird auch im folgenden Satz deutlich, in dem Benedikt schreibt, wir sollten den Schwierigkeiten nicht ausweichen, sondern bis zum Tod im Kloster ausharren und »so an den Leiden Christi Anteil haben«, damit wir dann einmal »mit ihm sein Reich erben« (vgl. RB Prolog 50). Hier kommt das jenseitige Ziel, das Himmelreich, in den Blick. Doch bevor wir dort anlangen können, ist unsere Aufgabe die Nachfolge Christi, die Teilnahme an seinem Leiden.

Ein Leben lang an den Leiden Christi teilhaben – was heißt das? Benedikt meint nicht, dass man sich möglichst viel suchen sollte, an dem man leiden kann, oder dass die Oberen ihren Brüdern möglichst viele Lasten aufladen sollten. Er betont immer wieder, es gehe nicht um künstlich und absichtlich auferlegte Lasten oder übertriebene asketische Übungen. Aber er erwartet, dass wir die Härten und Herausforderungen, mit denen das Leben uns von innen und außen konfrontiert, annehmen und als geistliche Last und Herausforderung mit dem Herrn zusammen tragen und austragen, damit die Seele gereinigt wird und die Liebe wachsen kann. Die Enge bleibt, es wird immer wieder eng werden in unserem Leben, und doch kann das Herz dabei weiter werden, wie schon Paulus meinte: »Von allen Seiten werden wir in die Enge getrieben und finden doch noch Raum; wir wissen weder aus noch ein und verzweifeln dennoch nicht« (2 Korinther 4,8). Manchmal scheint das Leben beinahe unerträglich schwer, und doch gibt es noch genug Raum zum Atmen und genug Hoffnung, um nicht zu verzweifeln.

Das erinnert mich an ein Sprichwort, das ich bei unseren Brüdern in Togo gehört habe: »Leben ist Leiden, vermählt mit der Hoffnung.« Leid gehört zum Leben, aber ebenso gehört die Hoffnung dazu, die immer eine Perspektive für das Leben und für die Freude offenhält. Oder wie ein afrikanischer Schriftsteller noch pointierter sagt: »Die afrikanische Anthropologie ist ein fröhlicher Existentialismus auf einem tragischen Hintergrund.«² Viele Europäer sind überrascht, wenn sie nach Afrika kommen und dort inmitten aller Nöte auch viel Lebensfreude entdecken. In einem Buch über afrikanische Theologie habe ich gelesen, dass die europäischen Christen, die oft das Glück und die Lebensfreude in Reinkultur haben möchten, von den afrikanischen Christen lernen könnten, dass Kreuz und Auferstehung zusammengehören und eine einzige Realität bilden; es gelte, mitten im Leid die Auferstehung zu entdecken und zu leben.³

Kehren wir zu den Mönchen zurück. Im Anschluss an Evagrius weist Gabriel Bunge verschiedentlich darauf hin, dass man sich im geistlichen Kampf nie sicher fühlen darf, weil die Versuchungen und Anfechtungen »in diesem Leben nie verschwinden, ja sie werden sogar heftiger, je weiter man im geistlichen Leben voranschreitet«.⁴ Viele Laster wird man nicht endgültig besiegen können, »denn wir sind nicht Entwurzler der Leidenschaften, sondern Bekämpfer«.⁵ Der Kampf geht also weiter, aber er führt auch weiter.

Michael Casey meint in Bezug auf Benedikt, man könne sich von ihm geradezu an der Nase herumgeführt fühlen, wenn er im vierten Kapitel seiner Regel zunächst 73 »Werkzeuge der geistlichen Kunst« aufzählt, die der Mönch ständig für seinen geistlichen Fortschritt nutzen soll, und dann als abschließendes Werkzeug hinzufügt: »An Gottes Barmherzigkeit nicht verzweifeln« (RB 4,74).⁶ Es könnte wahrhaft »zum Verzweifeln« sein, wenn der Kampf nach langer Mühe immer noch nicht in einen endgültigen Frieden führt. Aber damit werde eben der tiefere Sinn des geistlichen Kampfes deutlich: Der Mönch braucht die Barmherzigkeit Gottes, weil er immer wieder im inneren und äußeren Gedränge seine Schwachheit erfahren und auf Gottes Barmherzigkeit angewiesen sein wird. In diesem Sinn meint auch Cassian: »Ihr seht also, dass nur die Geduldigen und Schwachen als Kämpfer des Herrn fechten können. Ohne Zweifel sind sie in jener Schwäche fest verankert, von der … (Paulus) mit Zuversicht sagte: ›Wenn ich schwach bin, dann bin ich stark‹ (2 Korinther 12,10). Und: ›Die Kraft kommt in der Schwachheit zur Vollendung‹ (2 Korinther 12,9).«⁷

Der geistliche Kampf endet nie. Die Erfahrung von Schwachheit und Niederlage gehört bleibend zum Weg, aber auch die Begegnung mit Gott inmitten dieses Getümmels. Michael Casey sagt dazu, wer sich auf den geistlichen Kampf einlässt, werde nicht zu einer Art Sieger im üblichen Sinn, sondern er sei »eine Art Antiheld. Er hat keine Spur dessen an sich, was Thomas Merton als ›prometheische Tugend‹ bezeichnet hat. Der christliche Heilige bleibt einer von uns. ... Selbst auf dem Gipfel des spirituellen Aufstiegs gibt es kein Entrinnen vor dem Kreuz Christi. Was sich geändert hat, ist, dass der Mönch es aus Erfahrung gelernt hat, nicht mehr gegen den Stachel zu löcken. Er hat angefangen zu akzeptieren, dass Gott selbst in den schlimmsten menschlichen Erfahrungen gegenwärtig ist«.[8]

Das ist nicht nur eine Erfahrung der Mönche. Dieselbe Erfahrung drückt sich auch in einem barocken Kirchenlied aus, das Johann Sebastian Bach zu einer berühmten Motette verarbeitet hat. Die barocke, für uns ungewohnte Sprache, bringt das Thema des geistlichen Kampfes nochmals für jeden Christen auf den Punkt. Hier zwei Strophen aus diesem Lied:

Jesu, meine Freude,
meines Herzens Weide,
Jesu, meine Zier ...

Unter deinen Schirmen
bin ich vor den Stürmen
aller Feinde frei.
Lass den Satan wittern,
lass den Feind erbittern,
mir steht Jesus bei.
Ob es itzt gleich kracht und blitzt,
ob gleich Sünd und Hölle schrecken,
Jesus will mich decken.

Trotz dem alten Drachen,
Trotz dem Todesrachen,
Trotz der Furcht dazu!
Tobe, Welt, und springe;
ich steh hier und singe
in gar sichrer Ruh.
Gottes Macht hält mich in acht,
Erd und Abgrund muss verstummen,
ob sie noch so brummen.[9]

Man kann bei diesem Text die Frage haben, ob es sich eher um ein Liebeslied oder um ein Kampflied handelt, so sehr verschränken sich beide Aspekte ineinander. Auf jeden Fall scheint dem geistlichen Kämpfer klar zu sein: Auch wenn es noch so sehr blitzt und kracht und Tod und Teufel gegen den Menschen anstürmen: das *Leben* und die *Liebe* bleiben Sieger.

Die barocke Sprache dieses Liedes muss man nicht lieben, so wie auch die Sprache vieler Texte der Mönchstradition oft sperrig und nicht leicht zugänglich ist. Jede Zeit hat ihre eigene Ausdrucksweise, und jeder Mensch muss seine eigene Sprache für sein Leben finden. Deshalb könnte sich am Ende dieses langen Weges durch die Gefilde des geistlichen Kampfes jede Leserin und jeder Leser fragen:

Welche Worte und Bilder würde ich wählen, um meine eigenen Erfahrungen mit dem geistlichen Kampf zu beschreiben? Sind es Worte und Bilder aus der hier vorgestellten Mönchstradition, oder sind mir bei der Lektüre auch eigene Bilder, Worte und Erfahrungen bewusst geworden? Solche Worte und Bilder sind dann kostbare geistliche Werkzeuge auf dem weiteren Weg, und sie werden uns helfen, immer neu und immer tiefer die Geheimnisse des *Lebens* und der *Liebe* zu entdecken und daraus zu leben.

Anmerkungen

1 Was heißt »geistlich kämpfen«?

[1] Vgl. Fidelis Ruppert, Mein Geliebter die riesigen Berge.
[2] Die Homilien des Origenes zum Buch Josua. Die Kriege Josuas als Heilswirken Jesu.
[3] Vgl. Andreas F. Wittenberg, Die deutschen Gesang- und Gebetbücher für Soldaten und ihre Lieder.
[4] Vgl. Uta Poplutz, Athlet des Evangeliums. Eine motivgeschichtliche Studie zur Wettkampfmetaphorik bei Paulus.
[5] Vgl. Eph 6,10ff; Röm 13,13f; 1 Thess 5,8 und öfter.
[6] Vgl. Heinrich Schlier, Mächte und Gewalten im Neuen Testament.
[7] Vgl. Adalbert Hamman, Art. Militia; Johann Auer, Art. Militia Christi.
[8] Vgl. David Brakke, Demons and the Making of the Monk. Spiritual Combat in Early Christianity, 23–37. Außerdem Puzicha, Kommentar, 71f; Puzicha, Quellen, 10–13; Böckmann, Christus, 96f.
[9] Vgl. Athanasius, Antoniusvita, 12.
[10] Ebd., 10.
[11] Apophthegmata, Miller, 16 (Antonius 5).
[12] Hermann Josef Sieben, Ausgestreckt nach dem, was vor mir ist. Geistliche Texte von Origenes bis Johannes Climacus, 40.
[13] Vgl. Erasmus von Rotterdam, Handbüchlein des christlichen Streiters. Übertragen und eingeleitet von Hubert Schiel. Olten 1952.
[14] Vgl. dazu Alfons Auer, Die vollkommene Frömmigkeit des Christen nach dem Enchiridion militis Christiani des Erasmus von Rotterdam. Wilhelm Ribhegge, Erasmus von Rotterdam, 46–50.

15 Erasmus, Handbüchlein, 23.
16 Vgl. Aimé Solignac, Art. Spiritualité. Le mot et l'histoire, 1142–1160.
17 Vgl. Christine Mohrmann, Études sur le Latin des Chrétiens, 26 und 89. Marianne Schlosser, Theologie der Spiritualität, 230f. Bernhard Fraling, Überlegungen zum Begriff der Spiritualität, 187: »Die *Geistgewirktheit* ist somit das erste grundlegende Moment im Bedeutungsgehalt der Spiritualität.«
18 Athanasius, Antoniusvita, 9.
19 Cassian, Ziegler, 221 (Collatio, 7,8); vgl. auch Evagrius, Worte, 21-24.
20 Cassian, Ziegler, 274 (Collatio, 9,6).
21 Ebd.; Ziegler, 274f.
22 Athanasius, Antoniusvita, 91.
23 Vgl. Holzherr, 49-54; Puzicha, Kommentar, 47-58.
24 Vgl. Puzicha, Christus, besonders S. 23-25 über den gegenwärtigen und den helfenden Christus.
25 Die Legenda aurea des Jacobus a Voragine, aus dem Lateinischen übersetzt von Richard Benz, 901.
26 Das griechische Wort *koinóbion* bedeutet ursprünglich »gemeinsames Leben« und wurde später als Bezeichnung für den Ort verwendet, an dem diese Gemeinschaft lebt: lateinisch *coenobium* = Kloster.
27 Vgl. Puzicha, Kommentar, 71f; Holzherr, 71-74.
28 Vgl. Holzherr, 68.
29 Vgl. etwa Daniel Hell, Die Sprache der Seele verstehen. Die Wüstenväter als Therapeuten.
30 Vgl. dazu meine Ausführungen in Evagrius, Worte, 19-21.
31 Das koptische Wort ist eigentlich wertneutral und bezeichnet Menschen, die in Gemeinschaft leben, aber in der Mönchstradition wird es für diese monastische Abart verwendet; vgl. Holzherr, 75.
32 Dasselbe Bild bringt Benedikt nochmals in anderem Zusammenhang. Vgl. im 3. Teil das Kapitel: Das »Unmögliche« und »Unerträgliche«.
33 In diesem lateinischen Begriff steckt das Wort *gyrus* = Kreis, Kreislauf und *vagus* = umherschweifend.
34 Vgl. Hans Freiherr von Campenhausen, Die asketische Heimatlosigkeit im altkirchlichen und frühmittelalterlichen Mönchtum; Jean Leclercq, Monachisme et pérégrination.

2 Das Ziel des geistlichen Kampfes

1 Vgl. dazu Holzherr, 63f; Pia Luislampe, Demut als Weg menschlicher Reifung, 27–29. Zu weiteren Texten aus der Väterzeit über die Weite des Herzens vgl. Aquinata Böckmann, Benediktinische Mystik, 373.
2 Gregor, Benediktsvita, 197 (Kap. 35,6).
3 Vgl. Holzherr, 45.
4 Vgl. Evagrios, Praktikos 12, 96f; dazu Gabriel Bunge, In Geist und Wahrheit, 178.
5 Die hl. Synkletika formuliert im 4. Jh. schon ähnlich wie Benedikt: »Für diejenigen, die aufbrechen zu Gott, stehen am Anfang schwerer Kampf und Mühe, aber dann unbeschreibliche Freude.« Synkletike, Vita, 52.
6 Vgl. Pia Luislampe, Demut als Weg menschlicher Reifung. Demetrias von Nagel, Die Demut als innerer Weg. Zum 7. Kapitel der Regula Benedicti. Ebenso Michael Casey, Wahrhaftig leben, 199f. Er verbindet die am Ende von RB 7 beschriebene Erfahrung mit jener am Ende des Prologs.
7 Vgl. Klaus Demmer, Art. Tugenden, 1315–1318.
8 Johannes Cassian spricht von der »natürlichen Leichtigkeit« der Seele, die nicht mehr von Lastern und Sünden beschwert ist. Vgl. Cassian, Ziegler, 272 (Collatio 9,4).
9 Vgl. Michael Casey, Wahrhaftig leben, 193–205.
10 Dieses doppelte Ziel des Mönches hat schon Johannes Cassian sehr ausführlich in Collatio 1, bes. Nr. 1–7 beschrieben. Vgl. Cassian, Ziegler, 58–64.
11 Zu diesem Thema vgl. auch Anselm Grün, Lebensmitte als geistliche Aufgabe.
12 Dorotheus, Lehre II, 349. Antonius der Einsiedler spricht in diesem Zusammenhang von der natürlichen Schönheit und Harmonie der Seele. Vgl. Athanasius, Antoniusvita, Kap. 20.
13 Johannes Cassian spricht oft von der Spannkraft des Herzens oder des Geistes (*intentio cordis, intentio mentis*) und meint damit die innere Wachheit auf das Ziel hin, die das Erschlaffen der inneren Dynamik verhindert. Vgl. zum Beispiel Cassian, Ziegler, 59 (Collatio 1,4). Ebenso Michael Casey, Intentio cordis.
14 Vgl. Cassian, Ziegler, 58 (Collatio 1,2).

[15] Vgl. ebd.
[16] Ebd., Ziegler, 59.
[17] Vgl. Cassian, Ziegler, 122 (Collatio 3,7).
[18] Vgl. Cassian, Ziegler, 62 und 157-159 (Collatio 1,6 und 4,21).
[19] Vgl. Cassian, Ziegler, 113-138 (Collatio 3).
[20] Cassian, Ziegler, 123 (Collatio 3,7).
[21] Cassian, Ziegler, 119 (Collatio 3,6).
[22] Vgl. zum Beispiel Gerald Hüther, Was wir sind und was wir sein könnten. Ein neurobiologischer Mutmacher. Ebenso Gerhard Roth, Persönlichkeit, Entscheidung und Verhalten. Warum es so schwierig ist, sich und andere zu ändern; bes. 149-154.
[23] Cassian, Ziegler, 123 (Collatio 3,7).
[24] Cassian, Ziegler, 124 (Collatio 3,8).
[25] Vgl. Cassian, Ziegler, 138 (Collatio 3,22).
[26] Vgl. Thomas Keating, Das kontemplative Gebet, bes. 17-48; 93-109; 196-198 und öfter.
[27] Vgl. dazu im 1. Teil das Kapitel: »Das Kloster als ›Kampfschule‹«.
[28] Vgl. Holzherr, 75.
[29] Vgl. auch die sehr konkreten Beispiele, die Dorotheus von Gaza, ein Zeitgenosse Benedikts, von Mönchen erzählt, die die zweite Absage noch nicht vollzogen haben: vgl. Dorotheus, Lehre I, 143-145.
[30] Vgl. Benediktus Sauter, Kolloquien über die heilige Regel, 9-12.
[31] Sentenzen III,33, S. 427.
[32] Ebd.
[33] Vgl. Michael Casey, Fremd in der Stadt. Glaube und Werte in der Regel des heiligen Benedikt, 27-32.
[34] Vgl. dazu ebd., 11-26 das Kapitel: »Entschiedenheit«, ebenso 96f.
[35] C. S. Lewis, Dienstanweisung für einen Unterteufel, 13.

3 Wege und Werkzeuge des geistlichen Kampfes

[1] Vgl. oben im 1. Teil das Kapitel: »Wer ist der eigentliche Kämpfer?«.
[2] Gregor, Benediktsvita, 110f (Kap. 2,1).

3 Vgl. Cassianus, Thalhofer, 204 (Instituta 10,3): »Häufiger nämlich und heftiger wird der Feind den angreifen, von dem er weiß, dass er schon beim Beginn des Kampfes und von ferne die Flucht ergreifen wird und den er nicht von dem Siege noch von dem Kampfe, sondern von der Flucht Heil hoffen sieht ...«, sodass schließlich »aus einem Streiter (*miles* = Soldat) Christi ein Fahnenflüchtiger« wird.
4 Vgl. Synkletike, Vita, 46 (Kap. 45).
5 Athanasius, Antoniusvita, Kap. 5.
6 Vgl. zu diesem Antoniustext die Erläuterungen bei Thomas Keating, Das kontemplative Gebet, 97–104.
7 Vgl. Laszlo Glozer, Westkunst, 109–111 (Ausstellungskatalog mit Abbildungen).
8 Vgl. weitere Hinweise auf Verwendung dieses Themas in Literatur und bildender Kunst in: Apophthegmata, Schweitzer, 515–518.
9 Vgl. Andreas Knuf, Ruhe da oben!, 60f. Was dieser Psychologe in seinem Buch beschreibt, passt zu vielen Erfahrungen und Praktiken der frühen Mönche, von denen im Folgenden die Rede sein wird.
10 Vgl. Evagrius, Worte, 59 (Nr. 70).
11 Ebd., 57 (Nr. 58).
12 Vgl. Evagrius, Antirrhetikos, 40: »... wenn die Dämonen gegen uns ankämpfen und ihre Geschosse gegen uns schleudern ...«
13 Vgl. oben im 1. Teil das Kapitel: »Wer ist der eigentliche Kämpfer?«.
14 Evagrius, Antirrhetikos, 41.
15 Cassian, Ziegler, 221 (Collatio 7,8).
16 Vgl. oben im 2. Teil das Kapitel: »Wohin führt uns Benedikt?«.
17 Zu entsprechenden biografischen und literarischen Hinweisen vgl. Cassian, Ziegler, 25–29; ebenso Gabriele Ziegler, Frei werden. Der geistliche Weg des Johannes Cassian, 13–21.
18 Über Leben und Werk des Evagrius vgl. die Ausführungen von Gabriel Bunge, in: Evagrios, Briefe, 17–93.
19 Vgl. Jeremy Driscoll, The »Circle of Evagrius«, 64.
20 Evagrios, Praktikos, 209 (Kap. 56).
21 Vgl. dazu die Ausführungen von Gabriel Bunge, Gastrimargia, 18.
22 Vgl. dazu Cassian, Ziegler, 60 (Collatio 1,4).

[23] Vgl. dazu Anselm Grün, Umgang mit dem Bösen, 19-29.
[24] Evagrios, Praktikos, 79 (Kap. 6). Zur historischen Entwicklung dieser acht Grundkategorien vgl. Columba Stuart, John Cassian's Schema of Eight Principal Faults and his Debt to Origen und Evagrius.
[25] Vgl. Evagrios, Praktikos, 83-156 (Kap. 7-33).
[26] Evagrios Pontikos, Gedanken. Dazu eine englische Übersetzung mit wissenschaftlicher Einleitung, in: Evagrius, Sinkewicz, 66-90.
[27] Ebd., 60-65 (englische Übersetzung); aber statt acht zählt er neun Laster mit den entsprechenden Tugenden auf.
[28] Vgl. Cassian, Ziegler, 161-188 (Collatio 5).
[29] Vgl. Cassianus, Thalhofer, Bd. 1, 95-271 (Instituta 5-12).
[30] Vgl. Gabriele Ziegler, Frei werden. Der geistliche Weg des Johannes Cassian.
[31] Vgl. Umgang mit dem Bösen. Der Dämonenkampf im alten Mönchtum; sowie Einreden. Der Umgang mit den Gedanken.
[32] Drachenwein und Engelsbrot. Die Lehre des Evagrios Pontikos zu Zorn und Sanftmut.
[33] Akedia. Die geistliche Lehre des Evagrios Pontikos vom Überdruss.
[34] Gastrimargia. Wissen und Lehre der Wüstenväter von Essen und Fasten, dargestellt anhand der Schriften des Evagrios Pontikos.
[35] Vgl. Thoughts Matter. The Practice of the Spiritual Life. Ebenso in: Humility matters for the Practicing of Spiritual Life, 21-81.
[36] Evagrios, Praktikos, 79 (Kap. 6).
[37] In diesem Sinn spricht Cassian von der unablässigen »Gedankenmühle«; vgl. dazu Gabriele Ziegler, Frei werden, 83-86.
[38] Evagrios, Briefe, 224 (11. Brief).
[39] Dorotheus, Lehre I, 129f.
[40] Vgl. Rainer Jehl, Die Geschichte des Lasterschemas und seiner Funktion.
[41] Vgl. zum Beispiel Alfred Bellebaum (Hg.), Die sieben Todsünden. Über Laster und Tugenden in der modernen Gesellschaft. Peter Nickl (Hg.), Die Sieben Todsünden – Zwischen Reiz und Reue. Aviad Kleinberg, Die sieben Todsünden. Eine vorläufige Liste. Heiko Ernst, Wie uns der Teufel reitet. Von der Aktualität der sieben Todsünden.

42 Vgl. den Ausstellungskatalog, hg. von Fabienne Eggelhöfer und Maria Horst, mit dem Titel: Lust und Laster. Die sieben Todsünden von Dürer bis Nauman.
43 Evagrios, Briefe, 224 (11. Brief).
44 Cassian, Ziegler, 216 (Collatio 7,4).
45 Vgl. Gabriel Bunge, Evagre le Pontique et les deux Macaire, 328f.
46 Gabriel Bunge, Der Prolog, 52.
47 Vgl. ebd., 53–55; 72.
48 Evagrius, Antirrhetikos, 111 (Wort 4,73).
49 Evagrius, Antirrhetikos, 101 (Wort 4,34).
50 Vgl. Athanasius, Antoniusvita, 9.
51 Die Homilien des Origenes zum Buch Josua 37 (5. Homilie).
52 Vgl. Gabriel Bunge, Der Prolog zum Antirrhetikos, 65f.
53 Ebd., 56.
54 Ebd., 52.
55 Evagrius, Antirrhetikos, 46 (Wort 1,11).
56 Vgl. Hanns-Josef Ortheil, Die Erfindung des Lebens, 436f.
57 Evagrius, Antirrhetikos, 98 (Wort 4,21).
58 Vgl. dazu Luke Dysinger, Psalmody and Prayer in the Writings of Evagrius Ponticus, 126–130.
59 Briefwechsel, Bd. 7, 105.
60 Vgl. dazu das Kapitel: »Begeisterung ist Dünger fürs Hirn,« in: Gerald Hüther, Was wir sind und was wir sein könnten. Ein neurobiologischer Mutmacher, 92–102.
61 Vgl. Athanasius, Antoniusvita, 39 und 40.
62 Vgl. ebd., 40.
63 Ebd., 91.
64 Vgl. Gabriel Bunge, Irdene Gefäße, 146.
65 Ebd., 147.
66 Vgl. Fidelis Ruppert, Meditatio – Ruminatio. Zu einem Grundbegriff christlicher Meditation.
67 Apophthegmata, Miller, 247 (Nr. 757).
68 Vgl. auch RB Prolog 30; RB 7,38.39.50.52; dazu Michaela Puzicha, Lectio divina, 260f.

69 Vgl. Athanasius, Antoniusvita, 13.
70 Vgl. Anselm Grün, Umgang mit dem Bösen; ders., Einreden.
71 Zu diesem psychologisch-geistlichen Prinzip vgl. Thomas Keating, Das kontemplative Gebet, 196–198.
72 Vgl. auch, was Michaela Puzicha in diesem Zusammenhang über den *Christus praesens* und den *Christus adiuvans*, den gegenwärtigen und helfenden Christus in der Benediktsregel gesagt hat, in: Puzicha, Christus, 23–25.
73 Apophthegmata, Schweitzer, 404 (Nr. 1759).
74 Zum Immerwährenden Gebet vgl. seine Ausführungen über »Betet ohne Unterlass«, in: ders., Irdene Gefäße, 137–147.
75 Vgl. Gabriel Bunge, Prolog zum Antirrhetikos, 43f; 61; 73.
76 Vgl. Evagrius, Über das Gebet, 71 (Kap. 143).
77 Athanasius, Antoniusvita, 10.
78 Palladius, Historia Lausiaca, 110 (Kap. 19).
79 Vgl. ebd., 107–110.
80 Vgl. Gabriel Bunge, Geistliche Vaterschaft. Ebenso Evagrius, Worte, 24–26. Vgl. auch weiter unten das Kapitel: »Sag's dem Vater!«.
81 Apophthegmata, Schweitzer, 92 (Nr. 1170).
82 Ebd., 176 (Nr. 1396).
83 Vgl. Evagrius, Über das Gebet, 69 (Kap. 133/134).
84 Vgl. André Louf, Demut und Gehorsam, 46–48.
85 Vgl. Jean-Claude Guy, Un entretien monastique sur la contemplation, 230–241. Vgl. auch die Hinweise in Apophthegmata, Schweitzer, 543, und bei Gabriel Bunge, Prolog zum Antirrhetikos, 43.
86 Vgl. ebd., 237f.
87 Zum notwendigen inneren Abstand vgl. Thomas Keating, Das kontemplative Gebet, 199–201.
88 Vgl. Evagrios, Praktikos, 106 und 244 (Kap. 15 und 71); ebenso Gabriel Bunge, Prolog zum Antirrhetikos, 59f.
89 Cassian, Ziegler, 310 (Collatio 10,10); vgl. zu dieser Methode Gabriele Ziegler, Frei werden, 107–113.
90 Über den Ursprung des unablässigen Betens im frühen Mönchtum vgl. Gabriel Bunge, »Priez sans cesse.« Aux origines de la Prière Hesychaste. Ebenso ders., Irdene Gefäße, 137–147.

91 Cassian, Ziegler, 311 (Collatio 10,10).
92 Ebd., 312.
93 Vgl. ebd., 311.
94 Vgl. Gabriel Bunge, Evagre le Pontique et les deux Macaire, 328f.
95 Überraschend ist, dass dieser kleine Vers, also Psalm 70,2, in der Sammlung der fast 500 Bibelworte des Evagrius nicht vorkommt.
96 Cassian, Ziegler, 215 (Collatio 7,4).
97 Vgl. Basilius Steidle, Vom Mut zum ganzen Psalm, 137; ebenso die Erläuterungen und Quellenangaben bei Böckmann, Christus, 57–59 und Puzicha, Quellen, 20f.
98 Vgl. Basilius Steidle, ebd., 27f.
99 Vgl. Die Homilien des Origenes zum Buch Josua, 83 (15. Homilie).
100 Vgl. Evagrius, Worte, 21–24.
101 Ebd., 58 (Spruch 64).
102 Vgl. die Erläuterungen von Gabriel Bunge, in: Evagrios, Praktikos, 21–23.
103 Vgl. Evagrius, Worte, 59 (Spruch 70): »Ein Brandpfeil setzt die Seele in Flammen, ein tätiger Mann aber wird sie auslöschen.«
104 Vgl. Cassian, Thalhofer, 254 (Instituta 12,17). Dieses ganze Kapitel ist ein Lobpreis auf Gottes Gegenwart in jeder Gefahr.
105 Dieser Text ist zitiert bei Puzicha, Quellen, 21.
106 Apophthegmata, Miller, 436 (Nr. 1210).
107 Vgl. Georges Descoeudres, Zur Entstehung einer Repräsentationshaltung im monastischen Gebet, 104f; eine Abbildung der Steinplatte: 120.
108 Vgl. auch die Ausführungen zu diesem Monogramm bei Gabriele Ziegler, Frei werden, 103f.
109 Vgl. die Hinweise bei Gabriel Bunge, Der Prolog zum Antirrhetikos, 44 und 73.
110 Vgl. Gabriel Bunge, Drachenwein und Engelsbrot, 54f.
111 Vgl. ebd., 65.
112 Vgl. dazu die eindrucksvolle Beschreibung in: Cassian, Thalhofer, 144 (Instituta 6,13), und neuerdings auch bei Thomas Keating, Das kontemplative Gebet, 40f; 196–198.
113 Dorotheus, Lehre II, 333–335.
114 Ebd., Teil I, 153.

115 Vgl. die ausführlichen Erläuterungen in: Cassian, Thalhofer, 65 (Instituta 4,9), ebenso Apophthegmata, Miller, 231 (Nr. 675).
116 Vgl. Apophthegmata, Schweitzer, 90 (Nr. 1165).
117 Vgl. ebd., 56 (Nr. 1064).
118 Vgl. ebd., 442.
119 Vgl. dazu Apophthegmata, Miller, 229 (Nr. 667); 231 (Nr. 675).
120 Vgl. Athanasius, Antoniusvita, 55.
121 Apophthegmata, Miller, 294 (Nr. 903).
122 Apophthegmata, Miller, 328 (Nr. 1007).
123 Vgl. zum Ganzen auch Gabriel Bunge, Geistliche Vaterschaft.
124 Apophthegmata, Miller, 135f (Nr. 386).
125 In diesem Sinn hat auch Daniel Hell, Die Sprache der Seele verstehen, 16f, diesen Text zitiert.
126 Evagrios, Praktikos, 137 (Kap. 27).
127 Apophthegmata, Schweitzer, 89f (Nr. 1163).
128 Vgl. Antonius, Lettres, 75 (Brief IV,8).
129 Vgl. auch oben das Kapitel: »Wenn die Versuchung länger dauert«.
130 Vgl. Evagrios, Praktikos, 65.
131 Athanasius, Antoniusvita, 9.
132 Vgl. ebd.
133 Vgl. zum Beispiel Athanasius, Antoniusvita, 5; 13; 24; und öfter.
134 Vgl. Athanasius, Antoniusvita, 28.
135 Athanasius, Antoniusvita, 43.
136 Ebd.
137 Ebd., Kap. 53.
138 Joanne K. Rowling, Harry Potter und der Gefangene von Askaban, 141.
139 Gerhard Roth, Persönlichkeit, Entscheidung und Verhalten. Warum es so schwierig ist, sich und andere zu ändern. Vgl. dazu auch das Kapitel: »Gewohnheiten sind hartnäckig«, in: Gabriele Ziegler, Frei werden, 79–83, sowie Thomas Keating, Das kontemplative Gebet, 17–48.
140 Evagrius spricht vom menschlichen Leib als Organon, als Werkzeug für geistliches Tun. Vgl. die Ausführungen von Gabriel Bunge in: ders., Prolog zum Antirrhetikos, 50.
141 Vgl. zu dieser Stelle die Ausführungen bei Fidelis Ruppert, Intimität mit Gott. Wie zölibatäres Leben gelingen kann, 35-54.

[142] Vgl. Émile Bertaud, Échelle spirituelle.
[143] Vgl. die entsprechenden Erläuterungen bei Holzherr, 139–142; Puzicha, Kommentar, 151f.
[144] Zu dieser gegenseitigen Beeinflussung von Leib und Seele vgl. auch Michael Casey, Wahrhaftig leben, 74f.
[145] Vgl. dazu Evagrius, Worte, 32f.
[146] Vgl. Adalbert de Vogüé, Orationi frequenter incumbere. Une invitation à la prière continuelle, 468f, bes. Anmerkung 10; ebenso Puzicha, Quellen, 86f.
[147] Vgl. Jean Leclercq, Lecture priante. Zum betenden Umgang mit der Bibel im frühen Mönchtum; vgl. auch Michaela Puzicha, Lectio divina – Ort der Gottesbegegnung.
[148] Les Vies Coptes de Saint Pachôme, 105 (eigene Übersetzung); zu dieser Methode des Betens vgl. auch Cassian, Thalhofer, 44f (Instituta 3,2).
[149] Vgl. zu diesem Zusammenspiel Fidelis Ruppert, Arbeit und geistliches Leben im pachomianischen Mönchtum, bes. 10–12.
[150] Vgl. Cassian, Thalhofer, 32f; 36f (Instituta 2,7; 2,11).
[151] Vgl. Luke Dysinger, Psalmody and Prayer, 56f.
[152] Vgl. dazu Holzherr, 194f, und Puzicha, Kommentar, 238f.
[153] Cassian, Thalhofer, 33 (Instituta 2,7).
[154] Vgl. Die Magisterregel, 236.
[155] Apophthegmata, Miller, 168 (Nr. 472).
[156] Zu dieser Form der Kniebeugen vgl. Émile Bertaud, Génuflexions et Métanies.
[157] Vgl. Gabriel Bunge, Irdene Gefäße, 105.
[158] Anselm Grün, Michael Reepen, Gebetsgebärden, 13.
[159] Vgl. Karlfried Graf Dürckheim, Die heilende Kraft der reinen Gebärde, 168.
[160] Vgl. Michael Casey, Wahrhaftig leben, 74f: »...aber diese inneren Dispositionen und Akte entbehren der Wirksamkeit, solange sie nicht im äußeren Verhalten ihren Ausdruck finden.« Bemerkenswert ist auch, wie sehr bei Gertrud von Helfta, einer Mystikerin aus der benediktinischen Tradition des 13. Jahrhunderts, körperliche Gebärden und mystische Erfahrungen ineinanderspielten. Vgl. dazu Michael Bangert, Heilige Orte – Innige Gebärden, 127–137.

161 C. S. Lewis, Dienstanweisung, 22.
162 Ebd., 23.
163 Ebd., 21f.
164 Weitere Anregungen finden sich bei Anselm Grün, Michael Reepen, Gebetsgebärden.
165 Vgl. zur Textdeutung und zu verwandten Stellen in der Bibel: Christiana Reemts, Psalm 68, besonders 39–42.
166 Vgl. oben im Kapitel: »Gedanken an Christus zerschmettern«.
167 Vgl. bei Puzicha, Kommentar, 231, über verschiedene Deutungen von Stehen.
168 Zitiert bei Hugo Rahner, Die Anfänge der Herz-Jesu-Verehrung in der Väterzeit, 56.
169 Vgl. Gabriel Bunge, Irdene Gefäße, 197–204; Anselm Grün, Michael Reepen, Gebetsgebärden, 35–41.
170 Vgl. oben im Kapitel: »Die Ambivalenz des Leibes«.
171 Apophthegmata, Miller, 30f (Nr. 65).
172 Vgl. Cassian, Ziegler, 280f (Collatio 9,15); Monique Alexandre, La prière de feu chez Jean Cassien.
173 Apophthegmata, Miller, 137 (Nr. 390); vgl. auch ebd. Nr. 389: »Du kannst nicht Mönch werden, wenn du nicht ganz in Feuer gerätst!«
174 Vgl. ebd., 296 (Nr. 910).
175 Vgl. Gabriel Bunge, Irdene Gefäße, 203, mit Verweis auf zwei Texte von Evagrius. Siehe dazu Evagrius, Über das Gebet, 64f (Kap. 106 und 109).
176 Für die prägende Kraft der Bilder vgl. Gerald Hüther, Die Macht der inneren Bilder.
177 Vgl. zu dieser Thematik Philipp Oppenheim, Symbolik und religiöse Wertung des Mönchskleides im christlichen Altertum. Erik Peterson, Theologie des Kleides.
178 Über diesen Prozess des ständigen Neuwerdens aus der Taufe vgl. oben im 1. Teil das Kapitel: »Wer ist der eigentliche Kämpfer?«.
179 Vgl. Michael Kunzler, Die Liturgie der Kirche, 204–212 (über das liturgische Kleid); ebenso Joseph Ratzinger, Der Geist der Liturgie, 185–189.
180 Vgl. auch die Ausführungen zur Waffenrüstung Gottes im 1. Teil im Kapitel. »Wer ist der eigentliche Kämpfer?«.

[181] Vgl. Paul-Werner Scheele, Du bist unser alles. Altirische Gebete, 24–29.
[182] Bernhard von Clairvaux spricht im 12. Jahrhundert von Mönchen, die »gegen die gemeinsame Regel des Klosters für sich neue und eigene Satzungen erfinden«. In: Ders., Sentenzen III, 33, S. 427. Vgl. dazu auch im 2. Teil das Kapitel: »Ins Kloster gehen genügt noch nicht«.
[183] Vgl. David Steindl-Rast, Achtsamkeit des Herzens, 21–31.
[184] In diesem Sinn spricht Benedikt auch von der »Erfahrung als Lehrmeisterin = *experientia magistra*« in RB 1,6.
[185] Ebd., 26–29. Vgl. auch Charles Cummings, Monastic Practices, 3: ‹The external practices of the monastic life are directly connected with our search for God.«
[186] Vgl. David Steindl-Rast, Achtsamkeit des Herzens, 29.
[187] Vgl. Cassian, Thalhofer, 67 (Instituta 4,12), ebenso Apophthegmata, Miller, 188 (Nr. 526).
[188] Vgl. auch, was Charles Cummings, Monastic Practices, 72–76, über die Langzeitwirkung vieler kleiner Praktiken ausführt.
[189] David Steindl-Rast, Achtsamkeit des Herzens, 24f.
[190] Vgl. dazu im 3. Teil das Kapitel: »Wehre den Anfängen!«.
[191] Ich vermeide normalerweise in diesem Zusammenhang das Wort »Übung« und spreche lieber von geistlichen Praktiken und Werkzeugen. Natürlich geht es um das Üben, aber es geht auch darum, etwas einfach zu tun. Je mehr man etwas tut, desto »besser« und selbstverständlicher kann es werden. »Je mehr man etwas tut, desto mehr tut man es«, wie ein Freund einmal formulierte. Aber es ist auch gut zu wissen, dass jedes Tun der Ernstfall ist, bei dem mir etwas aufgehen oder etwas in mich fallen kann. Die »Vollkommenheit« des Tuns oder das »Geübtsein« spielen dabei nicht die entscheidende Rolle.
[192] In der englischen Literatur wird in diesem Zusammenhang oft von discipline und disciplines gesprochen. Vgl. Richard J. Foster, Celebration of Discipline. The Path to Spiritual Growth; Thomas Merton, Erneuerung und Disziplin.
[193] Vgl. zum Beispiel Richard J. Foster, a. a. O., 9f; Thomas Merton, a. a. O., 133–135; 139–142.
[194] Dass diese Art von Müßiggang in vielen Bereichen der modernen Gesellschaft ein Problem ist, muss nicht bewiesen werden. Dass es aber schon

bei Benedikt thematisiert wurde, mag ein wenig verwundern. Dazu sagt er auch einmal, dass Brüder, die sich zum Gottesdienst verspätet haben, noch hineingehen und sich nicht draußen hinsetzen und herumschwätzen sollen, was sie nur auf dumme Gedanken brächte. Vgl. RB 43,8f.

195 Selbstverständlich kennt Benedikt auch dringliche Ausnahmen. So wird beispielsweise die strenge Praxis des nächtlichen Schweigens ausdrücklich relativiert, wenn der Gäste wegen oder wegen eines besonderen Auftrags geredet werden muss. Vgl. dazu RB 42.

196 Erneuerung und Disziplin, 134f. Vgl. auch Richard J. Foster, a. a. O., 4f: The Slavery of ingrained habits.

197 Richard J. Foster, a. a. O., 1: Spiritual Disciplines: Door to liberation.

198 Thomas Merton, a. a. O., 132. Ebd., 134: »Monastische Schulung und Freiheit stehen in einem Wechselverhältnis zueinander.«

199 Ebd., 137.

200 Vgl. dazu den Aphorismus von J. B. Metz: »Kürzeste Definition von Religion: Unterbrechung.«, in: Ders., Glaube in Geschichte und Gesellschaft, 150.

201 Vgl. David Steindl-Rast, a. a. O., 26–28.

202 Im lateinischen Text steht hier zwar nicht *vitium*, sondern *malum*, also »Übel«, aber es ist hier an eine Grundhaltung des Murrens und der Unzufriedenheit gedacht.

203 Vgl. RB 39,6; 40,5; 41,4.

204 Ein ähnliches Anliegen zeigt sich auch, wo es zur achten Stufe der Demut heißt: »Der Mönch tut nur das, wozu ihn die gemeinsame Regel des Klosters und das Beispiel der Väter mahnen« (RB 7,55). Hier wird von einer etwas fortgeschrittenen Stufe der geistlichen Entwicklung gesprochen, auf welcher der Mönch dann weder nachlässig hinter dem gewünschten Maß zurückbleibt, noch stolz oder eigensinnig den großen Asketen spielen will.

205 Ich hörte auf die Stille, 199.

206 Vgl. dazu Anselm Grün, Fidelis Ruppert, Bete und arbeite, 71–82.

207 Andreas Knapp, Brennender als Feuer, 15.

208 Die offizielle Übersetzung im Auftrag der Salzburger Äbtekonferenz hat etwas interpretierend formuliert: »Überforderung durch einen Auftrag«. Vgl. Puzicha, Kommentar, 574.

209 Vgl. Anselm Grün, Fidelis Ruppert, Bete und arbeite, 60–71; Fidelis Ruppert, Das pachomianische Mönchtum und die Anfänge klösterlichen Gehorsams (Münsterschwarzacher Studien 20), Münsterschwarzach 1971.
210 Als ich gerade an diesen Zeilen schrieb, brachte mir ein Mitbruder den Text eines Liedes der Gruppe »Silbermond« mit dem Titel »Krieger des Lichts«, in dem es unter anderem heißt: »Und er kennt seine Grenzen und geht trotzdem zu weit. ... Seine Macht ist sein Glaube, um nichts kämpft er mehr.«
211 Vgl. oben im 1. Teil das Kapitel: »Wer ist der eigentliche Kämpfer?«.
212 Vgl. Puzicha, Christus, 22f.
213 Vgl. Johannes Bours, Wer es mit Gott zu tun bekommt, 51–61.
214 Zu Hiobs Läuterungsweg vgl. Ludger Schwienhorst-Schönberger, Ein Weg durch das Leid.
215 In dem in Anm. 210 erwähnten Popsong heißt es außerdem über den Krieger des Lichts: »Selbst den größten Stein fürchtet er nicht. Auch wenn es Jahre dauert, bis er ihn bricht.«
216 Vgl. Holzherr, 412; Böckmann, Perspektiven, 83f.
217 Vgl. zu dieser Bereitschaft zum gegenseitigen Hören Michael Casey, Fremd in der Stadt, 113f, 133f.
218 Christopher Jamison, Durchatmen, 30. In diesem Buch ist der vierzigtägige Prozess dieser Männer sehr anschaulich beschrieben.
219 Apophthegmata, Miller, 126 (Nr. 354).
220 Ebd., 16 (Nr. 9).
221 Cassian, Ziegler, 63f (Collatio 1,7).
222 Vgl. Michael Casey, Fremd in der Stadt, 191: »Das Heilmittel besteht weniger in der Verfeinerung des Gebetes selbst als vielmehr darin, sicherzustellen, dass alle ›Werkzeuge der geistlichen Kunst‹ in gutem Zustand sind und angemessen gebraucht werden.«
223 Apophthegmata, Miller, 389 (Nr. 1136).
224 Vgl. dazu Gabriele Ziegler, Frei werden, 38–42, wo von einem Superasketen in der Wüste berichtet wird, der in bewusster Abgrenzung zu den Brüdern ein Heiliger werden wollte.
225 Zitiert bei Gabriel Bunge, In Geist und Wahrheit, 375.

226 Sermo 49,5. In: Patrologia Latina, 38, 323. Zu diesem und ähnlichen Texten von Augustinus vgl. Anselm Grün, Fidelis Ruppert, Bete und arbeite, 68–70.
227 Vgl. oben das Kapitel: »Der Leib als geistliches Werkzeug«. Vgl. auch die Erfahrungen der Gertrud von Helfta mit der Gebärde der Verneigung bei Michael Bangert, Heilige Orte – Innige Gebärden, 129–131.
228 Vgl. zu diesem Prozess auch Anselm Grün, Fidelis Ruppert, Christus im Bruder, 52–54.
229 Vgl. RB 64,14: »Damit wollen wir nicht sagen, (der Abt) dürfe Fehler wuchern lassen, vielmehr schneide er sie klug und liebevoll weg.«
230 Evagrios, Praktikos 324 (Kap. 100); vgl. dazu auch Gabriel Bunge, Drachenwein und Engelsbrot, 73.
231 Vgl. oben das Kapitel: »Das Schema der ›acht bösen Gedanken‹ bei Evagrius Ponticus.«
232 Vgl. dazu die Erläuterungen bei Gabriel Bunge, Drachenwein und Engelsbrot, 36–38.
233 Evagrios, Gedanken, 48 (4. Kap. 1 und 4). Zur Erläuterung vgl. Gabriel Bunge, Drachenwein und Engelbrot, 38–40.
234 Vgl. Gabriel Bunge, Briefe, 272f (56. Brief).
235 Evagrius, Worte, 50 (Nr. 10); vgl. zum Zorn und seiner Bewältigung meine Ausführungen ebd., 26–32.
236 Vgl. Synkletike, Vita, 53–55 (Kap. 62–66).
237 Vgl. dazu oben am Ende des Kapitels: »Gedanken an Christus zerschmettern«.
238 Andreas Knuf, Ruhe da oben!, 33f erzählt solch ein Beispiel und erläutert dieses Umschlagen der Gefühle. Vgl. auch Daniel Hell, Die Sprache der Seele verstehen, 93–110, wo er die Erfahrungen der Wüstenväter im Umgang mit dem Zorn mit Erfahrungen der modernen Psychologie verbindet.
239 Vgl. Apophthegmata, Miller, 129 (Nr. 363).
240 Apophthegmata, Miller, 128 (358).
241 Vgl. dazu Gabriel Bunge, Drachenwein und Engelsbrot, 66f.
242 Apophthegmata, Miller, 128 (Nr. 357).
243 Vgl. Evagrios, Gedanken, 49 (4. Kap. 9).

[244] Vgl. oben im Kapitel: »Das Bibelwort als Waffe gegen die Gedanken« den Abschnitt »Umgang mit Traurigkeit«.
[245] Evagrius, Worte, 63 (Kap. 98). Vgl. auch Gabriel Bunge, Drachenwein und Engelsbrot, 74f.
[246] Vgl. dazu Luke Dysinger, Psalmody and Prayer in the Writings of Evagrius Ponticus, 126–130.
[247] Evagrios, Praktikos, 120 (Kap. 20).
[248] Vgl. dazu Gabriel Bunge, Drachenwein und Engelsbrot, 66–71; ebenso die Erläuterungen und Stellenangaben Evagrius, Worte, 28f.
[249] Zu Verzeihung und Versöhnung vgl. Gabriel Bunge, Drachenwein und Engelsbrot, 67; 71f.
[250] Vgl. Evagrius, Antirrhetikos, 122f (Wort 5,45).
[251] Vgl. ebd., 42; 68–70.
[252] Ebd., 36.
[253] Ebd., 66; 68.
[254] Zitiert bei Gabriel Bunge, Drachenwein und Engelsbrot, 40.
[255] Vgl. Gabriel Bunge, ebd., 49–55 über »Zorn und Gebet«.
[256] Zitiert ebd., 52.
[257] Vgl. Evagrios, Praktikos, 92 (Kap. 11).
[258] Vgl. Gabriel Bunge, Drachenwein und Engelsbrot, 40f; 53–55.
[259] Ebd., 53.
[260] Vgl. ebd., 40.
[261] Vgl. Michael Casey, Fremd in der Stadt, 129–142.
[262] Vgl. dazu die detaillierten Beispiele bei Richard J. Foster, Celebration of Discipline, 126–140.
[263] Vgl. dazu Puzicha, Kommentar, 86f.
[264] Vgl. Anselm Grün, Fidelis Ruppert, Bete und arbeite, 55.
[265] Zum sorgfältigen Umgang mit Dingen vgl. Anselm Grün, Fidelis Ruppert, Bete und arbeite, 65–67.
[266] Vgl. die Meldung in Focus 17/2012, 24; ebenso viele Einträge bei Google unter den Stichworten: »Gut Aich – Händewaschen«.
[267] Vgl. im 2. Teil das Kapitel: »Wohin führt uns Benedikt?«.
[268] Puzicha, Kommentar, 593.
[269] Böckmann, Perspektiven, 68.

²⁷⁰ Holzherr, 411f.
²⁷¹ Vgl. die Erläuterungen bei Böckmann, Perspektiven, 90; Puzicha, Kommentar, 603.
²⁷² Vgl. dazu die Quellenverweise bei Böckmann, Perspektiven, 92f; Puzicha, Kommentar, 603f.
²⁷³ Vgl. dazu Michaela Puzicha, Christus – Mitte der Benediktusregel, 24-26.
²⁷⁴ Vgl. zur Interpretation des ganzen Verses Böckmann, Perspektiven, 95-99.
²⁷⁵ Basilius von Caesarea, Die Mönchsregeln, 302f (200. Frage).
²⁷⁶ Böckmann, Perspektiven, 68.

Eine abschließende Frage: Gibt es ein Paradies auf Erden?

1. Aquinata Böckmann, Benediktinische Mystik, 373.
2. Barthélémy Adoudonou: L'anthropologie africaine est un existentialisme joyeux sur un fond tragique. Zitiert von Boniface Tiguila OSB, in: Livre de Vie Monastique Africaine, Agbang 1995, 39.
3. Vgl. Joseph Healey, Donald Sybertz, Towards an African Narrative Theology, 239-242.
4. Gastrimargia 18; ebd., 14, über den großen Makarius von Alexandrien. Außerdem Evagrios, Praktikos, 216 (Kap. 59) und ebd., 218f (Kap. 60); vgl. auch den Hinweis ebd., 243.
5. Apophthegmata, Schweitzer, 91 (Nr. 1167 mit Erläuterungen auf S. 457).
6. Vgl. Fremd in der Stadt 93.
7. Ziegler, Cassian 219 (Collatio 7,5).
8. Wahrhaftig leben, 194f. Es lohnt sich, in diesem Zusammenhang auf S. 193–205 das ganze Kapitel »Integration und Verwandlung« besinnlich zu lesen.
9. Dieser Text, zusammen mit einer historischen und inhaltlichen Deutung, findet sich bei Günter Balders, Jesu, meine Freude.

Quellen und Literatur

Benedikt von Nursia

Regula Benedicti – Die Benediktusregel. Lateinisch/Deutsch. Hg. im Auftrag der Salzburger Äbtekonferenz. 4. Auflage, Beuron 2005 (zitiert im laufenden Text als: RB).

Kommentar zur Benediktusregel. Hg. von Michaela Puzicha. St. Ottilien 2002 (zitiert als: Puzicha, Kommentar).

Quellen und Texte zur Benediktusregel. Hg. von Michaela Puzicha. St. Ottilien 2007 (zitiert als: Puzicha, Quellen).

Böckmann, Aquinata, Perspektiven der Regula Benedicti. Ein Kommentar zum Prolog und den Kapiteln 53, 58, 72, 73 (Münsterschwarzacher Studien 37). Münsterschwarzach 1986 (zitiert als: Böckmann, Perspektiven).

Böckmann, Aquinata, Christus hören. Exegetischer Kommentar zur Regel Benedikts. Teil 1: Prolog bis Kapitel 7. St. Ottilien 2011 (zitiert als: Böckmann, Christus).

Holzherr, Georg, Die Benediktsregel. Eine Anleitung zu christlichem Leben. 6. Auflage, Freiburg/Schweiz 2005 (zitiert als: Holzherr).

Sauter, Benediktus, Kolloquien über die heilige Regel. Freiburg 1907.

Gregor der Große, Der heilige Benedikt. Buch II der Dialoge, lateinisch/deutsch. St. Ottilien 1995 (zitiert als: Gregor, Benediktsvita).

Die Magisterregel. Einführung und Übersetzung von Karl Suso Frank. St. Ottilien 1989.

Wüstenväter – Wüstenmütter

Weisung der Väter. Apophthegmata Patrum, auch Gerontikon oder Alphabeticum genannt. Übersetzt von Bonifaz Miller (Sophia. Quellen östlicher Theologie). Trier 1986 (zitiert als: Apophthegmata, Miller).

Apophthegmata Patrum (Teil II). Die Anonyma. Übersetzt und kommentiert von Erich Schweitzer (Weisungen der Väter 15). Beuron 2011 (zitiert als: Apophthegmata, Schweitzer).

Athanasius von Alexandrien, Leben des heiligen Antonius (Bibliothek der Kirchenväter 31). Kempten 1917 (zitiert als: Athanasius, Antoniusvita).

Saint Antoine, Lettres. Introduction par André Louf (Spiritualité Orientale 19). Bellefontaine 1976 (zitiert als: Antonius, Lettres).

»Die selige Synkletike wurde gefragt.« Vita der Amma Synkletike. Hg. Karl Suso Frank (Weisung der Väter 5). Beuron 2008 (zitiert als: Synkletike, Vita).

Palladius, Historia Lausiaca. Übersetzt von Jacques Laager. Zürich 1987.

Les Vies Coptes de Saint Pachôme. Traduction française par L. Th. Lefort (Bibliothèque du Muséon 16). Louvain 1966.

Evagrius Ponticus (Evagrios Pontikos)

Evagrius of Pontus. The Greek ascetic Corpus. Translated with Introduction and Commentary by Robert E. Sinkewicz. Oxford 2003 (zitiert als: Evagrius, Sinkewicz).

Evagrios Pontikos, Briefe aus der Wüste. Eingeleitet, übersetzt und kommentiert von Gabriel Bunge (Sophia. Quellen Östlicher Theologie 24). Trier 1986 (zitiert als: Evagrios, Briefe).

Evagrios Pontikos, Über die acht Gedanken. Eingeleitet und übersetzt von Gabriel Bunge (Weisungen der Väter 3). Beuron 2007 (zitiert als: Evagrios, Gedanken).

Evagrios Pontikos, Der Praktikos. Eingeleitet und kommentiert von Gabriel Bunge (Weisungen der Väter Band 6). Beuron 2008 (zitiert als: Evagrios, Praktikos).

Evagrius Ponticus, Die große Widerrede. Antirrhetikos. Übersetzt von Leo Trunk mit einer Einführung von Anselm Grün und Fidelis Ruppert (Quellen der Spiritualität 1). Münsterschwarzach 2010 (zitiert als: Evagrius, Antirrhetikos).

Evagrius Ponticus, Über das Gebet. Eingeleitet und übersetzt von John Eudes Bamberger, aus dem Englischen übertragen von Guido Joos, mit einer Einführung von Anselm Grün (Quellen der Spiritualität 4). Münsterschwarzach 2011 (zitiert als: Evagrius, Über das Gebet).

Evagrius Ponticus, Worte an die Mönche – Worte an eine Jungfrau. Eingeleitet und übersetzt von Wilfried Eisele, mit einer Hinführung von Fidelis Ruppert (Quellen der Spiritualität Band 6). Münsterschwarzach 2012 (zitiert als: Evagrius, Worte).

Johannes Cassian

Johannes Cassianus, Sämtliche Schriften. Bde. 1 und 2. Übersetzt von Valentin Thalhofer (Bibliothek der Kirchenväter). Kempten 1879 (zitiert als: Cassianus, Thalhofer).

Johannes Cassian, Unterredungen mit den Vätern. Collationes Patrum. Teil I: Collationes 1 bis 10. Übersetzt und erläutert von Gabriele Ziegler (Quellen der Spiritualität Band 5). Münsterschwarzach 2011 (zitiert als: Cassian, Ziegler).

Sonstige Quellentexte

Dorotheus von Gaza, Doctrinae diversae – Die geistliche Lehre. Bde. I und II (Fontes Christiani 37,1 und 2). Freiburg 2000 (zitiert als: Dorotheus, Lehre).

Die Homilien des Origenes zum Buch Josua. Die Kriege Josuas als Heilswirken Jesu. Hg. Thomas Elssner, Theresia Heither (Beiträge zur Friedensethik 38). Stuttgart 2006.

Basilius von Caesarea, Die Mönchsregeln. Hinführung und Übersetzung von Karl Suso Frank. St. Ottilien 1981.

Literatur

Alexandre, Monique, La prière de feu chez Jean Cassien. In: C. Badilita, A. Jakab (éd.), Jean Cassien entre l'Orient et l'Occident. Paris 2003, 169-203.

Auer, Alfons, Die vollkommene Frömmigkeit des Christen nach dem Enchiridion militis Christiani des Erasmus von Rotterdam. Düsseldorf 1954.

Auer, Johann, Militia Christi. In: Dictionnaire de Spiritualité. Bd. 10. Paris 1980, 1210-1223.

Balders, Günter, Jesu, meine Freude. In: Christian Möller (Hg.), Ich singe Dir mit Herz und Mund. Liedauslegungen, Liedmeditationen und Liedpredigten. Ein Arbeitsbuch zum Evangelischen Gesangbuch. Stuttgart 1997, 219-235.

Bangert, Michael, Heilige Orte – Innige Gebärden. Körperrhetorik und Raumerfahrung in der Mystik Gertruds von Helfta. In: Erbe und Auftrag 81 (2005), 120-138.

Bellebaum, Alfred (Hg.), Die sieben Todsünden. Über Laster und Tugenden in der modernen Gesellschaft. Münster 2007.

Benz, Richard, Die Legenda aurea des Jacobus a Voragine, aus dem Lateinischen übersetzt von Richard Benz. Köln 1969.

Bernhard von Clairvaux, Sentenzen III. In: Ders., Sämtliche Werke lateinisch/deutsch. Bd. IV. Innsbruck 1993.

Bertaud, Émile, Échelle spirituelle. In: Dictionnaire de Spiritualité. Bd. IV. Paris 1960, 62-86.

Bertaud, Émile, Génuflexions et Métanies. In: Dictionnaire de Spiritualité. Bd. VI. Paris 1965, 213-226.

Böckmann, Aquinata, Benediktinische Mystik. Dynamische Spiritualität in der Regula Benedicti. Erbe und Auftrag 72 (1996), 367-384.

Bours, Johannes, Wer es mit Gott zu tun bekommt. Schritte geistlicher Einübung in biblische Gotteserfahrungen. Freiburg 1987.

Brakke, David, Demons and the Making of the Monk. Spiritual Combat in Early Christianity. Harvard University Press 2006.

Bunge, Gabriel, Evagre le Pontique et les deux Macaire. In: Irénikon 56 (1983), 215-227; 323-360.

Bunge, Gabriel, Der Prolog zum »Antirrhetikos«. In: Die Lehren der heiligen Väter (Weisungen der Väter 11). Beuron 2011, 41-74.

Bunge, Gabriel, »Priez sans cesse.« Aux origines de la Prière Hesychaste. In: »Die Lehren der heiligen Väter« (Weisungen der Väter 11). Beuron 2011, 75–86.

Bunge, Gabriel, »In Geist und Wahrheit.« Studien zu den 153 Kapiteln *Über das Gebet* des Evagrios Pontikos. Bonn 2010.

Bunge, Gabriel, Drachenwein und Engelsbrot. Die Lehre des Evagrios Pontikos zu Zorn und Sanftmut. Würzburg 1999.

Bunge, Gabriel, Akedia. Die geistliche Lehre des Evagrios Pontikos vom Überdruss. Würzburg 2009.

Bunge, Gabriel, Irdene Gefäße. Die Praxis des persönlichen Gebetes nach der Überlieferung der heiligen Väter. Würzburg 2009.

Bunge, Gabriel, Geistliche Vaterschaft (Eremos 1). Berlin 2011.

Bunge, Gabriel, Gastrimargia. Wissen und Lehre der Wüstenväter von Essen und Trinken, dargestellt anhand der Schriften des Evagrios Pontikos (Eremos 3). Berlin 2012.

Campenhausen, Hans Freiherr von, Die asketische Heimatlosigkeit im altkirchlichen und frühmittelalterlichen Mönchtum. Tübingen 1930.

Casey, Michael, Intentio cordis. In: Regulae Benedicti Studia 6/7 (1977/78). Hildesheim 1981, 105–120.

Casey, Michael, Fremd in der Stadt. Glaube und Werte in der Regel des heiligen Benedikt. St. Ottilien 2007.

Casey, Michael, Wahrhaftig leben. Die Lehre des heiligen Benedikt über die Demut. St. Ottilien 2012.

Cummings, Charles, Monastic Practices (Cistercian Studies 75). Kalamazoo 1986.

Demmer, Klaus, Art. Tugenden. In: Praktisches Lexikon der Spiritualität. Hg. Christian Schütz. Freiburg 1988, 1315–1318.

Descoeudres, Georges, Zur Entstehung einer Repräsentationshaltung im monastischen Gebet am Beispiel der Kellia. In: Ägypten und Nubien in spätantiker und christlicher Zeit. Akten des 6. Internationalen Koptologenkongresses 1996. Bd. 1. Wiesbaden 1999, 101–120.

Driscoll, Jeremy, The »Circle of Evagrius«: Then and Now. In: Il Monachesimo tra Eredità e Apertura (Studia Anselmiana 140). Rom 2004, 61–73.

Dürckheim, Karlfried Graf, Die heilende Kraft der reinen Gebärde. In: Meditation in Religion und Psychotherapie. Hg. Wilhelm Bitter (Kindler Taschenbücher 2025/26).

Dysinger, Luke, Psalmody and Prayer in the Writings of Evagrius Ponticus. Oxford 2005.

Eggelhöfer, Fabienne, Horst, Maria (Hg.), Lust und Laster. Die sieben Todsünden von Dürer bis Nauman. Ostfildern 2010.

Erasmus von Rotterdam, Handbüchlein des christlichen Streiters. Übertragen und eingeleitet von Hubert Schiel. Olten 1952.

Ernst, Heiko, Wie uns der Teufel reitet. Von der Aktualität der sieben Todsünden. Freiburg 2011.

Foster, Richard J., Celebration of Discipline. The Path to Spiritual Growth. New York 1998.

Fraling, Bernhard, Überlegungen zum Begriff der Spiritualität. In: Zeitschrift für Katholische Theologie 92 (1970), 183–198.

Funk, Mary Margaret, Thoughts Matter. The Practice of the Spiritual Life. New York 1998.

Funk, Mary Margaret, Humility matters for the Practicing of Spiritual Life. New York 2007.

Glozer, Laszlo, Westkunst. Zeitgenössische Kunst seit 1939. Köln 1981.

Grün, Anselm, Umgang mit dem Bösen. Der Dämonenkampf im alten Mönchtum (Münsterschwarzacher Kleinschriften 6). Münsterschwarzach 2007.

Grün, Anselm, Einreden. Der Umgang mit den Gedanken (Münsterschwarzacher Kleinschriften 19). Münsterschwarzach 2010.

Grün, Anselm, Lebensmitte als geistliche Aufgabe (Münsterschwarzacher Kleinschriften 13). Münsterschwarzach 2006.

Grün, Anselm, Ruppert, Fidelis, Christus im Bruder. Benediktinische Nächsten- und Feindesliebe (Münsterschwarzacher Kleinschriften 3). Münsterschwarzach 2004.

Grün, Anselm, Ruppert, Fidelis, Bete und arbeite. Eine christliche Lebensregel (Münsterschwarzacher Kleinschriften 17). Münsterschwarzach 2006.

Grün, Anselm, Reepen, Michael, Gebetsgebärden (Münsterschwarzacher Kleinschriften 46). Münsterschwarzach 2002.

Guy, Jean-Claude., Un entretien monastique sur la contemplation. In: Recherches de Science Religieuse 50 (1962), 230–241.

Hamman, Adalbert, Art. Militia. In: Dizionario patristico e di antichità cristiane. Casale Monferrato 1983-1988. Bd. 2, 2247f.

Healey, Joseph, Sybertz, Donald, Towards an African Narrative Theology. Nairobi 2005.

Hell, Daniel, Die Sprache der Seele verstehen. Die Wüstenväter als Therapeuten. Freiburg 2002.

Hüther, Gerald, Was wir sind und was wir sein könnten. Ein neurobiologischer Mutmacher. Frankfurt 2012.

Hüther, Gerald, Die Macht der inneren Bilder. Wie Visionen das Gehirn, den Menschen und die Welt verändern. Göttingen 2011.

Jacobus a Voragine, Die Legenda aurea. Aus dem Lateinischen übersetzt von Richard Benz. Köln 1969.

Jamison, Christopher, Durchatmen. Finde den Mönch in dir. Münsterschwarzach 2011.

Jehl, Rainer, Die Geschichte des Lasterschemas und seiner Funktion. Franziskanische Studien 64 (1982), 261-359.

Keating, Thomas, Das kontemplative Gebet. Münsterschwarzach 2012.

Kleinberg, Aviad, Die sieben Todsünden. Eine vorläufige Liste. Berlin 2010.

Knapp, Andreas, Brennender als Feuer. Geistliche Gedichte. Würzburg 2004.

Kunzler, Michael, Die Liturgie der Kirche. Paderborn 1995.

Leclercq, Jean, Monachisme et pérégrination. In: Ders., Aux sources de la spiritualité occidentale. Paris 1964, 35-90.

Leclercq, Jean, Lecture priante. In: Ders., La liturgie et les paradoxes chrétiens. Paris 1963, 243-269.

Lewis, Clive Staples, Dienstanweisung für einen Unterteufel. Freiburg 2011.

Louf, André, Demut und Gehorsam (Münsterschwarzacher Kleinschriften 5). Münsterschwarzach 1979.

Luislampe, Pia, Demut als Weg menschlicher Reifung. Hermeneutische Schritte zum 7. Kapitel der Regula Benedicti. In: Itinera Domini (Festschrift für Emmanuel von Severus). Münster 1988, 17-30.

Luther, Martin, Briefwechsel. Bd. 7, Weimarer Ausgabe, Weimar 1937.

Merton, Thomas, Erneuerung und Disziplin. In: Ders., Im Einklang mit sich und der Welt. Contemplation in a World of Action. Zürich 1992, 132-157.

Metz, Johann Baptist, Glaube in Geschichte und Gesellschaft. Mainz 1977.

Mohrmann, Christine, Études sur le Latin des Chrétiens. Tome I. Rom 1961, 26 und 89.

Nagel, Demetrias von, Die Demut als innerer Weg. Zum 7. Kapitel der Regula Benedicti. In: Regulae Benedicti Studia 6/7 (1977/78). Hildesheim 1981, 61-76.

Nickl, Peter (Hg.), Die Sieben Todsünden – Zwischen Reiz und Reue. Berlin 2009.

Nouwen, J. Henri, Ich hörte auf die Stille. Freiburg 1982.

Oppenheim, Philipp, Symbolik und religiöse Wertung des Mönchskleides im christlichen Altertum. Münster 1932.

Ortheil, Hanns-Josef, Die Erfindung des Lebens. München 2009.

Peterson, Erik, Theologie des Kleides. In: Ders., Marginalien zur Theologie. Würzburg 1995, 10-19.

Poplutz, Uta, Athlet des Evangeliums. Eine motivgeschichtliche Studie zur Wettkampfmetaphorik bei Paulus (Herders Biblische Studien 43). Freiburg 2004.

Puzicha, Michaela, Christus – Mitte der Benediktusregel. In: Erbe und Auftrag 87 (2011), 18-35.

Puzicha, Michaela, Lectio Divina – Ort der Gottesbegegnung. In: Erbe und Auftrag 87 (2011), 245-263.

Rahner, Hugo, Die Anfänge der Herz-Jesu-Verehrung in der Väterzeit. In: Cor Salvatoris. Hg. Josef Stierli. Freiburg 1954, 46-72.

Ratzinger, Joseph, Der Geist der Liturgie. Freiburg 2000.

Reemts, Christiana, Psalm 68. In: Erbe und Auftrag 81 (2005), 39-56.

Ribhegge, Wilhelm, Erasmus von Rotterdam. Darmstadt 2010.

Roth, Gerhard, Persönlichkeit, Entscheidung und Verhalten. Warum es so schwierig ist, sich und andere zu ändern. Stuttgart 2011.

Rowling, Joanne K., Harry Potter und der Gefangene von Askaban. Hamburg 1999.

Ruppert, Fidelis, Das pachomianische Mönchtum und die Anfänge klösterlichen Gehorsams (Münsterschwarzacher Studien 20). Münsterschwarzach 1971.

Ruppert, Fidelis, Arbeit und geistliches Leben im pachomianischen Mönchtum. In: Ostkirchliche Studien 24 (1975), 3-14.

Ruppert, Fidelis, Meditatio – Ruminatio. Zu einem Grundbegriff christlicher Meditation. In: Erbe und Auftrag 53 (1977), 83–93.

Ruppert, Fidelis, Mein Geliebter die riesigen Berge (Münsterschwarzacher Kleinschriften 86). Münsterschwarzach 1994.

Ruppert, Fidelis, Intimität mit Gott. Wie zölibatäres Leben gelingen kann (Münsterschwarzacher Kleinschriften 90). Münsterschwarzach 2002.

Scheele, Paul-Werner, Du bist unser alles. Altirische Gebete. Würzburg 1989.

Schlosser, Marianne, Theologie der Spiritualität. In: Geist und Leben 84 (2011), 228–235.

Schwienhorst-Schönberger, Ludger, Ein Weg durch das Leid. Die Theodizeefrage im Alten Testament. In: Leid erfahren – Sinn suchen. Das Problem der Theodizee. Hg. Michael Böhnke u. a. Freiburg 2007, 7–49.

Sieben, Hermann Josef, Ausgestreckt nach dem, was vor mir ist. Geistliche Texte von Origenes bis Johannes Climacus. Trier 1998, 40.

Solignac, Aimé, Spiritualité. Le mot et l'histoire. In: Dictionnaire de Spiritualité. Bd. 14. Paris 1990, 1142–1160.

Steidle, Basilius, Vom Mut zum ganzen Psalm 137. In: Erbe und Auftrag 50 (1974), 21–36.

Steindl-Rast, David, Achtsamkeit des Herzens. Freiburg 2005.

Steindl-Rast, David, Fülle und Nichts. Freiburg 2005.

Stuart, Columba, John Cassian's Schema of Eight Principal Faults and his Debt to Origen and Evagrius. In: C. Badilita, A. Jakab (éd.), Jean Cassien entre l'Orient et l'Occident. Paris 2003, 205–219.

Tiguila, Boniface, Livre de Vie Monastique Africaine. Agbang 1995.

Vogüé, Adalbert de, Orationi frequenter incumbere. Une invitation à la prière continuelle. In: Revue d'Ascétique et de Mystique 41 (1965), 467–472.

Wittenberg, Andreas F., Die deutschen Gesang- und Gebetbücher für Soldaten und ihre Lieder. Tübingen 2009.

Ziegler, Gabriele, Frei werden. Der geistliche Weg des Johannes Cassian. (Münsterschwarzacher Kleinschriften 178). Münsterschwarzach 2011.

Thomas Keating
Das Gebet der Sammlung
Einführung und Begleitung des
kontemplativen Gebetes

208 Seiten, broschiert
13,5 x 20,5 cm
ISBN 978-3-89680-474-7

Thomas Keating
Das kontemplative Gebet

221 Seiten, broschiert
13,5 x 20,5 cm
ISBN 978-3-89680-554-6

Thomas Keating
Kontemplation und Gottesdienst
Liturgie als spirituelle Erfahrung

191 Seiten, broschiert
13,5 x 20,5 cm
ISBN 978-3-89680-813-4

QUELLEN DER SPIRITUALITÄT
In dieser Reihe sind bislang folgende Bände erschienen:

1 *Evagrius Ponticus:* **Die große Widerrede** (Antirrhetikos)
   ISBN 978-3-89680-741-0 (erweiterte Auflage 2012)

2 *Mechthild von Hackeborn:* **Das Buch der besonderen Gnade**
   (Liber specialis gratiae)
   ISBN 978-3-89680-702-1 (2010)

3 *Martin Luther:* **Eine einfältige Weise zu beten**
   ISBN 978-3-89680-703-8 (2011)

4 *Evagrius Ponticus:* **Über das Gebet** (Tractatus de oratione)
   ISBN 978-3-89680-704-5 (2011)

5 *Johannes Cassian:* **Unterredungen mit den Vätern** (Collationes patrum), Teil 1: Collationes 1–10
   ISBN 978-3-89680-705-2 (2011)

6 *Evagrius Ponticus:* **Worte an die Mönche/Worte an eine Jungfrau**
   (Sententiae ad monachos/Sententiae ad virginem)
   ISBN 978-3-89680-706-9 (2012)

7 *Sergej N. Bolšakov:* **Auf den Höhen des Geistes** (Na vysotach ducha)
   ISBN 978-3-89680-707-6 (2012)

Vier-Türme-Verlag
Schweinfurter Straße 40, 97359 Münsterschwarzach
Telefon 09324 / 20 292 • Telefax 09324 / 20 495
Bestellmail: info@vier-tuerme.de
www.vier-tuerme-verlag.de